Andrei Martyanov

Im freien Fall

Die bedrohlichen Vorzeichen des Untergangs der USA

J.K.Fischer
Verlag

Titel der Originalausgabe:
Disintegration: Indicators of the Coming American Collapse
Erschienen 2021 bei Clarity Press.

Für die deutsche Ausgabe:

1. Auflage
07/2022

Im Mannsgraben 33
63571 Gelnhausen Hailer
Tel.: 0 60 51 / 47 47 40
Fax: 0 60 51 / 47 47 41

Besuchen Sie uns im Internet unter
www.j-k-fischer-verlag.de

Die Einschweißfolie besteht aus PE-Folie und ist biologisch abbaubar.
Dieses Buch wurde auf chlor- und säurefreiem Papier gedruckt.

Übersetzung: Thomas Barthelemy
Layout, Satz/Umbruch, Bildbearbeitung: J-K-Fischer Verlag
Druck & Bindung: CPI Moravia Books s.r.o.

ISBN 978-3-96850-004-1

Inhalt

EINLEITUNG

Als im Juni 2020 US-Medien, die mit der Demokratischen Partei verbunden sind, wie die *Huffington Post* und viele andere eine weitere bizarre und letztlich unwahre Geschichte über eine russische Geheimdienst-»Einheit« verbreiteten, die Kopfgelder an die Taliban für die Tötung von US-Soldaten in Afghanistan zahlte, wurde klar, dass die amerikanische vierte Gewalt ihren Tiefpunkt erreicht hatte.[1] Schon als die Geschichte zum ersten Mal aus den dunklen Nischen der Lügenmaschine der *New York Times* auftauchte und vom massiven DNC-Propagandanetzwerk verbreitet wurde, war klar, dass die US-Medien- und Geheimdienst-»Community«, die als Quelle für diese Geschichte diente, nicht in der Lage war, eine auch nur annähernd glaubwürdige Lüge zu erfinden. Nicht nur, dass die Trump-Administration, auch durch ihre Militär- und Geheimdienstvertreter, diese Behauptungen rundheraus bestritt, auch die öffentlichen Kommentare in verschiedenen zutiefst Trump-feindlichen Medien ließen ernsthafte Zweifel an der ganzen Sache aufkommen.

Kein Geringerer als Suhail Shaheen, der Vertreter eines politischen Büros der Taliban, wies in seinem Interview mit der russischen Ria direkt auf das von den USA unterstützte Ministerium für nationale Sicherheit des Kabuler Regimes als Quelle des »Lecks« in den US-Medien hin.[2] Es war eine Wiederholung von *Russiagate* und der *Skripal-Affäre* – ein Hacking-Job durch das, was als »tiefer Staat« bekannt geworden ist, in Wirklichkeit vor allem eine mit der Demokratischen Partei verbundene Intrige von Bürokraten, die wild entschlossen sind, Donald Trump mit allen Mitteln aus dem Amt zu entfernen, einschließlich der absurdesten und grob unprofessionellsten Fantasien. Bei der »Taliban-Kopfgeld-Geschichte« stach ein Aspekt hervor, der in seiner schieren Idiotie und seinem Mangel an militärischem oder, was das betrifft, Verständnis von geheimen Operationen herausstach, nämlich die Tatsache, dass kein zurechnungsfähiger Profi in Moskau auf eine derart lächerliche Art und Weise die »Tötung« von US-Soldaten in Afghanistan hätte fördern können. Hätten sich die Russen für einen ernsthaften Aderlass der USA in Afghanistan entschieden, hätten sie den Taliban – die in Russland als terroristische Organisation eingestuft werden – angemessene militärische Unterstützung zukommen lassen können, um die Zahl der US-Opfer drastisch zu erhöhen und Russland gleichzeitig genug plausible Bestreitbarkeit zu verschaffen, um alle amerikanischen Behauptungen über seine Einmischung zurückzuweisen.

Aber Russland tat dies nicht, auch aus offensichtlichen geopolitischen Gründen, da es in Russlands nationalem Interesse liegt, die USA in Afghanistan zu halten und die Taliban und die anderen dschihadistischen Parteien mit dem Desaster in Afghanistan zu beschäftigen, anstatt dass diese nach Norden blickten zu den ehemaligen mittelasiatischen Sowjetrepubliken, die jetzt unabhängige muslimisch bevölkerte Staaten sind und Russlands weichen asiatischen Unterbauch flankieren. Die Russen haben ihre Haltung zu Afghanistan immer deutlich gemacht:

> Wie lange würde die afghanische Regierung heute durchhalten, wenn sie mit den Taliban allein gelassen würde? Ein rasches Abgleiten ins Chaos erwartet Afghanistan und seine Nachbarn, wenn die NATO abzieht und so tut, als hätte sie ihre Ziele erreicht. Ein Abzug würde den militanten Islamisten enormen Auftrieb geben, die zentralasiatischen Republiken destabilisieren und Ströme von Flüchtlingen auslösen, von denen viele Tausende nach Europa und Russland gelangen würden. Er würde auch dem illegalen Drogenhandel enormen Auftrieb geben. Die Opiumproduktion in Afghanistan belief sich 2008 auf 7700 Tonnen und war damit mehr als 40

> Mal so hoch wie 2001, als die internationalen Truppen eintrafen. Wenn selbst die ISAF-Präsenz das explosive Wachstum des Drogenhandels der Taliban nicht verhindern konnte, dann ist es nicht schwer zu verstehen, wozu ein Abzug der NATO führen würde. Wenn die Menschen im Westen die Särge der NATO-Soldaten aus Afghanistan zählen, sollten sie nicht vergessen, auch die Särge der Amerikaner und Europäer zu zählen, die in ihren eigenen Ländern durch Taliban-Heroin getötet wurden. Ein »erfolgreiches Ende« der Operation in Afghanistan wird nicht einfach mit dem Tod von Osama bin Laden erreicht. Das Mindeste, was wir von der NATO verlangen, ist die Konsolidierung eines stabilen politischen Regimes in dem Land und die Verhinderung einer Talibanisierung der gesamten Region.[3]

Wie die vielen Geschichten im Zusammenhang mit Russiagate verblasste schließlich auch diese Geschichte, nicht aber die Schlussfolgerungen, die sich unabhängig davon daraus ableiten ließen: dass die Vereinigten Staaten auf dem Weg zu einer völligen Dysfunktion ihrer politischen Institutionen waren, die sowohl nach außen als auch nach innen seltsame, abnorme Reaktionen auf eine sich verändernde Welt zeigten. Diese Reaktionen reichen von der Erfindung primitiver, wenn nicht gar lächerlicher Geschichten wie Russiagate im Ganzen oder die Taliban-Kopfgeldgeschichte im Besonderen, bis hin zur gegenwärtigen Hysterie in den sozialen Medien, der viel ernsthafteren vorsätzlichen Auslöschung der Geschichte des eigenen Landes und der wiederum vorsätzlichen Zerstörung von Recht und Ordnung durch Vertreter der Demokratischen Partei und gewählte Beamte, von den Gouverneuren der Bundesstaaten bis zu den Bürgermeistern der Städte. All dies sind nicht nur Anzeichen eines allgemeinen Zusammenbruchs – der Zusammenbruch Amerikas hat sich seit einiger Zeit angebahnt und wurde von einer Reihe von Beobachtern vorhergesagt –, sondern tatsächlich der völligen, historisch beispiellosen Degeneration der so genannten Eliten Amerikas, die ein Ausmaß an Amtsmissbrauch, Inkompetenz, Feigheit und Verrat am eigenen Volk an den Tag gelegt haben, dass es kaum zu glauben ist. Wo gibt es einen Präzedenzfall für ein solches historisches Ereignis, bei dem sich ein Land, das nicht durch äußere Faktoren in eine geopolitische Ecke gedrängt wird, mit einer solchen Geschwindigkeit und Grausamkeit selbst auslöscht, dass selbst der Vergleich mit dem Zusammenbruch der Sowjetunion zu versagen beginnt.

Jeder in Amerika, der sich in den letzten Jahren die Mühe gemacht hat, genau hinzuschauen, hätte leicht einen gefährlichen Trend feststellen können. Vor mehr als drei Jahren schrieb ich:

> Wenn die Vereinigten Staaten eine Zukunft als stabile und relativ gut funktionierende Republik haben sollen, müssen sie eine wirklich ernsthafte landesweite Diskussion über die Fähigkeit oder vielmehr ihren Mangel und die Bösartigkeit der Washingtoner Lobbys und korrupten Politiker beginnen, von denen viele, weit davon entfernt, den Menschen zu dienen, wie sie behaupten, ernsthafte Gefängnisstrafen verbüßen sollten, weil sie eben nicht den Amerikanern, sondern ihren eigenen finanziellen und Machtinteressen dienen. Wird eine solche Diskussion in der Orwellschen Welt der US-Massenmedien landesweit geführt werden können? Präsident Trump kandidierte mit einer Agenda von »Drain the Swamp« (den Sumpf austrocknen). Heute wird immer deutlicher, dass der sogenannte »Sumpf« vor nichts zurückschrecken wird, um seine Macht zu erhalten. Je mehr die amerikanische Öffentlichkeit darüber aufgeklärt wird, desto größer sind die Chancen für eine Erholung, auch wenn es lange dauern wird.[4]

Wie sich herausstellte, war ich zu optimistisch, denn es wird keine Erholung geben. Es wird etwas ganz anderes sein, denn das, was entstehen wird, werden nicht die Vereinigten Staaten sein, die wir kennen. Wenn sich die Vereinigten Staaten als einheitlicher Staat erhalten – was an sich schon zweifelhaft ist, wenn man bedenkt, wie schnell das Land von einer vollständigen und schwerwiegenden systemischen Störung heimgesucht wurde –, wird alles, was wir über die Vereinigten Staaten wussten, verschwunden sein, und die Welt wird mit einem instabilen geopolitischen Gebilde der Dritten Welt konfrontiert sein, das mit Atomwaffen ausgestattet ist, mitten in einem internen Machtkampf, der eine äußerst gewalttätige Form annehmen kann, wobei die sich immer weiter verschlechternden Institutionen des amerikanischen Staates nicht in der Lage sein werden, die sich anbahnende Katastrophe zu entschärfen, die sich zu einem ausgewachsenen Bürgerkrieg zu entwickeln droht, der die Vereinigten Staaten auseinanderreißen und die Bezeichnung und sogar die Existenz derer bedrohen wird, die wir heute gemeinhin als Amerikaner bezeichnen.

In diesem Buch geht es nicht um Vorhersagen über Amerikas mögliches Schicksal – auch wenn einige unweigerlich gemacht werden, wenn man die grundlegenden treibenden Kräfte hinter Amerikas dramatischer Abkehr vom selbsternannten Status eines globalen Hegemons und seinem offensichtlichen politischen, ideologischen, wirtschaftlichen, kulturellen und militärischen Niedergang herausarbeitet. Letztere sind die Kräfte, deren langfristige Auswirkungen im Mittelpunkt dieser Studie stehen, denn sie sind es, die die Vereinigten Staaten ins Chaos treiben. Amerikas Eliten haben es nicht nur versäumt, diese verhängnisvollen Kräfte zu erkennen und ihnen entgegenzuwirken – sie sind ein organischer Teil von ihnen geworden.

Welche sind nun die Kräfte, die die gegenwärtige amerikanische Krise antreiben? Eine solche Kraft haben wir bereits identifiziert: Amerikas medial-intellektuelle Machteliten. Es sind diese Eliten, die durch ihre niedrige und ständig abnehmende Qualität die notwendige Kraft liefern, damit sich Amerikas existenzielle Krise vom Schlechten zum Schlimmeren entwickelt. Sie sind die treibende Kraft dieser Krise, aber sie sind sicherlich nicht der einzige Faktor. Es ist sinnvoll, auf die Rolle der Eliten einzugehen, denn die Eliten sind ein Spiegelbild und ein Produkt dieser anderen Kräfte.

Diese anderen Kräfte reichen von den wirtschaftlichen über die militärischen bis hin zu den moralischen Kräften, die die Schwere der Krise Amerikas und damit die Form der entstehenden neuen Welt bestimmen, in der die Rolle der Vereinigten Staaten, die ihren wirtschaftlichen und wissenschaftlichen Wettbewerbsvorteil weitgehend verloren haben, bereits stark geschwächt ist. Diese Krise hat auch dazu geführt, dass die tatsächliche militärische Macht der USA trotz ihres aufgeblähten Budgets dramatisch geschrumpft ist, und das ist nur der Anfang. Der moralische und kulturelle Verfall ist ein sich selbst reproduzierendes Unheil. Die Interaktion und das Zusammenspiel all dieser Kräfte sind entscheidend für das Schicksal Amerikas.

Und dann geht es um die Existenz der Nation als Volk, zu dem die Amerikaner nie wirklich geworden sind, da sie zunehmend durch rassische und ethnische Identitäten getrennt werden, die bereits zu einer teilweisen Balkanisierung der Vereinigten Staaten zu führen drohen, vor der viele, wie Robert Bork, schon vor 25–30 Jahren gewarnt haben – so trennen heute die politischen Loyalitäten. Multikulturelle Gesellschaften, egal welcher Ideologie oder welchem politischen Bekenntnis sie folgen, sind immer von Impulsen zum Separatismus und zur Auflösung bedroht.

Es ist daher wichtig, das Zusammenspiel dieser Kräfte zu betrachten, damit wir nicht nur die Formen der kommenden Dinge erkennen, sondern auch die richtigen Lehren daraus ziehen können, um entweder alles in unserer Macht Stehende zu tun, um sie abzuwehren, oder uns zumindest darauf vorzubereiten, die Tragödie, die sich vor unseren Augen abspielen wird, zu mildern. Es handelt sich um eine amerikanische Tragödie und damit um die Tragödie der westlichen

Zivilisation, die endgültig an ihre Grenzen gestoßen ist und sich einer inneren und globalen Realität gegenübersieht, die sie auf das Tiefste beeinflusst hat. Aufgrund ihres vorsätzlichen Versagens, die offensichtlichen Ursachen und Wirkungen zu erkennen, hat sie ein grundlegendes Prinzip abgelehnt, das die westliche Zivilisation definiert hat – Vernunft und rationales Denken.

1. KONSUM

Zugang zu Nahrungsmitteln

Jede echte produktive Wirtschaft lässt sich für Laien mit ein paar sehr einfachen Worten definieren – als eine Matrix oder ein Muster menschlicher Produktion und menschlichen Konsums. Die Menschheit definiert sich derzeit in erster Linie über Staaten, wobei die meisten Staaten aus einer oder mehreren Nationen oder Völkern unterschiedlicher Rassen, Kulturen und Ethnien bestehen und unterschiedliche Konsummuster haben. Trotz ihrer multinationalen Zusammensetzung werden die Kulturen der Staaten in der Regel als die der dominierenden Mehrheit angesehen. So gibt es zum Beispiel eine italienische, französische, arabische, indische und chinesische Küche. Die Küche ist eine Markierung und Ableitung der Kultur einer Nation oder sogar einer Zivilisation. Sie weist auch auf Unterschiede in der nationalen Wirtschaft hin. Während Milch und Brot als Grundnahrungsmittel in der ganzen Welt verbreitet sind, ist das amerikanische Grundnahrungsmittel Rindfleisch – dies macht die amerikanische Küche unverwechselbar und in der ganzen Welt bekannt, da sie eine erstaunliche Vielfalt an Rindfleischgerichten bietet, die von einfachen Hamburgern und Grillgerichten bis hin zu den exquisitesten Teilstücken wie Steaks reicht. Dies ist auch ein Zeichen für ein amerikanisches Konsummuster.

Während die Amerikaner alles Mögliche essen, wird das japanische Sushi nicht als Teil eines amerikanischen Konsummusters betrachtet, obwohl es sowohl in den USA als auch in der ganzen Welt sehr beliebt ist, während Sushi und Japan nicht nur im kulturellen, sondern auch im wirtschaftlichen und metaphysischen Sinne untrennbar miteinander verbunden sind. Wenn man Sushi aus dem täglichen Speiseplan der Amerikaner streicht, werden viele Menschen verärgert sein, aber sie werden lernen, ohne Sushi zu leben. Entfernt man Rindfleisch aus der amerikanischen Küche, entsteht ein riesiges politisches Problem, selbst wenn man den Amerikanern anstelle von Rindfleisch alle möglichen kompensatorischen Köstlichkeiten anbietet. Die Vereinigten Staaten und Rindfleisch sind untrennbar miteinander verbunden. Aber »where ist the beef?« (wo ist das Rindfleisch?), wie ein berühmter Werbespot einst titelte? Ist es auf dem Weg, aus dem allgemeinen Zugriff zu verschwinden? Je mehr eine Nation wirtschaftlich entwickelt ist, desto größer ist die Vielfalt der Lebensmittel, die sie ihrer Bevölkerung anbietet. Wirklich wirtschaftlich entwickelte Länder bieten einen leichteren Zugang und eine größere, manchmal erstaunliche Vielfalt an Lebensmitteln. Im Allgemeinen kann der Besuch eines Lebensmittelgeschäfts in einem beliebigen Land einen ersten Eindruck vom wirtschaftlichen Entwicklungsstand vermitteln. Aber dieser Eindruck wird in der Tat ein erster sein.

Der bei weitem wichtigste Indikator für die wirtschaftliche Entwicklung eines Landes ist der einfache oder fehlende Zugang zu Lebensmitteln für die Mehrheit der Bevölkerung. Die mit einer Vielzahl von Lebensmitteln gefüllten Regale allein sagen jedoch noch nichts über die Entwicklung aus. In den Vereinigten Staaten ist es seit jeher Allgemeingut, dass die Lebensmittel in den Regalen der amerikanischen Lebensmittelläden für jedermann verfügbar und leicht zugänglich sind. So sehr, dass das Bild des amerikanischen Lebensmittelüberflusses es sogar bis nach Hollywood geschafft hat, und zwar nicht nur als Hintergrund eines amerikanischen Films, vor dem sich die Haupthandlung der Geschichte entwickelt, sondern als eine spezifisch fokussierte Darstellung des Überflusses, und nicht nur von Lebensmitteln. In Oliver Stones Vietnam-Kriegsfilm *Heaven & Earth* von 1993 ist die vietnamesische Ehefrau der Hauptfigur, die von Tommy

Lee Jones gekonnt gespielt wird, vom Überfluss überwältigt, als sie zum ersten Mal in einen amerikanischen Supermarkt geht und versucht, Lebensmittel wie Reis zu horten, nur um dann den Einzeiler ihres amerikanischen Ehemanns zu hören: »Das ist Amerika, Baby, die Läden bleiben 24 Stunden geöffnet.« Das war der Inbegriff des landwirtschaftlichen Überflusses in Amerika und der Zuverlässigkeit der Lieferketten.

Die Dinge haben sich jedoch geändert, sowohl seit den 1970er Jahren, die in dem Film dargestellt werden, als auch seit den 1990er Jahren, als der Film gedreht wurde. Der Wandel war tiefgreifend. Heute, im Jahr 2020, können die Regale in jedem Lebensmittelgeschäft in Ho-Chi-Minh-Stadt, Moskau, Krasnodar oder Peking und sogar in Jakarta es mit den amerikanischen Lebensmittelgeschäften aufnehmen, oder auch mit jedem Geschäft in dem, was gemeinhin als entwickelte Welt bezeichnet wird, sei es in Kanada, den Niederlanden oder Japan. Lebensmittel sind verfügbar. Hinter dem Bild des Überflusses in den Regalen verbirgt sich die immer wichtige Frage des Zugangs zu ihnen. Es war dieses Bild aus der westlichen Welt, das im ideologischen Kampf zwischen dem scheinbar wohlgenährten Westen und der permanent defizitären Sowjetunion eine entscheidende propagandistische Rolle spielte. Während der Westen eine ganze Industrie für den Konsum von Lebensmitteln im Überfluss entwickelte, die von »Bleib in Form«-Bewegungen bis hin zu Armeen von Ernährungsberatern reichte, standen die Menschen in der Sowjetunion Schlange oder nutzten alle Arten von unregelmäßigen Verteilungssystemen wie »Geschenksets« (podarochnye nabory) für Angestellte von Unternehmen und Organisationen, um Zugang zu stark nachgefragten Artikeln zu erhalten, die von Krabbenfleisch in Dosen bis hin zu grünen Erbsen in Dosen und hochwertigem Aufschnitt reichten.

Das alles hat sich längst geändert. Die Sowjetunion gibt es nicht mehr, und Russlands Lebensmittelläden sehen aus wie Tempel des

Lebensmittelüberflusses. Aber auch das Bild des amerikanischen Lebensmittelüberflusses hat sich verändert, da der Zugang zu Lebensmitteln immer schwieriger wird. Die Covid-19-Pandemie hat den Satz von Tommy Lee Jones definitiv außer Kraft gesetzt – die Läden in Amerika bleiben nicht mehr 24 Stunden geöffnet. Doch auch wenn man dies der Paranoia zuschreiben könnte, die das Land erfasst hat, so kamen doch einige Fakten ans Licht, als die stark übertriebene Pandemie einige Wahrheiten aufzeigte, die das Bild einer amerikanischen Überflusswirtschaft lange Zeit verdeckt hatte.

Eine Studie der Brookings Institution vom Mai 2020 über die Ernährungsunsicherheit in den Vereinigten Staaten aufgrund der Covid-19-Pandemie enthüllte erschreckende Tatsachen über den Hunger in den Vereinigten Staaten:

- Die Lebensmittel, die wir kauften, reichten einfach nicht aus, und wir hatten nicht genug Geld, um neue zu kaufen.
- Die Kinder in meinem Haushalt aßen nicht genug, weil wir uns einfach nicht genug Essen leisten konnten.[5]

Die Zahlen sind vernichtend für ein Land, das zumindest nach außen hin den Ruf genießt, das beste nach dem Füllhorn des Überflusses zu sein. Die Ernährungsunsicherheit für alle sozialen Gruppen in Amerika ist buchstäblich in die Höhe geschnellt.

> Die Umfrage unter Müttern mit Kleinkindern ergab, dass 40,9 % der Mütter mit Kindern im Alter von 12 Jahren und darunter seit Beginn der COVID-19-Pandemie von Ernährungsunsicherheit im Haushalt berichten. Dies ist höher als der Anteil aller Befragten mit Kindern unter zwölf Jahren in der COVID Impact Survey 10 (34,4 Prozent), aber genauso hoch wie der Anteil der Frauen zwischen 18 und 59 Jahren, die mit einem Kind unter 12 Jahren zusammenleben (39,2 Prozent). 2018 bejahten 15,1 Prozent der Mütter mit Kindern

> unter 12 Jahren diese Frage in der FSS, etwas mehr als die 14,5 Prozent, die in der gesamten Umfrage von Ernährungsunsicherheit betroffen waren. Der Anteil der Mütter mit Kindern unter 12 Jahren, die angaben, dass die von ihnen gekauften Lebensmittel nicht ausreichten, ist um 170 Prozent gestiegen.[6]

Diese Nachricht machte keine Schlagzeilen in den US-Mainstream-Medien, die weiterhin über den Zustand des Aktienmarktes und das andere für die Realwirtschaft irrelevante Thema der Finanzmärkte und Hedgefonds berichteten. Die Tatsache, dass Amerika nicht in der Lage ist, eine große Anzahl seiner Kinder zu ernähren und in Bezug auf die Ernährungssicherheit als Dritte-Welt-Land bezeichnet werden könnte, ist sicherlich nichts, was die US-Medienöffentlichkeit diskutieren möchte. Während man annehmen könnte, dass die Mehrheit der hungernden Kinder in dieser Umfrage Minderheiten angehören, was vor ein paar Jahren vielleicht noch einigermaßen zutraf, macht die Ernährungsunsicherheit heute keinen Unterschied mehr. Kinder aller Rassen und Ethnien sind von dieser echten Pandemie der Ernährungsunsicherheit betroffen, die viel gefährlicher ist als Covid-19. Die Brookings-Studie weist darauf hin, dass die Schätzungen sehr »konservativ« sind und kommt zu dem Schluss, dass:

> Das hohe Niveau der Ernährungsunsicherheit ist nicht nur ein Problem von Haushalten mit Kindern. Vor der Krise, im Jahr 2018, waren 11,1 Prozent der Haushalte ernährungsunsicher und 12,2 Prozent der Haushalte beantworteten die einzige Frage in der Reihe mit »Ja«. Die Umfrage des Instituts zur Überwachung der Gesundheitsreform, die vom 25. März bis zum 10. April vor Ort durchgeführt wurde, verwendete das sechs Fragen umfassende Kurzformular zur Ernährungsunsicherheit und stellte fest, dass 21,9 Prozent der Haushalte mit jüngeren Erwachsenen von Ernährungsunsicherheit betroffen waren. Ende April 2020 gaben 22,7 Prozent der Haushalte

> in der COVID-Erhebung an, dass sie nicht über ausreichende Mittel verfügten, um weitere Lebensmittel zu kaufen, wenn die gekauften Lebensmittel nicht ausreichten. Die Gesamtrate der unsicheren Ernährungslage in den Haushalten hat sich praktisch verdoppelt.[7]

In diesem Stadium geht es nicht mehr um das Konsumverhalten, sondern lediglich darum, genug zu essen zu haben, um nicht zu hungern. Amerikas »letzte Zuflucht« für Lebensmittel, das riesige Netz von Lebensmitteltafeln, war von den Ereignissen, die auf den Einbruch der Covid-19-Pandemie in die amerikanische Wirtschaft folgten, überfordert. Wie *Yahoo News* im August 2020 berichtete:

> »Der beste Weg, es zu beschreiben, ist, dass wir während des Hurrikans Harvey, der Houston und die Umgebung verwüstet hat, sehr aktiv waren, und dies ist viel schlimmer als das«, sagte Mark Brown von den West Houston Assistance Ministries, einer großen Lebensmitteltafel in der Gegend. »Ich habe noch nie ein derartiges Ausmaß an Verzweiflung in der gesamten Gemeinde gesehen«.[8]

Das tatsächliche Ausmaß der Ernährungsunsicherheit, ein schicker Begriff für die verschiedenen Stufen des Hungers, ist schwer zu messen. Einige Zahlen, selbst in einem Land, das gerne übertreibt, übersteigen die Vorstellungskraft und erschüttern das Bild des amerikanischen Wohlstands, das jahrzehntelang nach außen projiziert wurde. Wenn selbst in so wohlhabenden Bundesstaaten wie Colorado mehr als 30 % der Bevölkerung Probleme haben, sich mit Lebensmitteln zu versorgen, stellt sich nicht nur die Frage nach der mangelnden Effektivität des Lebensmittelversorgungssystems insgesamt, sondern auch nach seiner Effizienz in der jüngsten Ausprägung des amerikanischen Kapitalismus, in der Ernährungsunsicherheit zur Normalität geworden ist.[9] Ein Großteil der dramatisch gestiegenen Nachfrage nach Lebensmitteln von Lebensmitteltafeln kommt von Menschen und Haushalten, für die Ernährungsunsicherheit neu ist.[10] Bereits 2010, lange vor der Covid-19-Pandemie, stellte *The National Geographic* fest, dass sich das Gesicht des amerikanischen Hungers verändert hat, als er zu dem Schluss kam:

> Die Chancen stehen gut, dass Sie, wenn Sie sich vorstellen, wie Hunger aussieht, nicht das Bild von jemandem wie Christina Dreier vor Augen haben: weiß, verheiratet, gut gekleidet, mit Wohnung, sogar etwas übergewichtig. Das Bild des Hungers im heutigen Amerika unterscheidet sich deutlich von den Bildern der Depressionszeit mit den hageren Gesichtern der Arbeitslosen, die auf den Straßen der Städte nach Nahrung suchen. »Dies ist nicht der Hunger eurer Großmutter«, sagt Janet Poppendieck, Soziologin an der City University of New York. »Heute hungern mehr arbeitende Menschen und ihre Familien, weil die Löhne gesunken sind.«[11]

Heute sind die Löhne von Millionen von Amerikanern nicht nur gesunken, sondern sie stehen kurz davor, einfach zu verschwinden, wobei ihr Verschwinden von der Beendigung des Arbeitslosengeldes derjenigen abhängt, die sich qualifizieren. Danach werden viele entweder dauerhaft arbeitslos sein oder schlecht bezahlte Jobs im Dienstleistungssektor annehmen müssen. Das wird kaum dazu beitragen, den Geschmack eines Schlemmers zu befriedigen. Nahrungsmittel werden zu einer Frage des Überlebens. Auch in Amerika, zumindest in bedeutenden Teilen der Bevölkerung, die sich in einer ähnlichen Ernährungssituation befinden wie zu Zeiten der Großen Depression, sind Lebensmittel nicht überall vorhanden. Wer gesehen hat, was in den 1990er Jahren mit der russischen Bevölkerung infolge der »Reformen des freien Marktes« und der liberalen Wirtschaftspolitik geschah, die auf denselben Laissez-faire-Prinzipien beruhten, die in den Vereinigten Staaten als Grundlage für die Existenz der amerikanischen Nation gepriesen werden, dem könnte der Anblick von Menschen, die in Müllcontainern nach Nahrung suchen, bevorstehen. Die Zukunft der amerikanischen Lebensmittelversorgung ist bestenfalls nebulös, schlimmstenfalls düster.

Die derzeitige, sowohl latente als auch manifeste Krise der Ernährungsunsicherheit in den USA kann nicht auf die Covid-19-Pandemie geschoben werden, die ein Auslöser, aber nicht die Ursache für den sich stetig verschlechternden Zustand der amerikanischen weißen Mittelschicht war. Eine Studie von Angus Deaton und Anne Case aus dem Jahr 2015 über die Sterblichkeitsrate weißer Nicht-Hispanoamerikaner in den USA wirkte wie eine explodierende Bombe, als sie den alarmierenden Trend feststellte, dass die weiße amerikanische Mittelschicht in einem jüngeren Alter stirbt, unter anderem durch einen dramatischen Anstieg von Selbstmorden und Vergiftungen, ganz zu schweigen von Lebererkrankungen – alles solide Indikatoren für ein viel tieferes Problem als nur sinkende oder stagnierende Löhne oder, was das betrifft, Ernährungsunsicherheit.[12] Letztendlich war das Problem der Ernährungsunsicherheit im Jahr 2015 nicht akut, während es im Jahr 2020 zu einer landesweiten Katastrophe wird. Es spielten noch andere Faktoren eine Rolle, wenn auch die meisten von ihnen im Wesentlichen wirtschaftlicher Natur sind, die unweigerlich die moralische und metaphysische Einstellung der Menschen beeinflussten. Die Menschen begannen, ihren Glauben und ihren Lebenswillen zu verlieren.

Die Illusion des Reichtums

Jeder Russe, der Ende der 1980er oder Anfang der 1990er Jahre nach dem Fall des Eisernen Vorhangs in den Westen oder in die Vereinigten Staaten reiste, könnte sich in seiner Reaktion auf den westlichen Überfluss ein wenig an Le Lis Reaktion auf die Vielfalt der Lebensmittel in dem ersten amerikanischen Supermarkt erinnern, in den ihr Mann sie in Oliver Stones Film *Heaven and Earth* mitnahm. Der ständige Mangel an Konsumgütern und Delikatessen und manchmal auch an Grundnahrungsmitteln in der Sowjetunion im Vergleich zum Überfluss und vermeintlichen Wohlstand des vereinten Westens war unweigerlich ein Hauptkritikpunkt, da es sich um den weitgehend falsch verstandenen materiellen »Reichtum« handelte, den die sowjetische kommunistische Ideologie versprach, aber nie lieferte. Nur wenige in der UdSSR oder anderswo in der Welt wollten sich mit den Feinheiten von Marx' unpersönlicher Debatte mit dem verstorbenen Lasalle befassen oder die Essenz des wohl zweitwichtigsten Werks des Marxismus nach dem Kommunistischen Manifest, der »Kritik des Gothaer Programms,. Randbemerkungen zum Programm der Deutschen Arbeiterpartei« lesen, geschweige denn vollständig erfassen. Nicht viele wollten sich wirklich mit dem Teil der sowjetischen Ideologie beschäftigen, der nicht nur die Entwicklung der sprichwörtlichen Produktivkräfte voraussah, die zum Übergang zum Kommunismus führen würden, sondern auch den neuen Menschen, der weitgehend asketisch sein würde. Offensichtlich wurde die kleine Schrift mit dem wichtigsten Propagandaslogan des Marxismus, eines der wichtigsten Sakramente einer kommunistischen Ideologie, das fälschlicherweise Marx zugeschrieben wird, »jeder nach seinen Fähigkeiten, *jedem nach seinen Bedürfnissen*«, von der Mehrheit ignoriert.[13]

Dies war das Catch-22 des Konsumismus, eine Art kognitive Dissonanz für den Wohlstand, die vom Marxismus wunderbar eingerichtet wurde. Ja, im kommunistischen System würde jeder bekommen, was er brauchte, aber das alles basierte auf den äußerst spezifischen Bedürfnissen, die nur einem Menschen von höchstem kulturellem Niveau und wissenschaftlichem Verstand zuzuschreiben waren. Ein Mann oder eine Frau der Zukunft würden sich durch seinen oder ihren Altruismus und seine höhere Berufung auszeichnen. In dieser Welt des neuen Menschen unterschieden sich die Besonderheiten der Akkumulation und des Wohlstands dramatisch von der konsumorientierten Tradition des westlichen Industriekapitalismus nach dem Zweiten Weltkrieg – in einer solchen Welt gäbe es keine Rolls-Royce, keine Privatjets, keine vergoldeten Paläste mit einer Fläche von 10.000 Quadratmetern und hunderten von Hektar Land, und auch keine Bordelle oder Drogen. Die neue soziale Organisation und die Abschaffung der körperlichen Arbeit in Verbindung mit einer dramatischen Produktivitätssteigerung – so die Theorie – würden es den Menschen ermöglichen, sich auf Selbstoptimierung und kreative Arbeit zu konzentrieren. Unter diesen Umständen bräuchte der neue Mensch anständige Verkehrsmittel, anständige Wohnungen, anständige Kleidung, um nur einige Dinge zu nennen, und aufgrund dieser Definition von »anständig« oder »gut« stellte sich die Frage nach einem künftigen Konsummuster. Natürlich hat dieser Punkt von Marx seit 1917 viele Leidenschaften entfesselt und bleibt umstritten:

> Wenn die materiellen Produktionsbedingungen genossenschaftliches Eigentum der Arbeiter selbst sind, dann ergibt sich daraus auch eine andere Verteilung der Konsumtionsmittel als die gegenwärtige. Der Vulgärsozialismus (und von ihm wiederum ein Teil der Demokraten) hat von den bürgerlichen Ökonomen die Betrachtung und Behandlung der Verteilung als unabhängig von der Produktionsweise und damit die Darstellung des Sozialismus als hauptsächlich auf die Verteilung gerichtet übernommen. Warum sollte man, nachdem der reale Zusammenhang längst klar ist, wieder einen Rückschritt machen?[14]

Aber die Diskussion darüber, was die Definition des Guten ist und wie die Verteilung des Reichtums organisiert werden soll, tobt auch heute noch weiter. Die historisch neuesten Diskussionspunkte zu diesem Thema könnten wie folgt definiert werden: »Was sollte ein System denn statt der Möglichkeit, einen Rolls-Royce und einen Privatjet zu erwerben, bieten?« Die Systemkrise des Westens und des Liberalismus, ein Euphemismus für den Kapitalismus des 21. Jahrhunderts, wirft erneut die Frage nach dem »guten Leben« auf und wie es definiert wird bzw. wie schwierig es ist, dies zu tun.[15] Ist ein hoher Konsum ein notwendiger Bestandteil eines guten Lebens und seiner Definition? Irving Kristol zum Beispiel bezweifelt das.[16]

Aber um die zahllosen unnötigen und zweifelhaften, vor allem westlich-liberalen und realitätsfernen Narrative zu vermeiden, können wir getrost davon ausgehen, dass ein wachsendes Konsumniveau Teil eines guten Lebens ist. Schließlich ging es schon im Marxismus um Konsum, wenn auch um eine möglichst gerechte Verteilung des Reichtums auf der Grundlage des Arbeitseinsatzes. Daher ein berühmter sowjetischer Slogan, der direkt aus der Bibel entnommen und in ein Sprichwort verwandelt wurde: »Wer nicht arbeitet, isst nicht.«[17] So wurde der Konsum vor mehr als 2000 Jahren gesehen, sein Niveau wurde durch primitive Pflüge und primitiven Geschmack bestimmt. Der Mensch konsumiert: von Lebensmitteln über Kleidung bis hin zu Maschinen und vielem mehr. Deshalb entwickelt die Menschheit Industrien und eine Wirtschaft, und gegen Konsum ist nichts einzuwenden, solange er sich in den Grenzen des gesunden Menschenverstands bewegt. Und da sich die menschliche Wirtschaft seit biblischen Zeiten dramatisch verändert hat, hat sich auch der Konsum verändert.

Dennoch ist der Unterschied zwischen einem Konsum, der dem Überleben dient, bzw. einem maßvollen Konsum und einem übermäßigen Konsum im Laufe der Menschheitsgeschichte so groß geblieben wie eh und je. Wie Jeremy Rifkin bemerkt:

> Der Begriff »Konsum« hat sowohl englische als auch französische Wurzeln. In seiner ursprünglichen Form bedeutete konsumieren zerstören, plündern, unterwerfen, erschöpfen. Es ist ein Wort, das von Gewalt durchdrungen ist und bis in dieses Jahrhundert hinein

> nur eine negative Konnotation hatte... Die Metamorphose des Konsums vom Laster zur Tugend ist eines der wichtigsten, aber am wenigsten untersuchten Phänomene des zwanzigsten Jahrhunderts.[18]

Das soll nicht heißen, dass keine Versuche unternommen wurden, den Konsum zu untersuchen, das ist sicherlich passiert, aber wenn man versuchen würde, ein gutes Leben in materiellen Begriffen zu definieren, was würde dann als ausreichend oder zufriedenstellend gelten? Der Marxismus versuchte, diese Frage zu beantworten, indem er den Konsum in den utopischen Bereich einer angenommenen menschlichen Rationalität und des Wunsches nach moralischer und geistiger Verbesserung verlegte, indem er das Verlangen nach Konsum aufgrund der neuen Lebensanschauung der Menschheit einschränkte. Mit anderen Worten: Der Marxismus wollte einen neuen, nicht habgierigen Menschen schaffen, indem er die Klassenunterschiede in der Gesellschaft aufhob, die den Wunsch stimulieren, mehr zu haben als die anderen. Für die damalige Zeit war das eine verlockende Idee, aber sie konnte nicht funktionieren, denn es hat sich herausgestellt, dass es noch schwieriger ist, die menschliche Natur zu ändern, als eine Revolution zu entfesseln oder fortschrittliche produktive Volkswirtschaften aufzubauen. Die Menschheit hat immer mehr gewollt, ganz einfach mehr. Der Marxismus ist gescheitert, weil die menschliche Natur statisch blieb, selbst wenn sie durch fortgeschrittene Universitätsabschlüsse und eine angeblich umfassende aufgeklärte Weltsicht verschönert wurde. Die Menschen wollten natürlich weiterhin das, was der Marxismus nicht bieten konnte – einen Zugang zu genau der Art von Konsummustern, die die Vereinigten Staaten nach dem Zweiten Weltkrieg ohne Hemmungen in der ganzen Welt förderten.

Die Vereinigten Staaten boten mehr als nur ein komfortables Konsumniveau für die Mehrheit, sie boten eine Miniaturversion, eine Art Konsumpfad, zu dem, was schließlich als ultimatives Ziel des menschlichen Lebens definiert wurde – das Konsummuster einer Freizeitklasse, das Thorstein Veblen 1899 als »auffälligen Konsum« definiert hatte.

> Der quasi friedfertige Herr der Muße konsumiert also nicht nur die Dinge des Lebens, die über das für den Lebensunterhalt und die körperliche Leistungsfähigkeit erforderliche Minimum hinausgehen, sondern sein Konsum macht auch eine Spezialisierung hinsichtlich der Qualität der konsumierten Güter durch. Er konsumiert frei und vom Besten, was Essen, Trinken, Rauschmittel, Unterkunft, Dienstleistungen, Schmuck, Kleidung, Waffen und Ausrüstung, Vergnügungen, Amulette und Götzen oder Gottheiten betrifft. In dem Prozess der allmählichen Verbesserung, der sich bei den Gegenständen seines Konsums vollzieht, ist das treibende Prinzip und das unmittelbare Ziel der Innovation zweifellos die höhere Effizienz der verbesserten und ausgefeilteren Produkte für den persönlichen Komfort und das Wohlbefinden. Aber das bleibt nicht der einzige Zweck des Konsums. Der Kanon der Seriosität des Konsums ist zur Stelle und greift nach solchen Innovationen, die nach seinem Maßstab überlebensfähig sind. Da der Konsum dieser exzellenten Güter von Reichtum zeugt, wird er ehrenvoll, und umgekehrt wird das Versäumnis, in angemessener Quantität und Qualität zu konsumieren, zu einem Zeichen von Minderwertigkeit und Unwürdigkeit.[19]

Der Konsum, der weit davon entfernt ist, die eigentlichen menschlichen Bedürfnisse zu befriedigen, wurde zu einem breiteren sozialen und kulturellen Phänomen, und so besteht er bis zum heutigen Tag. Eine große Anzahl von Menschen konsumiert nicht, weil sie es müssen, sondern weil sie es wollen und zu diesem Konsum getrieben werden, um ein »Zeichen der Minderwertigkeit und des Mangels« zu vermeiden. In der sowjetischen Nachkriegszeit, nach Abschluss des anfänglichen Wiederaufbaus des Landes aus den Trümmern der Invasion der Achsenmächte, als die Wirtschaft in Schwung kam und die Verbesserung des Lebens unbestreitbar wurde, entstanden neue sowjetische Konsumwünsche. Es war eine Sache, ein eigenes Auto zu wollen, was in den 1950er Jahren ein unerhörter Luxus war, und eine andere, eines in den 1970er Jahren zu wollen, als der Besitz eines Autos alltäglich wurde – das war verständlich, auch wenn der Besitz eines Autos sicherlich ein Zeichen von Wohlstand war, aber nicht per se ein Fall von auffälligem Konsum, insofern es eine gewisse soziale Notwendigkeit geworden war. Aber der Erwerb der neuesten Kleidermode und anderer Alltagsgegenstände, von Zigaretten bis Alkohol, war es.

Ganz gleich, wie die ideologische Abteilung der Kommunistischen Partei die Defizite bei den Konsumgütern in der UdSSR zu erklären versuchte, im Zeitalter der explodierenden elektronischen Massenmedien, insbesondere des Fernsehens, war es unmöglich, westliche Modetrends zu verbergen, und fast jeder in der UdSSR wollte in den 1970er Jahren ein Paar amerikanische Denim-Jeans, französische Parfums oder japanische Unterhaltungselektronik. Ein beliebtes Sprichwort in der UdSSR lautete damals: »Man sagt uns, dass der Kapitalismus stinkt, aber was für ein herrlicher Gestank«. Wer in der Sowjetunion amerikanische Jeans, Seiko oder Omega Uhren trug und ein Auto fuhr, wurde oft neidisch beäugt. In einem Land mit einem Defizit an Konsumgütern wurde es zu einer ehrenvollen Sache, in westliche Konsummuster eingeweiht zu sein. Das sowjetische diplomatische Korps, Journalisten, die in fremden, vor allem westlichen Ländern stationiert waren, Sportler oder Fachleute, die im Ausland arbeiteten, galten als sehr begehrte Berufe, da sie Zugang zu dem verschafften, was im Westen fälschlicherweise als Konsumparadies angesehen wurde.

Der phänomenale Erfolg des Albums der berühmten und äußerst einflussreichen sowjetischen Rockband *Urfin Juice* aus dem heutigen Jekaterinburg (ehemals Swerdlowsk) aus dem Jahr 1982 enthielt einen

Song mit dem Titel *World on the Wall*, der die sowjetische Besessenheit vom westlichen Konsumverhalten perfekt einfing und das Bild des Westens im Allgemeinen grob idealisierte und falsch darstellte. Das Lied verdeutlichte die zunehmende Desillusionierung der sowjetischen Jugend, vor allem in Bezug auf die Konsumrealitäten in der UdSSR. Teile des Liedtextes waren sowohl satirisch als auch tiefgründig:

Каждый плакат словно окно.
Смотришь ты жадно через стекло.
Каждый плакат запечатлел В мире мечтаний высший предел.
Песни звучат те, что тебе
Помогут попасть в мир на стене.
И взгляд твой как телевизор.
Программы разнообразны.
Ты любишь думать о вечерах
где-то в Майами-Бич, утро на Плас-Конкорд,
ночь на Сансет-Бульвар.
Заочно!
Ты любишь Гиндзу в ночных огнях
и ранчо на Йелоу-Крик,
мартини в Сан-Тропе,
и звуки Корнеги-Холл.
Hi-Fi!
В мыслях этих все желанья
Темных уголков сознанья
Разом ты исполнишь, потому что
В самодельном мире все легко.
Я уверен, ты не стал бы
Лезть в те джунгли, если б лучше знал их.
И не стал бы слушать эти песни,
Если б их перевели тебе.

Jedes Poster ist wie ein Fenster.
Du schaust gierig durch das Glas.
Jedes Poster fängt die ultimative Grenze in der Welt der Träume ein.
Die Songs klingen genauso wie du
Sie werden Ihnen helfen, in die Welt an der Wand zu gelangen.
Und dein Blick ist wie ein Fernseher.
Die Programme sind vielfältig.
Du denkst gerne an Abende nach
irgendwo in Miami Beach, morgens auf Place de la Concorde,
Nacht auf dem Sunset Boulevard.
In Abwesenheit!
Du liebst Ginza mit den Nachtlichtern
Yellow Creek Ranch
und Martini in Saint-Tropez,
und die Klänge der Carnegie Hall.
Hi-Fi!
In all diesen Gedanken sind Wünsche
Aus den dunklen Ecken des Geistes,
Die du sofort erfüllen wirst,
Weil alles einfach ist in der Scheinwelt
Ich bin sicher, du würdest nicht
In diese Dschungel gehen, wenn du sie besser kennen würdest
Du würdest diese Lieder nicht hören,
Wenn jemand sie für dich übersetzt hätte.

Es war ein prophetisches Musikstück, das den Untergang der Sowjetunion voraussah, der nicht eintrat, weil die NATO-Armeen stärker waren als die sowjetischen Streitkräfte – das waren sie nicht. Auch war das westliche Bildungssystem nicht besser als das sowjetische. Das Paradoxe am Zusammenbruch der Sowjetunion lag – abgesehen von den weitgehend internen Problemen mit ethnischen Nationalismen und der Fäulnis in den Parteieliten – in der Tatsache, dass in der UdSSR die Mehrheit der Bevölkerung besser zu leben begann als zu irgendeinem Zeitpunkt in der Geschichte Russlands und seiner geografischen Randgebiete, und dass große Massen von Menschen entweder offen oder heimlich das wollten, was sie als den Hauptvorteil des westlichen Kapitalismus ansahen – materiellen Wohlstand. Letztlich war es das westliche Phänomen des Wohlstands, das eine wichtige Rolle beim Sturz der bereits weitgehend toten sowjetischen Version des Marxismus spielte und zum Zusammenbruch des damals so genannten sozialistischen Weltsystems führte.

2. WOHLSTANDSWAHN

Die Politik des Wohlstands

Das Konsumverhalten beruht auf einem komplizierten Gleichgewicht zwischen Bedürfnissen und Wünschen. Die sowjetische Version des Kommunismus betonte in erster Linie den Bedarf; der westliche Kapitalismus der Nachkriegszeit wurde von Wünschen angetrieben, wenn nicht sogar übermäßig angetrieben, egal wie trivial oder sogar schädlich sie waren. Es war der Sieg des Wunsches über das Bedürfnis – oder, wenn man eine feinere Definition des Bedürfnisses verwendet, ein *vernünftiges* Bedürfnis –, der im Westen eine ernsthafte wirtschaftliche und psychische Krankheit hervorrief, die als Wohlstandskrankheit oder -wahn (Affluenza) bezeichnet und definiert wurde als »ein schmerzhafter, ansteckender, sozial übertragbarer Zustand der Überschuldung, Angst und Verschwendung, der aus dem verbissenen Streben nach mehr resultiert«.[20] Der Fortschritt war unvermeidlich, aber auch die Zunahme des Konsums, denn das Konzept der Verbesserung des menschlichen Lebens oder des guten Lebens im Allgemeinen wurde in erster Linie als materielle Produktivkräfte beschrieben und um diese herum aufgebaut. Die materiellen Produktivkräfte im Westen in der Zeit nach dem Zweiten Weltkrieg waren beeindruckend, da die Vereinigten Staaten von den katastrophalen Ereignissen des Zweiten Weltkriegs verschont geblieben waren. Der Kapitalismus und das, was als »freies Unternehmertum« propagiert wurde, erzielten einen erstaunlichen Erfolg bei der Schaffung eines Lebensstandards für die Mehrheit der Bevölkerung, der in der Geschichte der Menschheit seinesgleichen sucht.

Der verstorbene Samuel Huntington beklagte zu Recht, dass »der Westen die Welt nicht durch die Überlegenheit seiner Ideen, Werte oder Religion (zu der nur wenige Angehörige anderer Zivilisationen konvertiert sind), sondern vielmehr durch seine Überlegenheit bei der Anwendung organisierter Gewalt gewonnen hat«.[21] Aber diese Aussage zeichnete kaum das vollständige Bild, das viel komplexer war. Der Beitrag des Westens zur Welt war immens und reichte von den Künsten bis zu den Wissenschaften, und er war viel nuancierter als bloße militärische Eroberungen. Die Zeit unmittelbar nach dem Zweiten Weltkrieg war die Sternstunde der Vereinigten Staaten, die sich in dem Versuch widerspiegelte, den militärischen Triumph der nominell marxistischen Sowjetunion über den Nationalsozialismus[22] durch die Vermittlung eines nicht ganz unzutreffenden Bildes von Amerikas Wohlstand und einer breiten Palette von Produkten, die den Bürgern zur Verfügung standen, auszugleichen. Auch wenn der Marshallplan eine Demonstration des Wohlstands Amerikas darstellte und angeblich in erster Linie dem Kampf gegen den Kommunismus diente, war er in Wirklichkeit, wie Michael Hudson beschreibt, ein ganz anderes Spiel:

> Unter der Ägide der US-Regierung häuften amerikanische Investoren und Gläubiger immer mehr Forderungen gegenüber ausländischen Volkswirtschaften an und sicherten sich so letztlich die Kontrolle über die politischen und wirtschaftlichen Prozesse in der nicht-kommunistischen Welt.[23]

Was sich später während der berühmten – oder für manche berüchtigten – »Küchendebatte« im Juli 1959 zwischen dem damaligen US-Vizepräsidenten Richard Nixon und Nikita Chruschtschow abspielte, prägte die gesamte wirtschaftliche Debatte zwischen dem amerikanischen Kapitalismus und den marxistischen Ansichten der Sowjetunion und damit auch den Kalten Krieg und dessen Ausgang.

> **Nixon**: Ich möchte Ihnen diese Küche zeigen. Sie ist wie die in unseren Häusern in Kalifornien. (Nixon zeigt auf den Geschirrspüler.)
> **Chruschtschow**: Wir haben solche Dinge.

Nixon: Das ist unser neuestes Modell. Das ist die Art, die in Tausenden von Einheiten für die direkte Installation in den Häusern gebaut wird. In Amerika wollen wir den Frauen das Leben leichter machen …[24]

Chruschtschow: Ihre kapitalistische Einstellung gegenüber Frauen gibt es im Kommunismus nicht.

Nixon: Ich denke, dass diese Einstellung gegenüber Frauen universell ist. Wir wollen unseren Hausfrauen das Leben leichter machen …

Rückblickend betrachtet, wirkt diese Debatte, abgesehen von Chruschtschows offensichtlicher Lüge, dass die Hausfrauen der Sowjetunion Zugang zu Geschirrspülern hätten, eher komisch, aber sie enthielt dennoch ein wichtiges Element, das die Rolle des sprichwörtlichen 800-Pfund-Gorillas im Raum spielte. Dieser Gorilla zeigte sich in Nixons Beschreibung einer Hypothek:

> Dieses Haus kann für 14.000 Dollar gekauft werden, und die meisten Amerikaner [Veteranen des Zweiten Weltkriegs] können ein Haus in der Größenordnung von 10.000 bis 15.000 Dollar kaufen. Lassen Sie mich Ihnen ein Beispiel geben, das Sie verstehen können. Wie Sie wissen, streiken unsere Stahlarbeiter derzeit. Aber jeder Stahlarbeiter könnte dieses Haus kaufen. Sie verdienen 3 Dollar pro Stunde. Dieses Haus kostet etwa 100 Dollar pro Monat bei einer Vertragslaufzeit von 25 bis 30 Jahren.[25]

Der Gorilla war der Kredit und seine Kehrseite – die Schulden –, die später eine zerstörerische Rolle sowohl für die USA als auch für die Weltwirtschaft spielen sollten.

Genau unter Nixons Augen als US-Präsident wurde im August 1971 die US-Währung vom Goldstandard abgekoppelt und ein offizielles Goldembargo verhängt. Wie Ralph Benko im Jahr 2011 schrieb:

> Heute feiern wir den 40. Jahrestag, an dem Präsident Richard Nixon Amerika und die Welt vom Goldstandard abbrachte und viele Versprechen machte, die prompt gebrochen wurden, oder wir trauern um sie. (Zum Beispiel versprach Präsident Nixon, dass der Dollar seinen vollen Wert behalten würde. Heute ist er nur noch etwa 19 Cent von dem wert, was er 1971 wert war.)[26]

Mit diesem Ereignis wurde ein System eingeführt, das es den Vereinigten Staaten ermöglichte, sich automatisch bei ausländischen Zentralbanken zu verschulden, indem sie einfach ein Zahlungsdefizit auswiesen. Je größer das Zahlungsbilanzdefizit der USA wurde, desto mehr Dollar landeten bei ausländischen Zentralbanken, die sie dann an die US-Regierung ausliehen, indem sie sie in Staatsanleihen unterschiedlicher Liquidität und Marktfähigkeit anlegten.[27]

Plötzlich waren die Vereinigten Staaten, die sowohl wirtschaftlich als auch militärisch in Vietnam ernsthafte Probleme hatten, in der Lage, andere Nationen so zu besteuern, wie die Vereinigten Staaten ihr wachsendes Haushaltsdefizit ausgeben wollten, sei es für Ausgaben im Rahmen des Kalten Krieges oder für Sozialprogramme der »Gewehre-und-Butter«-Wirtschaft.[28]

Die Vereinigten Staaten als Ganzes wandelten sich von einer Wirtschaft des Bedarfs zu einer Wirtschaft des reinen Wunsches und des auffälligen Konsums. In diesem System gab es nichts, was Amerika nicht gefiel, denn es ermöglichte ihm, die nichtkommunistische Welt zu kontrollieren, indem es die Inflation dorthin exportierte und gleichzeitig einen Strom billiger Rohstoffe und Waren in die USA aufrechterhielt. Die Party begann mit dem Aufkommen der FIRE-Wirtschaft (Finance, Insurance, Real Estate) und der radikalen Deindustrialisierung der Vereinigten Staaten. Sie trieb den Konsum in nie dagewesene Höhen – und sie trieb nicht nur die

Verbraucherschulden, sondern auch die Staatsschulden in die Stratosphäre.

Und das war erst der Anfang.

Schätzungen zufolge wurden Mitte der 2010er Jahre in der US-Wirtschaft bis zu 71 % für Konsumgüter ausgegeben.[29] Dies alles wurde möglich, weil die USA so viele Schulden »emittieren« konnten, wie sie wollten, denn diese Schulden wurden letztendlich auf die eine oder andere Weise in US-Schuldscheine umgewandelt. Die Welt musste für Amerikas Party bezahlen. Und sie zahlte, was den amerikanischen Konsum weiter anheizte, der für viele Amerikaner auf dem Weg zum Wohlstand, der nun scheinbar eröffnet war, ehrenvoll und deutlich geworden war. Ein berühmter und völlig falscher Mythos, der in den USA immer noch kursiert, besagt, dass die sowjetische Regierung die Veröffentlichung der Hollywood-Verfilmung von John Steinbecks *Die Früchte des Zorns* aus dem Jahr 1940 in der UdSSR nicht erlaubte, weil sie befürchtete, dass die sowjetischen Bürger erkennen würden, dass selbst mittellose Amerikaner in den Zeiten der Großen Depression einen ganzen Lastwagen besaßen und reisen konnten. Der Film wurde jedoch nie in der Sowjetunion verboten, geschweige denn von Stalin persönlich, wie einige behaupteten, und kam dort 1948 in begrenztem Umfang in die Kinos, mit russischen Untertiteln, als *The Road of Calamities*. Dieser Film wurde zusammen mit vielen anderen Hollywood- und europäischen, darunter auch deutschen Filmen, von der Roten Armee aus dem Archiv des Deutschen Reichs beschlagnahmt, die in der UdSSR als Trophäenfilme bekannt wurden.[30]

Dass sich dieser krude Mythos über »dass sie Lastwagen hatten« so hartnäckig im Gedächtnis der sowjetischen Öffentlichkeit festsetzte und nicht die Darstellung der verheerenden Auswirkungen einer wirtschaftlichen Depression auf die Massen der Amerikaner in *Die Früchte des Zorns*, offenbarte etwas Eigenartiges am amerikanischen

Konsumverhalten. Es zeigte die Ablenkung der Aufmerksamkeit der Amerikaner und der Welt auf die stets sehr materialistische Projektion des amerikanischen Erfolgs, bei der der Konsum eine große Rolle spielte, weit mehr als es ein angemessenes Gleichgewicht zwischen Bedarf und Wunsch erfordern würde.

Dieser Konsumismus war auch ein wesentlicher Bestandteil des amerikanischen Selbstverständnisses, das sich seit Alexis de Tocqueville, der den »geschwätzigen Patriotismus«[31] der Amerikaner dokumentierte, zu einer regelrechten Herablassung gegenüber dem Rest der Welt entwickelte, dessen Lebensstandard nicht mit dem amerikanischen Konsumniveau vergleichbar war. Egal, was die sowjetischen oder später die russischen Errungenschaften waren, es schien immer eine Karte zu geben, die sie übertrumpfte – der amerikanische Lebensstandard und der Grad der Befriedigung amerikanischer »Bedürfnisse«, sei es der Bau von gigantischen Flugzeugträgern oder besseren Autos. Und das funktionierte.

Mythen wie der kulturelle Einfluss der *Früchte des Zorns*-Lastwagen auf die Sowjets halten sich bis heute im amerikanischen Kulturkreis. Es gab und gibt kaum Zweifel daran, dass Nixon Chruschtschow in der Küchendebatte besiegt hat – und zwar genau deshalb, weil jede amerikanische Küche besser war als jede sowjetische und weil der Geschirrspüler im Gegensatz zu vielen sowjetischen Konsumgütern, von denen viele bis zum Zusammenbruch der Sowjetunion chronisch Mangelware blieben, in Massenproduktion hergestellt wurde. Tatsächlich waren Geschirrspülmaschinen unter anderem in sowjetischen Küchen ein äußerst seltener Anblick, um es vorsichtig auszudrücken. Ein großer Teil der Produktion des westlichen Konsums im Allgemeinen und des amerikanischen im Besonderen und seine Projektion in den damaligen Ostblock konzentrierte sich auf einige wichtige Kategorien von Konsumgütern, von denen Autos, Unterhaltungselektronik und natürlich Lebensmittel, oder besser gesagt, deren Vielfalt, die wichtigsten waren. Die Auswirkungen waren jedoch viel umfassender. Sie wurden nicht nur durch Filme ausgelöst, auch nicht durch europäische Filme, die in den 1960er und 1970er Jahren auch einen eher wohlhabenden Lebensstil der Italiener oder Franzosen zeigten, sondern auch durch ein so mächtiges Instrument wie Ausstellungen. Es gab viele amerikanische, aber auch europäische oder japanische Ausstellungen, die in die Sowjetunion geschickt wurden.

In meiner persönlichen Erinnerung als Vorschulkind war die Ausstellung *Education USA* 1969–70 in Baku (es handelte sich um eine Mehrländerausstellung) ein gigantischer Erfolg, wie die meisten US-Ausstellungen in der UdSSR.[32] Für Kinder war es ein großes Abenteuer, in das Ausstellungszentrum zu gelangen. Für jeden Besucher gab es kostenlose, schön gedruckte Zeitschriften, Plastiktüten und Anstecknadeln. Das Gleiche galt für den Bakuer Teil der Ausstellung von 1976, *Technology for the American Home*. Die Erwachsenen jedoch konnten ihr Staunen über die amerikanischen Klassenzimmer, den Einsatz fortschrittlicher Elektronik und anderer Lehrmittel und sogar über ihre Möbel nicht verbergen. Amerikanische Häuser sahen futuristisch und wohlhabend aus, und sie weckten in anderen Ländern die gleichen sprichwörtlichen Wünsche und Ideen. Millionen und Abermillionen von Sowjetbürgern besuchten amerikanische Ausstellungen, deren Themen von Bildung und Freizeit bis hin zu Industrie- und Haushaltsdesign reichten.[33]

Es ließ sich nicht leugnen, dass die Amerikaner, wie es damals schien, besser, viel besser lebten als der durchschnittliche Sowjetbürger, und beide Seiten wussten das. Diese Tatsache wurde in der UdSSR sotto voce zugegeben, und keine noch so vernünftige und gebildete Begründung dafür, dass der Lebensstandard in der UdSSR hinter dem der USA zurücklag, konnte den durchschnittlichen Iwan auf der Straße davon überzeugen, dass kostenlose Bildung, kostenlose Gesundheitsfürsorge und, wenn auch nicht so gut wie in den USA, so doch kostenloser Wohnraum die Dinge waren, auf die es wirklich ankam. Wie Keith Suter feststellte:

»Die Rote Armee könnte sich gegen eine NATO-Invasion in Osteuropa wehren, aber nicht gegen die Fernsehübertragung von Dallas und Dynasty«[34]. Zwar wurden Dallas und Dynasty (dt. Denver-Clan) in den 1970er Jahren in der UdSSR nicht ausgestrahlt – beides wurde erst 1991, nach dem Zusammenbruch der Sowjetunion, gezeigt –, aber der Konsens über den amerikanischen und generell den westlichen Lebensstandard und die Konsummuster hatte sich bereits Anfang der 1970er Jahre herausgebildet. Die Russen kannten zu diesem Zeitpunkt den Unterschied zwischen den Palästen der Reichen und Berühmten und dem Lebensstil der berufstätigen Amerikaner, Deutschen oder Franzosen oder dem, was allgemein als »Mittelschicht« bezeichnet wurde, und wollten genau das. Die meisten Sowjets oder Amerikaner in den 70er oder 80er Jahren, ganz zu schweigen von den Amerikanern in den 90er Jahren, wollten die Warnungen vor der herannahenden wirtschaftlichen Katastrophe nicht hören. Das Leben war gut und, wie James H. Kunstler es treffend zusammenfasste: »Die Geschichte wird wahrscheinlich festhalten, dass Amerikas Baby-Boomer-Generation eine höllische Party geschmissen hat; der Generation X wurde die traurige Aufgabe der Aufräummannschaft überlassen; und die Millennials endeten als Hausbesetzer in dem wieder in Besitz genommenen, verwunschenen Partyhaus, als alles vorbei war.«[35]

Die Realität der Schulden

Die Party und der Amerikanische Traum, ein Euphemismus für Konsum, begannen 2007 zusammenzubrechen. Zu dieser Zeit wurde Amerikas größter Zeitvertreib nach dem Baseball – das obsessive Einkaufen – ein wenig langweilig und brachte nicht mehr so viel Aufregung mit sich wie früher. Zu diesem Zeitpunkt waren die Vereinigten Staaten mit der Verlagerung ihrer Industrien nach China und in andere Länder und der Finanzialisierung ihrer Wirtschaft (Schaffung der Finanzindustrie) so gut wie fertig. Während die tatsächliche Industrieproduktion in den USA zurückging, produzierten die USA mehr und mehr Schulden. Dies blieb nicht unbemerkt. Bereits in den 1980er Jahren wurde deutlich, dass der amerikanische Wohlstand vor allem durch Schulden aufrechterhalten wurde. Es wurde auch deutlich, dass die Vereinigten Staaten sowohl als Staat als auch als Gesellschaft über ihre Verhältnisse lebten. Während es in den 1980er Jahren in Mode kam, über die Staatsverschuldung der USA zu sprechen, braute sich der wahre Sturm in den ständig wachsenden Konsumschulden der Amerikaner zusammen. In den 1990er und 2000er Jahren war es für so gut wie jeden sehr einfach, einen Kredit zu bekommen, und das Verb »sich etwas leisten« bekam eine ganz andere Bedeutung als in den 1960er oder sogar 1970er Jahren. Sich etwas leisten zu können bedeutete jetzt, eine Finanzierung zu erhalten, d. h. sich zu verschulden.

Es ist eine bekannte Binsenweisheit, dass man im Nachhinein immer alles besser weiß, aber der Trend zur Versklavung der Amerikaner durch Schulden wurde schon vor langer Zeit deutlich. Das Steigern von Einkäufen und die Aufnahme von Krediten wurde so amerikanisch wie die Flagge und der Apfelkuchen. Seit 2003 hat sich die Verschuldung der privaten Haushalte in den USA immer weiter verschlechtert und selbst in der Zeit vor der Covid-19-Pandemie ein Niveau erreicht, das einfach nicht mehr tragbar war. Noch bevor die Covid-19-Massenhysterie Amerika heimsuchte, erreichte die Verschuldung im März 2020 14,3 Billionen Dollar, was einem Anstieg von 1,1 % gegenüber dem vorherigen Quartal entspricht.[36] Der Großteil dieser Schulden entfiel auf Hypotheken, von denen sehr viele aufgrund der fortschreitenden Deindustrialisierung der Vereinigten Staaten, die gut bezahlte und hochqualifizierte Arbeitsplätze aus den USA entfernt und viele davon ins Ausland verlagert hatte, nicht tragfähig waren, während gleichzeitig die US-Wirtschaft in eine FIRE-Wirtschaft umgewandelt wurde, in der echte Arbeitsplätze, die zur Wertschöpfung beitragen, immer schwieriger zu finden waren. Rifkin, der Paul Samuelson zitierte, sah in erhöhten Staatsausgaben die einzige Möglichkeit, dem Teufel der »ineffektiven Nachfrage« ein Schnippchen zu schlagen.[37]

Die ineffektive Nachfrage war bereits Mitte der 1990er Jahre die erste Reaktion der amerikanischen Gesellschaft auf die Affluenza, den Überkonsum bzw. Wohlstandswahn, und den Verlust der nicht schuldengetriebenen, tatsächlichen Kaufkraft. All dies ging Hand in Hand mit dem bewussten Verschweigen der tatsächlichen Arbeitslosenzahlen, die realistischerweise viel höher waren als von der Regierung angegeben.[38] Die Praxis der Falschmeldung der tatsächlichen Arbeitslosenzahlen wurde seit den 1990er und 2000er Jahren noch weiter »verbessert« und erfordert selbst von den eifrigsten Befürwortern des gegenwärtigen amerikanischen Wirtschafts-»modells« oft Klarstellungen. So berichtete CNBC im Juni 2020 über die erschreckenden Zahlen der Arbeitslosen in den USA:

> Die Arbeitslosenquote enthält nicht den Anteil der Arbeitnehmer, die aus dem Erwerbsleben ausgeschieden sind, vielleicht weil sie pessimistisch sind, was die Chancen auf einen Arbeitsplatz in der derzeitigen Wirtschaft angeht. Seit Februar sind mehr als sechs Millionen Arbeitnehmer aus dem Erwerbsleben ausgeschieden. Tatsächlich liegt die Arbeitslosenquote, gemessen an einer anderen Kennzahl, mit 21,2 % deutlich höher. Diese Kennzahl, die das BLS als U-6 bezeichnet, schließt Personen ein, die »nur geringfügig an die Erwerbsbevölkerung gebunden sind«. Dabei handelt es sich um Personen, die derzeit nicht arbeiten oder Arbeit suchen, aber für eine Arbeit zur Verfügung stehen, sowie um Teilzeitbeschäftigte, die eine Vollzeitbeschäftigung wünschen und dafür zur Verfügung

stehen, sich aber mit einer Teilzeitbeschäftigung begnügen mussten.[39]

Das »Verbiegen« von Wirtschaftsdaten, um sie dem Wohlstandsnarrativ anzupassen, wenn nicht sogar die Bücher auf nationaler und internationaler Ebene zu fälschen, ist eine amerikanische Tradition, die genau auf den Beginn der Deindustrialisierung und Finanzialisierung der amerikanischen Wirtschaft zurückgeht. Man könnte die Autos, Kühlschränke und Tonnen von Rind- oder Hühnerfleisch, die von der nationalen Wirtschaft produziert werden, ziemlich genau zählen. Diese Zählung würde einen genauen Eindruck von der Wirtschaft der Nation vermitteln und ihr reales Bruttoinlandsprodukt (BIP) darstellen. Aber nicht im neuen amerikanischen »wirtschaftlichen« Paradigma, das alles auf den Kopf stellte, weil die finanzialisierte amerikanische Wirtschaft immer noch die größte der Welt bleiben sollte, während sie gleichzeitig immer weniger produzierte. Dies war ein größeres Problem als nur obskure und unzuverlässige Wirtschaftsdaten und Eitelkeiten, es war und ist ein metaphysisches Problem – nur wenn die USA die »größte« Wirtschaft der Welt blieben, konnten sie weiterhin ihren Status als »glänzende Stadt auf dem Hügel« behaupten.

Nach der Definition von Investopedia ist das reale BIP

> eine makroökonomische Statistik, die den Wert der von einer Volkswirtschaft in einem bestimmten Zeitraum produzierten Waren und Dienstleistungen, bereinigt um die Inflation, misst. Im Wesentlichen misst sie die gesamte Wirtschaftsleistung eines Landes, bereinigt um Preisänderungen. Regierungen verwenden sowohl das nominale als auch das reale BIP als Maßstab für die Analyse des Wirtschaftswachstums und der Kaufkraft im Laufe der Zeit.[40]

Es ist eine sehr vage Definition, da der Wert einer Sache, wie uns die Wirtschaftstheorie lehrt, als Maß für den Nutzen für einen wirtschaftlichen »Akteur« oder den maximalen Geldbetrag, den man für eine Ware oder Dienstleistung zu zahlen bereit ist, definiert ist, während der Marktwert durch den Mindestbetrag bestimmt wird, den ein Akteur zu zahlen bereit ist. Hier kommt das Verbrauchermuster zum Vorschein. Natürlich beeinflussen die Marktkräfte den Wert, aber die ineffektive Nachfrage war eine direkte Folge der Deindustrialisierung Amerikas, der stagnierenden oder sogar sinkenden Löhne und des Versuchs, die Übersättigung der Verbraucher mit Angeboten zu überwinden. Dies lag daran, dass die Menschen immer weniger Wert in auffälligem Konsum sahen, abgesehen davon, dass sie sich diesen nicht mehr leisten konnten. Es mag schön gewesen sein, von einem nagelneuen und extrem teuren Chevy Corvette oder Louis-Vuitton-Produkten zu träumen, aber unter den Bedingungen der schrumpfenden Wirtschaft waren diese Käufe von zweifelhaftem Wert für alle »Wirtschaftssubjekte«, die von acht bis fünf arbeiteten, Hypotheken oder ständig steigende Mieten zu zahlen hatten und ihre Lebensmittel im nächsten Safeway oder Walmart einkauften. Oberflächlich betrachtet schien der amerikanische Konsum hoch zu bleiben, aber der amerikanische Wohlstand wurde zu einem Euphemismus für das Ertrinken in Schulden, selbst wenn man versuchte, das Nötigste zu bezahlen, vor allem Lebensmittel und Benzin, um zu Jobs zu fahren, die real immer weniger Einkommen erbrachten.

Die Ereignisse, die mit dem Betrug der Covid-19-Pandemie und dann mit den von der DNC und den Medienhunden angezettelten landesweiten Unruhen von Black Lives Matter und Antifa ihren Anfang nahmen, zeigten, wie hauchdünn der amerikanische Wohlstand für die Mehrheit war und wie schnell sich das Werte- und Konsummuster ändern konnte. Weit davon entfernt, einen Run auf iPhones oder Tesla-Autos zu erleben, haben die Vereinigten Staaten als Ganzes gezeigt, welche Produkte wirklich wirtschaftlich wertvoll waren. Wie der ehemalige CIA-Offizier Philip Giraldi feststellte, als er die riesige und immer noch wachsende Nachfrage nach Schusswaffen und Munition beschrieb:

> Eine andere Sache, die man jetzt nur schwer kaufen kann, ist Alkohol. Die Menschen sind deprimiert und trinken sehr viel mehr als sonst, was natürlich zu impulsivem Verhalten führen kann. Ich lebe in Virginia, und in unserem staatlichen Laden ist ständig alles ausverkauft. Ein Kassierer erzählte mir, dass sie 300 % mehr Alkohol verkaufen als normal für diese Jahreszeit. Letzte Woche ging ich in ein großes und bekanntes Spirituosengeschäft in Washington D.C. und kaufte die letzten Flaschen unseres Lieblings-Scotch *The Famous Grouse*. Sie hatten keine mehr und wussten nicht, wann sie wieder welche bekommen würden. … Ein Familienmitglied besitzt eine Baufirma. Er sagte kürzlich, dass das Geschäft unerwartet boomt, zum Teil, weil die Leute Panikräume, sichere Zonen und sogar Fallout-Bunker im Stil der 1960er Jahre in und hinter ihren Häusern bauen. Aber anders als bei der Bedrohung durch einen Atomkrieg in den sechziger Jahren besteht die aktuelle Angst darin, dass organisierte Hausüberfälle in wohlhabenden Vierteln nicht mehr weit fern sein könnten, wenn die Behörden den Zerstörern freie Hand lassen.«[41]

Viele Amerikaner mögen genug Geld haben, um ihren Alkoholkonsum um das Dreifache zu steigern, um mit dem psychologischen Stress ihres zerfallenden politischen Systems, der erdrückenden Wirtschaft und einer Atmosphäre ständiger Paranoia und Angst fertig zu werden, aber der Alkoholkonsum ist kaum ein Indikator für Kaufkraft oder echten Wohlstand. Abgesehen von der unsicheren Ernährungslage für zig Millionen Amerikaner ist die sich ausbreitende Obdachlosenkrise von bedrohlichem Ausmaß. Wie ABC Channel 10 News in San Diego berichtete:

> Nach Angaben des Ministeriums für Wohnungsbau und Stadtentwicklung sind bis zu 3,5 Millionen Amerikaner obdachlos. Die meisten dieser Menschen leben auf der Straße oder in einer Unterkunft. Das ist nur eine Definition. Nicht mitgezählt sind die 7,5 Millionen Amerikaner, die wegen der hohen Wohnkosten bei anderen wohnen. Die neuesten Daten zeigen, dass die obdachlose Bevölkerung überwiegend männlich, weiß und mittleren Alters ist. Aber die Krise geht weit darüber hinaus. Heute sind mehr Amerikaner obdachlos als vor der Großen Rezession.[42]

Das sind erschreckende Zahlen, die noch dramatischer werden, wenn man bedenkt, dass die Vereinigten Staaten ihren Lebensstandard und ihren Konsum zu einem der Dreh- und Angelpunkte ihres Mythos machen. Wenn in Brasilien mit 210 Millionen Einwohnern, also zwei Dritteln der US-Bevölkerung, im Jahr 2017 fünfmal weniger Menschen auf der Straße leben als in den Vereinigten Staaten, muss man den Anspruch der USA, ein Land der Ersten Welt zu sein, in Frage stellen.[43] Natürlich kann man die statistischen Methoden hinter diesen erstaunlichen Zahlen bezweifeln, aber es gibt einen rein subjektiven Faktor, der hier eine Rolle spielt – die Menschen bemerken Anzeichen einer dramatischen Verschlechterung des Lebens um sie herum, und irgendwann beginnt sich ein Konsens abzuzeichnen.

Selbst offen voreingenommene, wenn nicht gar verlogene Medien wie KOMO News aus Seattle konnten die Tatsache nicht ignorieren, dass sich das einst schöne, sichere und saubere Seattle in ein Mekka für Obdachlose, Drogenabhängige und Kriminelle verwandelt hat. Im März 2019 produzierte KOMO News eine Dokumentation mit dem vielsagenden Titel »Seattle stirbt«. Wie der Schöpfer dieser Dokumentation es selbst ausgedrückt hat:

> Sie heißt »Seattle stirbt«, und ich glaube, der Titel ist wahr. Aber es ist kein hoffnungsloser Film. Es gibt Ideen und Konzepte in der

> Sendung, die Gespräche über Veränderungen anstoßen könnten. Das hoffe ich. Vor allem möchte ich damit daran erinnern, dass dies nicht normal ist. Es ist nicht so, wie es sein muss. Es ist nicht richtig.[44]

Natürlich war es nicht richtig und ist es auch nicht, aber das spielte keine Rolle. Der Mangel an Normalität wurde schon damals zur Norm in Amerika. Wie die Ereignisse des Frühjahrs 2020 so anschaulich zeigten, war die Lage in Seattle nur ein Vorlauf, gefolgt von mehreren anderen, wie in New York, San Francisco und Portland, Oregon. Diese wurden zu amerikanischen Hauptstädten bizarrer sozialer Experimente und des Zusammenbruchs von Recht und Ordnung, was sich in der Schaffung einer völlig gesetzlosen, radikal gegen Recht und Ordnung gerichteten und anti-weiß rassistisch motivierten Einheit (zu der auch viele Weiße gehörten) manifestierte, die die ganze Welt als Capitol Hill Occupied Protest / Capitol Hill Organized Protest (CHAZ/CHOP) Zone kannte. Dort, auf dem Capitol Hill in Seattle, wurde vielen Menschen rund um den Globus, die Amerikas Selbstverbrennung und Selbsterniedrigung live im Fernsehen und im Internet beobachteten, das wahre Ausmaß der materiellen und politischen Missstände in Amerika deutlich. Die Medien der Welt hatten ihren großen Tag, als sie nicht nur die Ohnmacht der Strafverfolgungsbehörden von Seattle sahen, denen durch den politischen Irrsinn des Stadtrats und des Bürgermeisters die Hände gebunden waren, sondern auch die Tatsache, dass die ganze Gegend wie ein Kriegsgebiet aussah. Sie sah auch bettelarm aus.

Obwohl die moderne Welt den schrecklichen Zustand amerikanischer Städte wie Detroit oder Chicago kannte, war es etwas Neues zu sehen, dass sich Städte wie Seattle, San Francisco oder Portland, die der Welt einst als Zentren des amerikanischen Wohlstands, der Innovation und der neuen Wirtschaft präsentiert wurden, in wahre Müllhalden verwandelten. Wenn Amerika so wohlhabend war, wie es der

Welt ständig erklärt wurde, dann passte die Enthüllung der zahlreichen amerikanischen Gemeinden, die mit ihrem Verfall, ihrem Schmutz, ihrer Gesetzlosigkeit, ihrem Drogenkonsum und ihrer Obdachlosigkeit wie Slums der Dritten Welt aussahen, irgendwie nicht in dieses Bild. Die kognitive Dissonanz war unvermeidlich. Der Aktienmarkt stieg weiter, während in Kalifornien aufgrund einer Hitzewelle die Stromausfälle wieder zunahmen.[45] Während die positiven makroökonomischen Indikatoren wuchsen, wuchsen auch die Schlangen vor den Lebensmitteltafeln. Das Wachstum der Kapitalisierung von Unternehmen wie Apple setzte sich fort, zusammen mit dem anhaltenden Aussterben ganzer Industrien in den Vereinigten Staaten, deren Rückkehr alles andere als garantiert war, sogar vor der unverantwortlichen Abschaltung der Wirtschaft aufgrund von Covid-19. Dies schlug sich unmittelbar in den vielen Millionen von Arbeitslosen nieder, angefangen bei den Dienstleistungsbranchen, insbesondere im Tourismus, im Gastgewerbe und bei den Finanzdienstleistungen, bis hin zur Luft- und Raumfahrtindustrie, die durch die sinkende Nachfrage nach Flugreisen schwer in Mitleidenschaft gezogen wurde.

Während man in der Luft- und Raumfahrt eine Art Aufschwung sehen kann, wird es für einen Großteil der Dienstleistungsbranchen keine Erholung geben. Diese zig Millionen arbeitslosen Amerikaner müssen irgendwie überleben, was keinen Platz für Wohlstandswahn oder Überkonsum lässt. Es bleibt kein Platz für irgendetwas, das auch nur im Entferntesten als Wohlstand definiert werden kann – er ist einfach nicht vorhanden, wenn er es überhaupt jemals für die Mehrheit der Amerikaner war, die es nie in die obersten zehn Prozent geschafft haben, ganz zu schweigen von dem noch exklusiveren einen Prozent, in dem der ehrenhafte und auffällige Konsum als Lebensweise fortbesteht.

Das Scheinbild des amerikanischen Wohlstands entpuppte sich als genau das – ein Scheinbild, ein Verweis auf etwas, das in Wirklichkeit nicht existiert, außer als Bild. Viele versuchten zu warnen, dass der einstmals anständige Lebensstandard, der sich vor allem in den 1950er bis 1990er Jahren herausgebildet und die berühmte amerikanische Mittelschicht hervorgebracht hatte, zusammen mit dieser Mittelschicht auf dem absteigenden Ast ist, aber sie wurden entweder ignoriert oder ausgelacht. Schließlich war die wirtschaftliche Vormachtstellung Amerikas nach dem Zweiten Weltkrieg in erster Linie darauf zurückzuführen, dass die Vereinigten Staaten von diesem Krieg völlig verschont blieben und zum wichtigsten Produktionszentrum der Welt und zum Inhaber der Weltreservewährung wurden.

Aber selbst dieser Vorteil hielt historisch gesehen nicht lange an. Wie Pat Buchanan Arthur Hermann vom Hudson Institute verbittert zitierte:

> In den 1960er Jahren machte die verarbeitende Industrie 25 % des amerikanischen Bruttoinlandsprodukts aus. Heute sind es kaum noch 11 %. Seit dem Jahr 2000 sind in den USA mehr als fünf Millionen Arbeitsplätze im verarbeitenden Gewerbe verloren gegangen.[46]

Das Ausmaß dieser Katastrophe wird erst deutlich, wenn man bedenkt, dass ein einziger Arbeitsplatz im verarbeitenden Gewerbe im Durchschnitt 3,4 Beschäftigte in anderen Sektoren als dem verarbeitenden Gewerbe hervorbringt.[47] Natürlich mögen Börsenmakler und Finanzanalysten zusammen mit Politikwissenschaftlern diese allgemein anerkannte Behauptung anfechten, aber nichts kann die einfache Tatsache verschleiern, dass Amerikas lange verlorener Wohlstand, um den es die Welt in den 50er und 60er Jahren und sogar bis in die frühen 90er Jahre hinein beneidete, ein direktes Ergebnis der amerikanischen Fertigungskapazitäten war, die den Binnenmarkt mit praktisch allen Konsumgütern – von Medikamenten über Autos bis hin zu komplexen Maschinen – füllen konnten. Es war diese Produktionskapazität, die ein riesiges Heer gut bezahlter amerikanischer produktiver Arbeiter beschäftigte, die genügend Arbeitsplätze und Wohlstand schufen, so dass Amerika einen akuten Fall von Wohlstandswahn erleben konnte, bis Nixons Abkopplung des US-Dollars vom Goldstandard und der Schuldenrausch Amerika mit unvergleichlicher Wucht trafen, was schließlich sowohl der amerikanischen Produktionsbasis als auch der amerikanischen Mittelschicht, den direkten Nachkommen dieser Produktionskapazität, den Garaus machte.

Im Jahr 2020 schätzte die Bank of America, dass »1985 der Medianlohn 30 Wochen brauchte, um große Fixkosten wie Wohnung, Gesundheitsfürsorge, Auto und Bildung zu bezahlen; heute braucht man mathematisch unmögliche 53 Wochen eines 52-Wochen-Jahres, um diese Dinge zu bezahlen.«[48] Amerika steuert immer schneller auf sein Schicksal zu, ein armes Land zu werden, und nichts kann mittelfristig dagegen getan werden, geschweige denn kurzfristig, außer noch mehr Geld zu drucken, was das Problem nur noch viel schlimmer macht, nicht einmal geringfügig besser. Wenn man heute an den Regalen von Walmart entlanggeht oder sich den Verkauf von landwirtschaftlichen Geräten bei Coastal ansieht, sieht man Etiketten aus der ganzen Welt, die aussagen: »Dieser Artikel ist NICHT in den USA hergestellt.«

Einst, vor langer Zeit, war New York City mit seinen leuchtenden Schaufenstern und Auslagen, die den außerordentlichen Lebensstil des amerikanischen Verbrauchers und dessen Lebensstandard signalisierten, ein Schaufenster der amerikanischen Größe und des Wohlstands. Das ist heute alles vorbei, und nicht nur die glänzenden Auslagen. Amerikas Premier City selbst verblasst in der neuen düsteren amerikanischen Realität. Wie ein stolzer New Yorker, ein Bestsellerautor und bezeichnenderweise ein ehemaliger Hedge-Fonds-Manager, vor kurzem auf erschreckende Weise zugab:

> Ich liebe NYC. Als ich zum ersten Mal nach NYC zog, war es ein wahr gewordener Traum. Jede Ecke war wie eine Theateraufführung, die sich direkt vor meinen Augen abspielte. So viel Persön-

> lichkeit, so viele Geschichten. Jede Subkultur, die ich liebte, gab es in NYC. Ich konnte den ganzen Tag und die ganze Nacht Schach spielen. Ich konnte in Comedy-Clubs gehen. Ich konnte jede Art von Unternehmen gründen. Ich konnte Leute treffen. Ich hatte Familie, Freunde, Möglichkeiten. Egal, was mit mir passierte, NYC war ein Netz, auf das ich zurückgreifen und mich wieder aufrichten konnte. Jetzt ist es völlig tot. »Aber NYC erholt sich immer, immer wieder von selbst.« Nein. Diesmal nicht.
> »Aber NYC ist das Zentrum des Finanzuniversums. Die Möglichkeiten werden hier wieder aufblühen.« Diesmal nicht.
> »NYC hat schon Schlimmeres erlebt.« Nein, hat es nicht.[49]

Der Autor dieser düsteren Aussage, James Altucher, macht für den Niedergang von NYC das Breitband-Internet verantwortlich, das so viele Branchen, die mit Reisen und Meetings zu tun haben, irrelevant macht. Er könnte nicht falscher liegen, was man von einem Finanzmanager auch erwarten kann. Man könnte den Namen New York City in seiner Lobrede auf seine geliebte Stadt leicht durch den der Vereinigten Staaten von Amerika ersetzen und die Diagnose wäre immer noch die gleiche. Amerika IST dabei, ein armes Land zu werden, und als solches sieht es, wie seine nationale Kraft, die es zu Beginn immer übertrieben hatte, es inmitten eines historischen Wandels tektonischen Ausmaßes im Stich lässt, und es bleibt abzuwarten, ob die Vereinigten Staaten diese Ereignisse unbeschadet überstehen werden – vergessen Sie den Wohlstand, der schon lange vorbei ist, und Wohlstandskrankheit und Konsumismus werden schnell zu einer fernen Erinnerung.

3. DIE WELTWIRTSCHAFT

Der Crystal Palace war ein Bauwerk aus Gusseisen und Glas, das im Hyde Park in London errichtet wurde, um die *Weltausstellung* von 1851 zu beherbergen, den Vorläufer der internationalen Expo-Veranstaltungen, die dazu dienen sollten, die Leistungen der teilnehmenden Nationen zu präsentieren. Die Königin eröffnete diese Ausstellung 1851 und betonte, dass es sich vor allem um ein »Friedensfest« handelte, das den freundschaftlichen Wettbewerb zwischen den Nationen[50] fördern sollte. Doch wie Alan Palmer bemerkte:

> Aber Victoria und (Prinz) Albert hatten keinen Bezug zur öffentlichen Stimmung, denn die Tausende, die in den Crystal Palace strömten, freuten sich über spezifisch britische Errungenschaften und begnügten sich damit, neugierige Blicke der gönnerhaften Anerkennung auf das zu werfen, was aus Übersee kam …[51]

Die Ausstellung war auch von einer wachsenden Russophobie geprägt, die von Tories und Whig-Geschäftsleuten geschürt wurde, die das Eindringen russischer Händler in die Gebiete beklagten, die Großbritannien als seine traditionellen Märkte betrachtete, insbesondere im Fernen Osten und im östlichen Mittelmeerraum, neben anderen. Das Misstrauen der Briten und der Unmut über Russland, die Ausdruck ihrer imperialen Politik waren, führten schließlich zum Krimkrieg, der eine Reihe von Ereignissen auslöste, die untrennbar zur russischen Revolution beitrugen und den Ausgang des Zweiten Weltkriegs beeinflussten – ein prägendes Ereignis für das 20. und zu einem großen Teil auch das frühe 21. Jahrhundert.

Anfänglich nannten Marxisten und später größere Teile der gebildeten Öffentlichkeit, die überhaupt keine Marxisten waren, das

Phänomen Imperialismus – die ständige Rivalität der großen kapitalistischen Mächte um den Erwerb von Kolonien, die sie ausbeuten, und von Marktmetropolen, wo sie ihre produzierten Waren verkaufen konnten. Später erhielt der sich ständig weiterentwickelnde Imperialismus den schönen Titel Geoökonomie und wurde Teil einer Geopolitik, die als vollentwickeltes Studiengebiet weit mehr als nur die Geografie umfasste, wie Mackinder sie sich anfangs vorstellte, sondern den gesamten Stand der wirtschaftlichen, politischen und militärischen Angelegenheiten in der Welt. Sie trug auch den Leidenschaften Rechnung, die ein solcher Stand der Dinge auslösen konnte oder würde, wie im Fall der tiefen britischen Russophobie, die auf dem Weg zum Krimkrieg zu einem politischen Faktor wurde, oder wie im Fall eines der Väter der deutschen Geopolitik, Karl Haushofer.

Haushofer, der oft als der Kopf hinter der Geopolitik des Dritten Reiches bezeichnet wird, ist ein Beispiel dafür, dass ein moralischer und emotionaler Faktor eine entscheidende Rolle bei der Bildung höchst folgenreicher und einflussreicher Ansichten und Theorien spielt. Im Fall von Haushofer betraf dies seine Hassliebe zu Großbritannien. Während Haushofers prägender Reise um die halbe Welt im Jahr 1909 an Bord des Dampfers *Goeben* wurde ihm eine Tour durch die britischen Kolonialbesitzungen gewährt, die in seinem Empfang durch Horatio Herbert, Viscount Kitchener, in Fort William in Kalkutta gipfelte. Die Anlage strahlte britische koloniale Größe und Macht aus, und später sollte Haushofer die britische Unterjochung Indiens in einem seiner Gedichte mit dem Titel »England in Indien« verabscheuen, in dem die Briten als »elendes Räubervolk« und Albion als »perfide« bezeichnet wurden.«[52] Haushofers Leidenschaften und Hassliebe gegenüber dem britischen Empire könnten eine gewisse Rolle bei der geopolitischen Herangehensweise der Nazis gespielt haben, denn eines der wichtigsten Postulate von Haushofers Geopolitik war der *Lebensraum*, ein zentraler Grundsatz der Strategie des Dritten Reichs, die zum Zweiten Weltkrieg im Allgemeinen und zu *Unternehmen Barbarossa* im Besonderen führte. Für die Versuche Nazi-Deutschlands, Lebensraum zu erlangen, zahlten die slawischen Völker einen Preis in Form von zig Millionen Toten, Verstümmelten, Versklavten und für den Rest ihres Lebens Traumatisierten, ganz zu schweigen von der physischen Zerstörung ihrer Länder, insbesondere der UdSSR. Aber hinter allen geopolitischen Gründen für das Abschlachten und die Zerstörung im Osten konnte man nicht nur eine militärische, sondern auch die wirtschaftliche Motivation erkennen.

Schließlich waren die Ziele des Dritten Reiches im Osten, obwohl sie zu einem großen Teil von rassischem und ethnischem Hass auf den ostslawischen *Untermenschen* angetrieben wurden, in erster Linie wirtschaftlicher Natur. Lebensraum war nicht nur eine geographische, d. h. geopolitische Idee, sondern auch eine wirtschaftliche. Wie Clausewitz sein eigenes berühmtes Diktum hätte umformulieren können, war *Barbarossa* eine Fortsetzung der Wirtschaft mit anderen, gewaltsamen Mitteln. Es war ein geoökonomischer Akt, der um 180 Grad in die falsche Richtung ging, weil es damals noch keine mildernden und begrenzenden Faktoren wie Atomwaffen gab, die später wirtschaftliche Eroberungen, die zu einer direkten militärischen Konfrontation zwischen Großmächten führten, unwahrscheinlich machten. Die Sowjets betrachteten den Expansionsdrang des deutschen Nationalsozialismus als die höchste Form des Imperialismus, der, so die Theorie, eine höchste Form des Kapitalismus sei.[53] Natürlich hatten sie Recht, zumindest was die wirtschaftliche Seite anging. Die wirtschaftliche Expansion und die Erschließung neuer Märkte, auch wenn sie oft von extremer Gewalt begleitet wurde, war letztlich in erster Linie eine durch wirtschaftliche Interessen motivierte Eroberung. Sie war Teil der Geopolitik im weiteren Sinne und ist auch heute noch die Staatskunst, die direkt mit einem Konflikt verbunden ist, einem wirtschaftlichen Konflikt. Dennoch war es wieder ein Krieg, der wie sein militärisch motivierter Cousin nicht nur wirtschaftliche Zerstörung und Verwerfungen für die Gegner mit sich brachte, sondern auch viele Opfer, sehr reale und menschliche.

Im Jahr 2016 erschien ein Buch mit dem passenden Titel *War by Other Means: Geoeconomics and Statecraft* in den Vereinigten Staaten. Der Titel hätte für 2016 nicht passender sein können. Das soll nicht heißen, dass vor diesem Werk des ehemaligen US-Botschafters in Indien, Robert D. Blackwill, und Jennifer M. Harris, beide Mitglieder des Council on Foreign Relations, Geoökonomie nicht als etwas anderes als Krieg oder im weiteren Sinne als wirtschaftlicher Konflikt angesehen wurde. Und sie war es. Es war Edward Luttwak, der die Geoökonomie als eine von der Geopolitik getrennte Forschung darstellte, als er 1990 feststellte, dass:

> Alle, so scheint es, sind sich jetzt einig, dass die Methoden des Handels die militärischen Methoden verdrängen – mit verfügbarem Kapital anstelle von Feuerkraft, ziviler Innovation anstelle von militärisch-technischem Fortschritt, und Marktdurchdringung anstelle von Garnisonen und Stützpunkten. Aber das sind alles Werkzeuge, keine Zwecke.[54]

Es war ein Unterschied ohne Verschiedenheit. Während viele wirtschaftliche Aktivitäten in der Geschichte als geoökonomische Aktivitäten aufgefasst werden konnten und sollten, war die Geoökonomie als ein von Konflikten, Kriegsführung und Geopolitik getrenntes Feld in vielerlei Hinsicht ein weiterer Fall, der durch die Aktivitäten der politischen »Wissenschaftler« vervielfacht wurde, um das Thema zu verschleiern. Wie es derselbe Luttwak in dem Kapitel mit dem symptomatischen Titel *Warfare by Other Means*: *Geoeconomics* tut: »Diese neue Version der alten Rivalität der Staaten habe ich Geoökonomie genannt.«[55]

Ganz gleich, wie Luttwak oder später Blackwill und Harris die Geoökonomie und ihre Instrumente definierten, es handelte sich immer noch um den guten alten Konflikt, eingewickelt in den dünnen Mantel des seichten Intellektualismus der Politikwissenschaft, dieselbe Art von Trugschluss, der neben vielen anderen Erfindungen, die in den tiefen Nischen der vornehmlich amerikanischen Think-Tanks ausgeheckt wurden, Simulakren wie »Das Ende der Geschichte« (*The End of History*), »Der Kampf der Kulturen« (*The Clash of Civilizations*) und »Die einzige Weltmacht« (*The Grand Chessboard*) hervorbrachte, von denen sich jedoch nichts bewahrheitete. Wenn aber die Geoökonomie eine Kriegsführung mit anderen Mitteln ist und, wie Luttwak behauptet, einen Konflikt im weiteren Sinne darstellt, dann muss die Geoökonomie der Metaphysik eines jeden Konflikts gehorchen, sei er nun militärisch, kulturell oder wirtschaftlich. Wenn die Geoökonomie als Kriegsführung als Endergebnis einen Triumph der Wirtschaft eines Staates über alle anderen anstrebt, oder, um Clausewitz umzuformulieren - den Feind zu zwingen, unseren Willen zu tun –, dann ist, wie bei jedem Konflikt, eine genaue Einschätzung der Fähigkeiten der Kriegsparteien angebracht. Aber genau auf diesem Gebiet versagen die westlichen Befürworter der Geoökonomie im Allgemeinen und die amerikanischen im Besonderen kläglich, weil sie systembedingt nicht in der Lage sind, mit Fakten »vor Ort« zu operieren, und eine ideologische Starrheit an den Tag legen, die zunehmend wie ein fanatischer religiöser Glaube wirkt.

Der Eröffnungssatz von Blackwills und Harris' Abhandlung über die Geoökonomie ist insofern wichtig, als er ein Beweisstück A für die Verblendung ist, von der die heutigen amerikanischen Eliten befallen sind, die, sich hinter akademischer Rhetorik versteckend, Amerikas katastrophalen wirtschaftlichen, militärischen, politischen und kulturellen Niedergang nicht erkannt haben, dessen Wurzeln in der Systemkrise des Liberalismus liegen. Blackwill und Harris stellen dies fest:

> Obwohl die Vereinigten Staaten über die mächtigste Wirtschaft der Welt verfügen, greifen sie in ihrem internationalen Verhalten zu oft

> zur Waffe statt zum Geldbeutel. Amerika ist seinem Bedürfnis nach militärischer Gewalt kaum entwachsen, und diese wird ein zentraler Bestandteil der US-Außenpolitik bleiben. Aber Washington hat in den letzten Jahrzehnten zunehmend eine Tradition vergessen, die bis zur Gründung der Nation zurückreicht – den systematischen Einsatz wirtschaftlicher Instrumente zur Erreichung geopolitischer Ziele, was wir in diesem Buch als Geoökonomie bezeichnen. Durch dieses weitreichende Versagen des kollektiven strategischen Gedächtnisses werden Washington wirksame Instrumente zur Erreichung seiner außenpolitischen Ziele vorenthalten.[56]

Das Buch wurde von *Foreign Affairs* als bestes Buch des Jahres 2016 ausgezeichnet und erhielt zahlreiche Auszeichnungen von amerikanischen Persönlichkeiten der Außenpolitik und der Wirtschaft, von Henry Kissinger bis Lawrence Summers, obwohl die ursprünglichen Annahmen der Autoren bereits im Jahr 2016 offenkundig unwahr waren. Im Jahr 2020 sollten diese Annahmen, wenn sie nicht gerade gefährlich sind, als komisch empfunden werden. Zum einen haben die Vereinigten Staaten nicht die stärkste Wirtschaft der Welt. Auch 2016 war das nicht der Fall, aber 2020 befinden sich die Vereinigten Staaten in der tiefsten wirtschaftlichen und politischen Krise ihrer modernen Geschichte, und sobald die wahre amerikanische Wirtschaft unter der Seifenblasenhülle der Wall-Street-Pseudoökonomie und der Finanzindizes zum Vorschein kommt, kann man leicht Amerikas steilen Niedergang und den Abschied vom meist selbsternannten Status des Hegemons erkennen.

Nachdem sie das Wettrüsten und jeden einzelnen Krieg, den sie im 21. Jahrhundert entfesselt haben, verloren haben, wird die Geoökonomie – ein Euphemismus für Amerikas ununterbrochene Sanktionen und Versuche, die Wirtschaft jeder Nation zu sabotieren, die in der Lage ist, mit den Vereinigten Staaten zu konkurrieren – zunehmend nicht nur zu einem Mittel der Wahl, sondern zum *einzigen* Mittel, das die Vereinigten Staaten weltweit einsetzen, um ihren offensichtlichen Niedergang aufzuhalten. Eine realistische Einschätzung der heutigen wirtschaftlichen Lage der Vereinigten Staaten liefert eine endgültige Prognose für das Endergebnis des amerikanischen Imperiums als Ganzes und der Vereinigten Staaten als Hologramm oder Illusion eines Nationalstaates im Besonderen, der seine Fähigkeit verloren hat, mit dem Rest der Welt wirtschaftlich zu konkurrieren, und damit einen entscheidenden Mangel an Talent bei der Entwicklung einer klaren geoökonomischen Vision zeigt, ein Begriff, dessen Urheberschaft den Vereinigten Staaten selbst gehört.

*

Viele zeitgenössische geopolitische und wirtschaftliche Beobachter, die auf die eine oder andere Weise mit der realitätsbezogenen Gemeinschaft verbunden sind, haben bei vielen Gelegenheiten festgestellt, dass die amerikanische Wirtschaftsstatistik in Wirklichkeit keine Wirtschaftsstatistik an sich ist. Es gibt zwar eine Finanzstatistik, und die Finanzen sind zwar zusammen mit dem Finanzsystem, das den Geldfluss für das reibungslose Funktionieren der Wirtschaft gewährleistet, äußerst wichtig, aber bei weitem nicht der einzige Faktor, der die Wirtschaft bestimmt. In der Tat sind die Finanzen nur ein Spiegelbild, ein Derivat eines Austauschprozesses, der nur durch die Interaktion der Produktivkräfte möglich wird. Mit anderen Worten, nur die Produktion von materiellen Gütern, von realem Reichtum, d. h. von Lebensmitteln bis zu Möbeln, von Autos bis zu Computern und Flugzeugen, liefert die Grundlage für die Existenz der Finanzen und, per Definition, der Dienstleistungen. Dies ist auch der Hauptmotor jeder echten Geoökonomie, die auf der Fähigkeit der Güter einer Nation beruht, mit den Gütern eines Konkurrenten auf jedem beliebigen Markt zu konkurrieren und sie zu verdrängen.

Offensichtlich wird Ökonomie in den Vereinigten Staaten nicht so gelehrt, was eine Rationalisierung der starken Deindustrialisierung widerspiegelt. Hinter dieser Deindustrialisierung und dem wirtschaftlichen Niedergang Amerikas standen ähnliche Leidenschaften wie die von Haushofer, der den *Lebensraum* für Deutschland suchte. Die Version der amerikanischen Geoökonomie von der Quelle von Haushofers Ideen basiert auf dem fanatischen Glauben der Amerikaner an Finanzen, Schulden und den amerikanischen Exzeptionalismus, in dem selbst wirtschaftlicher Selbstmord durch Finanzialisierung und Schuldenproduktion keine Rolle spielte, solange er von den außergewöhnlichen Vereinigten Staaten begangen wurde, die, wie man auch heute noch glaubt, unempfindlich gegenüber den unbarmherzigen Gesetzen der Realwirtschaft und der nationalen Macht sind. Das hat sich natürlich als falsch erwiesen, mit katastrophalen Folgen. Michael Hudson beschreibt die vorherrschenden Ansichten der amerikanischen Elite, die nach wie vor der Meinung ist, dass Geld das Maß der Wirtschaft ist, wie er schreibt:

> »Ich wollte damit sagen, dass die Art und Weise, wie die Wirtschaft in der Presse und in Universitätskursen beschrieben wird, sehr wenig damit zu tun hat, wie die Wirtschaft wirklich funktioniert. Die Presse und die journalistischen Berichte verwenden eine Terminologie, die aus wohlgeformten Euphemismen besteht, um das Verständnis dafür zu verwirren, wie die Wirtschaft funktioniert.«[57]

Das offensichtlichste Beispiel für eine vollständige Abkopplung der modernen Wirtschaftstheorie, oder besser gesagt ihrer ermüdenden monetaristischen Wiederholungen, von der Realität ist natürlich das angeblich »gesunde« Verhalten des Aktienmarktes, der trotz der Zunahme des Stroms erschreckender Wirtschaftsnachrichten aus den USA wuchs, die heute eine noch nie dagewesene Arbeitslosenquote aufweisen, wobei Sektoren wie das verarbeitende Gewerbe, der Bergbau, die Forstwirtschaft und die Güterproduktion keine Anzeichen für eine ernsthafte Erholung zeigen und die Beschäftigung stagniert, während der Aufschwung, der in den modernen Vereinigten Staaten durchaus zu erwarten ist, in erster Linie über den Dienstleistungssektor kommt.[58]

Das Abschlachten der amerikanischen Produktivkräfte ist jedoch nichts Neues. In der Tat ist es inzwischen eine bewährte Tradition des parasitären amerikanischen Finanzkapitalismus, der, um Hudson zu zitieren, weiterhin »den Wirt tötet«. Oder, wie er es kurz und bündig formuliert: »Versicherungsgesellschaften, Börsenmakler und Risikoversicherer schließen sich den Bankern an, um die Fähigkeit der Wirtschaft auszulöschen, finanzielle Ansprüche auf Reichtum von der wirklichen Schaffung von Reichtum zu unterscheiden, wie z. B. einen Betrug bei der Kapitalisierung, bei dem z. B. Facebook eine höhere Kapitalisierung hat als Unternehmen, die tatsächlich einen greifbaren Wert produzieren.«[59] Über den Zustand der amerikanischen Wirtschaft wird heute von Unternehmen berichtet, die ihre Parasiten sind, und deshalb sieht sie auf dem Papier gut aus, auch wenn es immer schwieriger wird, dieses Bild nach außen zu projizieren, wenn sie sich in Wirklichkeit vor unseren eigenen Augen in eine Dritte-Welt-Wirtschaft verwandelt. Es ist mehr als ein Vierteljahrhundert her, dass Jeffrey R. Barnett eine Liste von Kriterien aufstellte, die damals die Überlegenheit des Westens definierten.[60] Von den vierzehn Kriterien, die Barnett auflistete, hatten nur zwei, also weniger als 15 %, etwas mit der Kontrolle über die Währungen und die globalen Finanzen zu tun; die übrigen zwölf Kriterien, darunter sogar ein Kriterium der moralischen Führerschaft, das eine Ableitung der anderen elf ist, hatten alles mit der Produktionskapazität und der Schaffung von realem Wohlstand zu tun. Der Hauptunterschied zwischen der Situation im Jahr 1994, als Barnetts These in der U.S. Army War College Quartalsschrift *Parameters*, veröffentlicht wurde, und heute ist die erstaunliche Tatsache, dass die Vereinigten Staaten bei praktisch allen Kriterien in dieser Liste, von Fertigwaren über High-Tech-Waffen bis hin zur Luft- und Raumfahrtindustrie, ihre Führungsposition verloren haben. Die Vereinigten Staaten haben nicht nur aufgehört, echten Wohlstand zu produzieren, sie befinden sich heute auch in einer Lage, in der sie daran gehindert werden, das Problem ernsthaft anzugehen.

Im September 2018 wurde von der Interagency Task Force ein Bericht an Präsident Donald Trump mit dem Titel *Assessing and Strengthening the Manufacturing and Defense Industrial Base and Supply Chain Resiliency of the United States* (Bewertung und Stärkung der Industrie- und Verteidigungsindustriebasis und der Lieferketten-Resilienz der Vereinigten Staaten) veröffentlicht, der auf die *Executive Order 13806* des Präsidenten zurückgeht und eine Bestandsaufnahme der jahrzehntelangen Deindustrialisierung und des Zustands der industriellen Basis Amerikas in Bezug auf die Verteidigung zum Ziel hatte.[61] Die Ergebnisse des Berichts waren für in- und ausländische Beobachter schockierend und könnten den Behauptungen amerikanischer Befürworter der Geoökonomie kaum stärker widersprechen. Diese Forderungen verlangten letztlich, dass die USA über mehr als nur Finanzen verfügten, um wirtschaftlich konkurrenzfähig zu sein, d.h. um mit anderen Mitteln Krieg führen zu können – gegen Nationen, die die Vereinigten Staaten zu Recht als Feinde und nicht als bloße Konkurrenten betrachteten. Die Vereinigten Staaten konnten zwar Sanktionen gegen China oder Russland verhängen, aber im Großen und Ganzen waren dies nicht mehr als Nachhutgefechte, denn wirtschaftlich konnten die Vereinigten Staaten in der internationalen Arena, in der Sachwerte ausgetauscht oder gehandelt werden, zunehmend nicht mehr konkurrieren, mit Ausnahme einiger weniger Industriezweige wie der kommerziellen Luft- und Raumfahrt vor ihrem Zusammenbruch im Jahr 2020, der Mikrochips und der Autos sowie einiger anderer Bereiche der schrumpfenden amerikanischen Realwirtschaft und insbesondere des schrumpfenden Maschinenbaukomplexes.

Während Hollywood noch Unterhaltung produzieren kann, die es ins Ausland verkauft, und Microsoft noch Software herstellen kann, können die Vereinigten Staaten keine zuverlässigen, erschwinglichen Autos mehr produzieren oder den Wohlfühlmythos der Aufkleber auf Haushaltsgeräten aufrechterhalten, die, die in Home Depot oder Lowe's verkauft werden und verkünden »proudly assembled in the USA«. Selbst wenn ein Aufkleber »proudly assembled in the USA« vorhanden ist, muss man sich fragen, aus welchen Teilen diese Geräte stolz zusammengebaut werden, denn wie die Erfahrung mit landwirtschaftlichen Anbaugeräten bei Coastal (Farm and Ranch) Stores zeigt, wird das meiste davon weiterhin in China produziert. Der Behördenbericht 2018 für Präsident Trump enthüllte einige erschreckende wirtschaftliche Wahrheiten für die Vereinigten Staaten, die es selten als Schlagzeilen in die 24/7-Wirtschaftsnachrichten schaffen. Letztendlich war die Hauptbotschaft des Berichts prinzipiell richtig:

> Um unsere nationale Sicherheit zu gewährleisten, muss Amerikas Produktions- und Verteidigungsindustrie sicher, robust, widerstandsfähig und einsatzbereit sein. Um sicherzustellen, dass die Gelder der Steuerzahler sparsam und sinnvoll ausgegeben werden, muss die Verteidigungsindustrie kosteneffizient und hochproduktiv sein und darf nicht übermäßig subventioniert werden. Für den Fall, dass es zu Unfällen kommt, muss die industrielle Basis über ausreichende Notfallkapazitäten verfügen. Vor allem aber muss Amerikas verarbeitende Industrie und Verteidigungsindustrie den wirtschaftlichen Wohlstand fördern, weltweit wettbewerbsfähig sein und über die Fähigkeiten und Kapazitäten verfügen, um schnell Innovationen einzuführen und unser Militär mit der Tödlichkeit und Dominanz auszustatten, die notwendig sind, um in jedem Konflikt zu bestehen.[62]

Der Bericht warnte auch zu Recht vor sehr realen Bedrohungen für das Erreichen der genannten Ziele durch Amerikas »Konkurrenten« und formulierte das Problem in geoökonomischer Hinsicht:

> Rückgänge der wichtigsten Produktionskapazitäten und der Beschäftigung im verarbeitenden Gewerbe im Vergleich zu der Zeit, als die USA das letzte Mal mit einer Großmacht konkurrierten, haben entscheidende Schwachstellen hinterlassen, die die Produktionskapazitäten der Nation bedrohen. Die Industriepolitik ausländischer Konkurrenten hat die globale Wettbewerbsfähigkeit des amerikanischen verarbeitenden Gewerbes geschwächt – manchmal als Kollateralschaden der Globalisierung, aber auch durch gezielte Angriffe von Großmächten wie China. Und schließlich stellen die sich abzeichnenden Lücken bei unseren qualifizierten Arbeitskräften, sowohl im Bereich der MINT-Fächer als auch bei den handwerklichen Kernkompetenzen (z. B. Schweißen, numerische Computersteuerung usw.) ein zunehmendes Risiko für die industrielle Basis dar.[63]

Die Vereinigten Staaten konnten immer noch ihr wichtigstes Exportgut, die US-Schatzbriefe (T-Bills), verkaufen, die für die Finanzierung von Amerikas Konsumverliebtheit und Geldverdienen von entscheidender Bedeutung waren, aber die T-Bills schufen, wie die Dienstleistungswirtschaft, keinen wirklichen Wohlstand und haben dies auch in den letzten Jahrzehnten nicht getan, während sie andererseits die Hauptursache für Amerikas Deindustrialisierung waren. T-Bills konnten immer noch international verkauft werden, aber Autos aus amerikanischer Produktion hatten Probleme, sich auf den internationalen Märkten zu behaupten. Präsident Trumps aggressive Werbung für US-Produkte auf den internationalen Märkten stieß schließlich auf heftigen Widerstand. In einem Interview mit einer der Nachrichtenagenturen drohte Donald Trump damit, Zölle in Höhe von 35 %

auf in Deutschland hergestellte Autos zu erheben, wenn diese in Mexiko montiert würden. Trump beklagte auch die Tatsache, dass sich Autos aus amerikanischer Produktion in Europa nicht gut verkaufen. Die Antwort des deutschen Vizekanzlers Sigmar Gabriel war beschämend: »Die USA müssen bessere Autos bauen.«[64]

Die Vereinigten Staaten könnten sich sicherlich über die unfairen Handelspraktiken Deutschlands oder Japans beschweren, wo die Vereinigten Staaten mit ihren Autos nur sehr begrenzten Erfolg hatten, um es milde auszudrücken, aber selbst in Russland hatten die US-Automobilhersteller Probleme. Ford war die erste amerikanische Automarke, die im Jahr 2000 mit Nachdruck auf den russischen Markt kam, wobei der Ford Focus der zweiten Generation zum Bestseller in Russland wurde. Ford war nach Volkswagen der zweite Automobilhersteller, der seine Produktion in Russland ansiedelte, und erfreute sich jahrelang einer, wie es schien, sehr langfristigen Beziehung zu den Russen. Aber das war nur scheinbar so. Am 27. März 2019 gab Ford bekannt, dass es die Produktion in Russland einstellt. Wie die beliebte russische Automobil-Monatszeitschrift *Za Rulyom* (Am Lenkrad) berichtete, gab es dafür mehrere Gründe, aber der wichtigste war die Tatsache, dass Ford seinen Wettbewerbsvorteil gegenüber koreanischen, japanischen, europäischen und russischen Autos verloren hatte. Der Betrieb von Ford in Russland wurde einfach unhaltbar, mit einem katastrophalen Rückgang der Verkäufe ab 2016.[65] Nicht nur, dass die Ford-Modelle ziemlich teuer blieben, sie fingen an, gegenüber den viel erschwinglicheren russischen Autos und gegenüber anderen Konkurrenten in Bezug auf technische Eigenschaften zu verlieren, sogar in Bezug auf ein Kriterium wie die Größe der Kabine.

Das Muster war ziemlich offensichtlich und trat nicht nur in Deutschland oder Japan auf, wo Autos aus amerikanischer Produktion den Wettbewerb verloren. Aber während Ford zumindest in Russland einen gewissen Erfolg hatte, kam Chevrolet dort überhaupt nicht in die Gänge.[66] Die Zeiten, in denen die Welt mit Neugier und Neid auf amerikanische Produkte blickte, sind längst vorbei. Die Gründe für den stetigen Verlust des Wettbewerbsvorteils der Vereinigten Staaten liegen auf der Hand, wenn man bedenkt, dass die vom Zweiten Weltkrieg verwüstete Welt nicht für immer in Trümmern liegen würde und dass die industrielle Kapazität und Kompetenz irgendwann zurückkehren würde. Aber selbst in den 1980er Jahren waren die Vereinigten Staaten noch die größte Volkswirtschaft der Welt, und im Gegensatz zur Wirtschaft der Vereinigten Staaten in den 2010er Jahren handelte es sich dabei um eine reale Volkswirtschaft mit einer enormen Produktionskapazität. Die in den 1970er und 1980er Jahren in den USA hergestellten Autos waren vielleicht nicht die besten Autos der Welt, aber sie wurden in den USA produziert, und sie waren mit massiven Liefer- und Logistikketten verbunden, die Millionen von Menschen Beschäftigung boten, und darauf kam es letztlich an. Paul Verhoeven mag sich in seinem *Robocop*-Blockbuster sarkastisch über in den USA hergestellte Autos geäußert haben, als er einen fiktiven 6000 SUX mit einem Verbrauch von 8,2 Meilen pro Gallone persiflierte, aber jeder konnte sehen, dass die Polizisten in dem Film den neuen, wunderschönen, in den USA hergestellten Ford Taurus fuhren, der mit Sicherheit wie ein äußerst konkurrenzfähiges Auto aussah – und es auch war. Er wurde sogar in Japan verkauft, wo er als Luxusauto galt.

Heute gibt es kaum noch eine in den USA hergestellte Limousine von wirklich globalem Ruf, die mit dem Toyota Camry oder dem Honda Accord vergleichbar wäre. Abgesehen von einem recht engen Segment von Sportwagen, Luxusautos und vor allem Lastwagen, in dem die Vereinigten Staaten noch wettbewerbsfähig sind, sind die US-Automobilhersteller einfach nicht mehr in der Lage, die Pkw-Importe auf dem heimischen Markt herauszufordern, geschweige denn, einen ernsthaften Wettbewerb auf internationaler Ebene zu führen. Doch während das Schicksal der US-Automobilindustrie aufgrund seiner offensichtlichen Auswirkungen auf den Markt öffentlich sichtbar ist und im Mittelpunkt des Interesses steht, sind einige Industriezweige in den Vereinigten Staaten ohne viel Aufhebens einfach verschwunden, ohne dass die Öffentlichkeit von dieser wichtigen strategischen Tatsache Notiz genommen hätte. Der frühere Chief of Naval Operations (Flottenchef) Admiral Elmo Zumwalt, bezeichnete die Vereinigten Staaten als »Weltinsel« – ein direkter Verweis auf den seefahrenden Charakter der amerikanischen Nation.[67] Der Zustand des kommerziellen Schiffbaus ist für eine Seefahrernation düster. Der Bericht an Präsident Trump über die industrielle Basis der USA kommt zu folgendem Schluss:

> Die Hauptursache für den abnehmenden Wettbewerb im Schiffbau ist die vergleichsweise geringe Größe der US-amerikanischen Schiffbauindustrie im Vergleich zur ausländischen Schiffbauindustrie in Verbindung mit den einzigartigen militärischen Anforderungen der Marine. Bei Produkten und Dienstleistungen, für die es keinen Wettbewerb gibt, besteht ein höheres Risiko, dass sie von einem einzigen Anbieter angeboten werden. Beispiele für fehlenden Wettbewerb finden sich bei vielen Produkten, die für den Schiffbau von entscheidender Bedeutung sind, wie z. B. Hochspannungskabel, Rohmaterial für Schiffsantriebe, Ventile und Armaturen.[68]

Diese trockene Einschätzung, die auch Faktoren wie den Verlust von Fertigkeiten und Kompetenzen erwähnt, ist eine Untertreibung im Hinblick auf einen tatsächlichen Vergleich der Schiffbauindustrien der Vereinigten Staaten mit denen des Rests der Welt. Aus geoökonomischer Sicht ist die Schifffahrtskapazität ein Muss, denn Geowirtschaft und die Lieferung von Waren an die Märkte sind zwei Seiten derselben Medaille. Die kommerzielle Schifffahrt ist nach wie vor das Rückgrat der Weltwirtschaft, da sie für bis zu 90 % des Handels auf dem Wasserweg verantwortlich ist.[69] Derzeit verfügen die Vereinigten Staaten zwar über die größte Marine der Welt, aber ihre kommerzielle Schiffbauindustrie wird von denjenigen Chinas, der Republik Korea, Japans und Russlands in den Schatten gestellt.

In einer Erklärung vor dem Ausschuss für Verkehr und Infrastruktur, Unterausschuss für Küstenwache und Seeverkehr des US-Repräsentantenhauses, zeigte Mark H. Buzby, Verwalter der Seeverkehrsverwaltung des US-Verkehrsministeriums, das tatsächliche Ausmaß der Katastrophe auf:

> Während die Vereinigten Staaten nach wie vor weltweit führend im Marineschiffbau sind, der den größten Teil des Umsatzes im Schiffbau der Nation ausmacht, kämpfen unsere großen kommerziellen Werften darum, sich über Wasser zu halten. Der zivile US-Schiffbau für große Handelsschiffe befindet sich in einer Abwärtsspirale aus sinkender Nachfrage und einer zunehmenden Divergenz zwischen inländischer und ausländischer Schiffbauproduktivität und Preisgestaltung. Bei großen Hochseeschiffen mit Eigenantrieb fehlt den US-Werften noch immer die Größe, die Technologie und die umfangreichen Serienaufträge, die erforderlich sind, um mit Werften in anderen Ländern konkurrieren zu können. Die fünf größten kommerziellen US-Werften bauen eine begrenzte Anzahl großer Frachtschiffe für den Inlandsgebrauch. In den letzten fünf Jahren wurden im Durchschnitt fünf solcher Schiffe pro Jahr gebaut, mit einem Spitzenwert von zehn Schiffen im Jahr 2016. Im Vergleich zur weltweiten Produktion von 1408 solchen Schiffen im Jahr 2016 ist diese Produktion jedoch gering.[70]

Buzbys Verwendung des Begriffs »gering« ist ein vorsichtiger Versuch, die peinliche Wahrheit zu vermeiden, dass die Vereinigten Staaten nicht annähernd das Ausmaß an kommerziellem Schiffbau haben, das für eine Nation erforderlich ist, die sich selbst als geoökonomische

Einheit sieht, die bereit ist, um die wirtschaftliche Vorherrschaft in der Welt zu kämpfen. Die Zahlen stützen solche amerikanischen Behauptungen einfach nicht. Eine solche Zahl, die die Grundlage der Schiffbauindustrie bildet, ist die Menge des von einer Nation produzierten Stahls. Schiffe werden aus Stahl hergestellt, und man braucht eine Menge davon, um eine große Handelsflotte zu bauen, die in einer globalen Wirtschaft wirklich wettbewerbsfähig ist. In Anbetracht der Größe der US-Wirtschaft, die sich nach eigenen Angaben auf rund 23 Billionen Dollar beläuft, ist die Stahlproduktion der Vereinigten Staaten überraschend – China übertrifft die USA um das 11-fache, während Russland, dessen Bevölkerung weniger als halb so groß ist wie die der Vereinigten Staaten, rund 81 % der US-Stahlproduktion erzeugt. Japan, das ebenfalls eine Seefahrernation ist, produziert mehr Stahl als die Vereinigten Staaten.[71]

Natürlich haben die Vereinigten Staaten eine große Marine mit vielen großen Kapitalschiffen, insbesondere die Flotte der US-Flugzeugträger, aber die USA bauen solche Schiffe nicht jedes Jahr. Der kommerzielle Schiffbau auf der ganzen Welt stellt jedoch jedes Jahr alle Arten von Handelsschiffen her, darunter auch viele große Schiffe. Viele dieser Schiffe sind genauso groß oder noch größer als die Flugzeugträger der US-Navy. Selbst ein kurzer Überblick über den kommerziellen Schiffbau in Bezug auf die Tonnage der Schiffe lässt keinen Zweifel daran, welche Nationen auf einen Wirtschaftskrieg vorbereitet sind oder sich darauf vorbereiten. Wie das e-Handbook of Statistics drastisch feststellt, entfielen 90 % des weltweiten Schiffbaus im Jahr 2018 auf drei Länder: China, Japan und die Republik Korea.[72] Wenn man bedenkt, dass 2018 allein das Eigengewicht (d. h. das Gewicht eines leeren Schiffes) der weltweiten Handelsflotte um 52 Millionen Tonnen gestiegen ist, und dies der tatsächlichen Stahlproduktion in den Vereinigten Staaten gegenüberstellt, die bei rund 88 Millionen Tonnen[73] liegt, bekommt man ein Gefühl für die relativ unbedeutende Rolle Amerikas in der globalen Stahlproduktion und seine absolut unbedeutende Rolle im Handelsschiffbau. Zu allem Überfluss konkurriert Russland, der »Rivale« oder die existenzielle Bedrohung der USA, wie sie von den amerikanischen Exzeptionalisten deklariert wird, nicht nur mit den Vereinigten Staaten in der Stahlproduktion, einem der wichtigsten Indikatoren des Composite Index of National Capability (CINC), sondern übertrifft die USA auch im kommerziellen Schiffbau.

Natürlich versuchen die Vereinigten Staaten, ihre Präsenz im Handelsschiffbau deutlich zu machen. Das jüngste Handelsschiff, das auf den Namen *Matsonia* getauft wurde und eines von zwei Containerschiffen der *Kanaloa-Klasse* (Con-Ro) ist, die Hawaii mit Lieferungen vom Festland bedienen werden, ist ein solcher Versuch. Es handelt sich um ein großes Schiff mit einer Verdrängung von 50.000 Tonnen, das auf der NASSCO-Werft gebaut wird.[74] Den Vereinigten Staaten ist es auch gelungen, zwischen 2013 und 2017 drei 50.000-Tonnen-Tanker für SEACOR und einige andere ähnliche Schiffe mit demselben Eigengewicht zu bauen, darunter zwei LNG-getriebene Containerschiffe der *Marlin-Klasse*. Obwohl Russland selbst eine Seefahrernation ist, wickelt es seinen Handel hauptsächlich über den Landweg ab, von der Schiene bis zu Pipelines, und hat es dennoch in wenigen Jahren geschafft, eine Trendwende in seiner Schiffbauindustrie zu vollziehen und eine geplante Auslastung seiner zahlreichen Werften von 800 Schiffen bis 2035 zu erreichen. Russlands jüngste fernöstliche Megawerft *Zvezda* ist zwar erst teilweise in Betrieb, hat aber bereits 118 Schiffe in ihrem Portfolio.[75] Allein der russische Ölgigant *Rosneft* hat bis 2019 zwölf Tanker der Eisklasse *Arc6* und *Arc7*, vier Mehrzweckschiffe der Eisklasse und zehn *Aframax*-Tanker bestellt.[76] Bei den meisten dieser Schiffe, von denen einige bereits im Einsatz oder im Bau sind, handelt es sich um gigantische Hightech-Schiffe mit einer Verdrängung von 115.000 bis 129.000 Tonnen, die so lang sind wie die Flugzeugträger der US Navy.

Dies alles geschieht vor dem Hintergrund, dass Russland den Weltmarkt für Eisbrecher schlichtweg dominiert. Der neueste Eisbrecher, ein nuklearer Eisbrecher der *Lider-Klasse*, ist mit einer Verdrängung von 70.000 Tonnen der bei weitem größte Eisbrecher der Welt – keine kleine Leistung, wenn man bedenkt, dass der derzeit größte Eisbrecher der Welt, Projekt 22220, 33.000 Tonnen verdrängt. Der erste von drei Eisbrechern der *Lider-Klasse* wurde im September 2020 auf der *Zvezda*-Werft aufgelegt. Wenn die Vereinigten Staaten wirklich vorhatten, ihre eigenen geoökonomischen Konzepte zu verfolgen, so scheint es, dass sie nie über die Aufstellung hohler Doktrinen oder politikwissenschaftlicher Theorien im Elfenbeinturm hinausgekommen sind. Die wirtschaftliche Haltung der USA, die sie angeblich zur wirtschaftlich mächtigsten Nation der Welt macht, steht in dramatischem Widerspruch zu einer wirklich geoökonomischen, wirtschaftlich konkurrenzfähigen Haltung, nämlich der Haltung von Amerikas so genannten existenziellen Rivalen, China und Russland.

Während das chinesische Wirtschaftswunder und die exportorientierte Wirtschaft seit Jahrzehnten im Mittelpunkt der Aufmerksamkeit vieler amerikanischer Experten stehen, hat die Tatsache, dass Russland erst vor relativ kurzer Zeit in das geoökonomische Spiel eingestiegen ist, die Aufmerksamkeit der westlichen Experten auf sich gezogen. Einer der westlichen Theoretiker auf dem Gebiet der Geowirtschaft und der eurasischen Integration, Glen Diesen, widmete der Entwicklung »strategischer Industrien« sogar ein großes Kapitel in seiner Abhandlung zu diesem Thema.«[77] Doch Diesen, ebenso wie Luttwak oder auch jeder andere Befürworter der Geoökonomie als eigenständiges Studiengebiet, wird immer wieder unweigerlich auf den Diskussionstisch der guten alten Geopolitik oder vielmehr ihrer umfassenderen modernen Nachbildung zurückgeholt, in der die Macht einer Nation auf ihren wirtschaftlichen und militärischen Ressourcen beruht, die letztlich die geoökonomische Fähigkeit dieser Nation ausmachen – was nichts anderes ist als ein geoökonomischer Begriff für die globale wirtschaftliche Wettbewerbsfähigkeit und die Fähigkeit, sich mit allen notwendigen Mitteln, auch militärischen, zu verteidigen. Der erbärmliche Zustand des amerikanischen Handelsschiffbaus ist die Kehrseite der amerikanischen Seemacht, die in diesem Stadium ihres Verhältnisses zur Weltwirtschaft und zu den internationalen Beziehungen in erster Linie dazu da ist, die Unantastbarkeit der für die Existenz Amerikas entscheidenden Schifffahrtswege (SLOC) zu verteidigen, und ebenso dazu, den Handel durch andere zu unterbrechen. Luttwak mag die Geoökonomie als einen Krieg mit anderen Mitteln definiert haben, aber diese sind seit langem die ursprünglichen Mittel des Krieges. Eben diese nicht-wirtschaftlichen Garnisonen, Militärbasen und Waffen sind nie verschwunden und werden in der Tat immer mehr zum Hauptwerkzeug bei den Versuchen Amerikas, seine Regeln für das durchzusetzen, wozu es sich nach der Erklärung seiner Gelehrten und Staatsmänner verpflichtet hat – die wirtschaftliche Kriegsführung. Eine reine Wirtschaftskriegführung ist es nicht, denn die Vereinigten Staaten haben diesen Krieg bereits verloren. Dementsprechend wird die »Kriegsführung« immer mehr zu einem Wettbewerb über das gesamte Spektrum menschlicher Aktivitäten, von militärischen, wirtschaftlichen, kulturellen und ideologischen, der bereits die Form eines Kalten Krieges angenommen hat und sich zu einem sehr realen heißen Krieg auszuwachsen droht – und zwar genau aus dem Grund, dass, wie bei vielen politikwissenschaftlichen Konstrukten, die in der zunehmend chaotischen amerikanischen Strategieküche ausgeheckt wurden, die meisten dieser Strategien nie neue Ideen und Konzepte hervorgebracht haben, die die Entwicklung der Tatsachen vor Ort nie ändern konnten.

Heute leiden die Vereinigten Staaten nicht nur an einem intellektuellen Kollaps, auf den wir in den folgenden Kapiteln eingehen werden, sondern sie haben auch wirtschaftlich immer weniger zu bieten, vor allem nachdem sie den Krieg an der Hauptfront der Energie verloren haben – eine strategische Industrie, wie Diesen es ausdrückt, der dann eine schonungslose Definition des Zustands der amerikanischen Wirtschaft gibt:

> Die Überzeugung, dass die USA eine nachhaltige postmoderne Wirtschaft entwickelt haben, die weniger von traditionellen Arbeitsplätzen im verarbeitenden Gewerbe abhängig ist, wurde durch aufgeblähte Vermögenspreise, die sich als Wirtschaftswachstum ausgeben, aufrechterhalten. Der Zusammenbruch der Technologieblase in den 1990er Jahren deutete darauf hin, dass die USA akzeptieren sollten, eine schwächere Position in der Weltwirtschaft einzunehmen.[78]

Heute stehen die Vereinigten Staaten vor einem Wirtschaftsmonster und einem völlig autarken Markt in Eurasien, und keine noch so große statistische Bastelei, auch nicht durch die Anwendung bedeutungsloser Dollarzahlen auf etwas, das die Vereinigten Staaten nicht mehr produzieren oder beschaffen können, wird diese Realität ändern. Wie die dramatischen Ereignisse auf den Märkten für Kohlenwasserstoffe und Luft- und Raumfahrt in den letzten achtzehn Monaten gezeigt haben und wie sie sich auf den Märkten für Kommunikation und High-End-Waffen fortsetzen, haben die Vereinigten Staaten ihre Position als globaler Wettbewerber bereits verloren oder sind dabei, sie schnell zu verlieren. Je nach der internen politischen und wirtschaftlichen Dynamik in den Vereinigten Staaten in den nächsten Jahren ist die Umwandlung der Vereinigten Staaten in eine große, aber regionale und sogar Dritte-Welt-Nation kein so weit hergeholtes Szenario. Zugegeben, Russlands militärische Macht ist in der Lage, die USA davon abzuhalten, in ihrem verzweifelten Versuch, einen imaginären Status quo zu bewahren, von dem viele in Washington immer noch glauben, dass er existiert, einen globalen thermonuklearen Konflikt zu entfesseln. Das ist aber nicht der Fall, schon lange nicht mehr, und es ist an der Zeit, dass jemand in Washington die Botschaft versteht.

Der Londoner Crystal Palace, einst Schauplatz britischer industrieller und militärischer Errungenschaften und Ort des herablassenden Spotts auf andere, ist verschwunden. Er wurde 1936 nach einem katastrophalen Brand abgerissen, symptomatisch für den Vorabend des Weltkriegs, der den Abschied von der Größe des Empire, über dem die Sonne nie untergeht, einläuten sollte. Der Football Club Crystal Palace ist alles, was heute von dem einst stolzen Crystal Palace übriggeblieben ist. In Vergessenheit geraten ist auch die Erinnerung an eine historische ironische Verhandlung zwischen dem damaligen Londoner Bürgermeister Boris Johnson und den Chinesen, die in die Restaurierung dieses wichtigen Wahrzeichens investieren wollten. Die Verhandlungen scheiterten und die Welt ging weiter. Das tut sie immer.

4. ENERGIE

Moderne Zivilisation und Energie sind die zwei Seiten derselben Medaille. Es gibt keine Zivilisation ohne Energieerzeugung, denn es gibt keine Zivilisation ohne Energieverbrauch. Wie bei jedem menschlichen Wesen ist der Prozess des Verbrauchs und der Wiederauffüllung von Energie ein ständiger Prozess, selbst wenn wir Menschen schlafen. Dies gilt umso mehr für die modernen Gesellschaften, deren Existenz ohne Energie – sei es Benzin für die Autos, Kerosin für die Düsentriebwerke, Elektrizität für die Beleuchtung und den Antrieb der Industriemaschinen der Zivilisation – nicht vorstellbar ist. Letztlich ist die Geschichte des Fortschritts der Menschheit eine Geschichte der Energiegewinnung und -nutzung, von primitiven Höhlenfeuern über die Internationale Raumstation bis hin zu Kernkraftwerken und, nicht zu vergessen, Waffen von so immenser Macht, dass sie den Untergang der gesamten menschlichen Zivilisation bedeuten können.

Die heutige Geopolitik und Geowirtschaft können nur in einem Rahmen richtig definiert werden, der die Energie berücksichtigt. Energie ist nicht nur der wichtigste Wirtschaftsfaktor, sondern auch ein wichtiger geopolitischer Faktor. Für mich persönlich, der ich in der Stadt Baku, der heutigen Hauptstadt des unabhängigen Aserbaidschan, geboren wurde, hatte die Energieerzeugung von Geburt an einen ganz besonderen Geruch, den ich von Kindheit an in mich aufnahm. Baku und die Apseron-Halbinsel, auf der Baku liegt, rochen nach Erdöl. Dieser Geruch wurde zu einem ständigen Wahrnehmungsmerkmal, da auf Apseron seit 1846 ununterbrochen Rohöl gefördert wurde, als dort die erste Ölquelle gebohrt wurde, lange vor der Entwicklung der amerikanischen Ölfelder.[79] Der Rest ist Geschichte, denn sowohl Dmitri Mendelejew als auch die Gebrüder Nobel spielten eine Schlüsselrolle bei der Entwicklung der Ölfelder von Apseron und der dortigen petrochemischen Industrie. Zu Beginn des 20. Jahrhunderts produzierte Aserbaidschan, das damals zum Russischen Reich gehörte, mehr als die Hälfte des weltweiten Erdöls.[80] Aserbaidschan im Allgemeinen und Baku im Besonderen wurden zum Schmelztiegel der russischen Ölindustrie.

Zur Zeit der Sowjetunion war Apseron ein einziges riesiges Ölfeld, und das Rohöl wurde in der Nähe von Baku, in den Vororten von Baku und in Baku selbst gepumpt. Anfang des 20. Jahrhunderts wurde dort das erste polytechnische Institut Eurasiens gegründet, das sich ganz der Ausbildung von Ölingenieuren widmete. Apseronöl war auch buchstäblich der Treibstoff, der den Sieg der Sowjetunion im Zweiten Weltkrieg ermöglichte. Die Offshore-Exploration entwickelte sich ebenfalls mit erstaunlicher Geschwindigkeit, und in den 1950er Jahren war Baku zur echten Öl- und Petrochemie-Hauptstadt der Sowjetunion geworden. Baku wurde auch immer mehr zu einer sehr schönen und malerischen Stadt. Der Geruch des Erdöls blieb zwar bestehen und vermischte sich oft mit dem Geruch von Oleander und Rhododendron, aber die meisten Einwohner von Baku störte er nicht wirklich. Sogar für die reine Bakuer Variante des Curlingspiels in der Luft wurden die Deckel von 3-Liter-Gläsern mit einer Substanz namens Kir gefüllt, aus der Kerosin destilliert wurde, und das für Asphalt verwendet wurde.

Wer im 20. Jahrhundert in Baku geboren wurde, wurde automatisch in die Welt der Gewinnung und Verarbeitung des wichtigsten Stoffes in der Geschichte der modernen Menschheit hineingeboren – des Erdöls. Das Erdöl und alles, was damit zusammenhängt, von der Technologie bis zu den Menschen, war und ist ein Hauptmotor, der nicht nur die Wirtschaft von Baku, sondern der gesamten Kaukasusregion antreibt. Seit dem Zusammenbruch der Sowjetunion ist der Anteil Aserbaidschans an der Rohölproduktion im Raum der ehemaligen Sowjetunion natürlich rapide gesunken, wobei Russland im Mai 2020 fast 14 Mal mehr Rohöl als Aserbaidschan förderte.[81] Dies hat zu einem dramatischen Rückgang der relativen Bedeutung Aserbaidschans in einer Zeit geführt, in der die wirtschaftlichen, militärischen und energiewirtschaftlichen Giganten wieder das tun, was viele im Westen als Großmachtkonkurrenz oder Rivalität bezeichnen, bei der es zu einem großen Teil um Energie geht. Erdöl und ein weiterer Kohlenwasserstoff – Erdgas – stehen im Mittelpunkt der modernen Geopolitik und Geowirtschaft, wenn man den letztgenannten Begriff für den Wettbewerb oder – nach Luttwaks Definition – den Krieg mit anderen Mitteln verwenden will.

Die Gesamtenergieproduktion in der Welt wird häufig in der *MTOE*-Metrik ausgedrückt, die für *Millionen Tonnen Ölenergieäquivalent* steht und den Gesamtenergieausstoß von Rohöl bis Gas definiert und in der Anzahl von Joule (einer Standard-Energiemetrik) ausgedrückt wird, die man durch die Verbrennung einer Tonne Rohöl erhält. Im Jahr 2019 war die in *MTOE* ausgedrückte Bilanz der Energieproduktion aufschlussreich. China lag mit 2684 MTOE weltweit an der Spitze, gefolgt von den USA und Russland mit 2303 bzw. 1506 *MTOE*.[82] Ein weiterer wichtiger Index für die wirtschaftliche Entwicklung, die Produktion von Strom aus allen Quellen, von Öl über Wasser, Kohle bis hin zur Kernenergie, sah China mit einer Produktion von 7482 Terawattstunden (*TWh*) an der Spitze, während die USA mit 4385, Indien mit 1614 und Russland mit 1122 *TWh* weit abgeschlagen an zweiter Stelle lagen.[83] Diese Zahlen sind von entscheidender Bedeutung für das Verständnis der Entstehung nicht nur einer neuen wirtschaftlichen, sondern auch einer neuen geopolitischen Realität, in der die Vereinigten Staaten zunehmend nicht nur wirtschaftlich herausgefordert oder überholt werden – eine Realität, die Amerikas Eliten zu leugnen versuchen –, sondern auch in Bezug auf die gesamte nationale Macht. In dieser geopolitischen und geoökonomischen Realität spielt die Energie eine entscheidende Rolle und wird sie auch in Zukunft spielen und ausbauen.

Wer im März 2020 die wirtschaftlichen Schlagzeilen über das OPEC+-Treffen in Wien gelesen hat, hätte genauso gut die Berichte über ein diplomatisches Scheitern der Verhandlungen lesen können, das den meisten Kriegen vorausgeht. Die OPEC+ war eine Abwandlung der 1960 gegründeten ursprünglichen OPEC (Organisation erdölexportierender Länder), der 2016 Russland, Mexiko, Aserbaidschan und einige andere Erdöl produzierende Länder beitraten. Bloomberg beschrieb den Zusammenbruch in Wien mit diesen Worten:

> Der Zusammenbruch ist die größte Krise, seit Saudi-Arabien, Russland und mehr als zwanzig andere Länder 2016 die Allianz OPEC+ gegründet haben. Die Gruppe, die mehr als die Hälfte der weltweiten Ölproduktion kontrolliert, hat die Preise gestützt und die Geopolitik des Nahen Ostens neu gestaltet – und den Einfluss von Präsident Wladimir Putin in der Region gestärkt. Doch im vergangenen Jahr geriet sie zunehmend unter Druck.[84]

Das Scheitern der Wiener Verhandlungen zwischen zwei der größten Akteure, Saudi-Arabien und Russland, die von den westlichen Medien als »Verbündete« bezeichnet werden, war auf die Weigerung Russlands zurückzuführen, seine Kürzungen der Rohölproduktion fortzusetzen, um die Rohölpreise auf einem für die Produzenten angenehmen Niveau zu halten. Russland lehnte im Wesentlichen alle OPEC+-Beschränkungen der Rohölproduktion ab. Der russische Energieminister Alexander Novak erklärte ausdrücklich, dass es den russischen Ölgesellschaften freistehe, die Produktion ab dem 1. April wieder hochzufahren.[85] Westliche Medien und Experten stellten den Zusammenbruch der OPEC+-Produktionsbeschränkungen sofort als Ölkrieg zwischen Russland und Saudi-Arabien dar. Sie hätten nicht falscher liegen können, selbst wenn man bedenkt, auf welch niedrigem Niveau sich westliche Experten bewegen, wenn es um Russland geht. Am Ende sollten sie eine grausame und demütigende Lektion erteilt bekommen. Russland kämpfte nicht gegen Saudi-Arabien, sondern gegen die Vereinigten Staaten, da es sich weigerte, die Rohölproduktion zu drosseln. Nämlich gegen die amerikanische Schieferöl- und Fracking-Industrie. Und Saudi-Arabien, das daraufhin umkehrte und seine eigene Produktion im Gegensatz zu den zunächst geforderten Kürzungen steigerte, tat das Gleiche.

Der Aufstieg Amerikas auf dem internationalen Ölmarkt ist eine Geschichte des Sieges der Technologie über den gesunden wirtschaftlichen Verstand und auch eine Geschichte des Betrugs. Zwischen 2000 und 2011 schwankte die US-Ölproduktion in einem Korridor von 5–6 Millionen Barrel Rohöl pro Tag. Doch 2012 änderten sich die Dinge – die Produktion begann immer schneller zu steigen und erreichte 2019 mehr als 12 Millionen Barrel pro Tag.[86] Im Januar 2020 produzierten die Vereinigten Staaten fast 13 Millionen Barrel Rohöl pro Tag.[87] Dieser massive Anstieg der Rohölproduktion war in erster Linie auf das zurückzuführen, was damals als Schieferölboom bezeichnet wurde. Natürlich hatte sich die Technologie der Schieferölförderung, die es seit Mitte des 20. Jahrhunderts gibt, im Laufe der Jahre immer weiter verbessert. Aber Schieferölproduktion war immer teuer und während des 20. Jahrhunderts konnte Schieferöl nicht mit dem billigen Rohöl konkurrieren, das durch klassische vertikale Bohrungen gewonnen wurde, die oft die Skyline ölreicher Orte wie der Apseron-Halbinsel im Allgemeinen und Baku im Besonderen prägten, die von Öltürmen dominiert waren, wie später das Meer, übersät von gut sichtbaren Ölplattformen.

Ein dramatischer Wandel für Schieferöl kam mit der Verbesserung der Fracking-Technologie in den Vereinigten Staaten und der Verfügbarkeit billiger Kredite – d. h. Schulden – für viele unabhängige Ölgesellschaften, die sich Mitte der 2000er Jahre auf noch unbewiesene Schieferölfelder stürzten und schließlich fast das gesamte Wachstum der Ölindustrie antrieben, so dass 2019 fast zwei Drittel der US-amerikanischen Ölproduktion auf sie entfielen. All dieses Wachstum wurde erreicht, in den Worten des Finanzanalysten David Deckelbaum: »Dies ist eine Branche, die für jeden Dollar, den sie einnimmt, zwei Dollar ausgibt«.[88] Im Klartext: Die Branche war wirtschaftlich nicht lebensfähig, egal wie man es betrachtete, selbst wenn man die recht hohen Rohölpreise berücksichtigte. Angesichts der sinkenden Rohölpreise, die 2019 einsetzten, während die Branche 2020 Preise zwischen 55 und 65 US-Dollar pro Barrel benötigte, um die Gewinnschwelle zu erreichen, wurden die Aussichten für das US-amerikanische Schieferöl immer schlechter.[89] Aber zwei Faktoren der, wie Geoökonomie-Puristen sagen würden, Geoökonomie, spielten gegen das US-Öl und seine voreilig erklärte Energieunabhängigkeit und die Vorstellung, dass Amerika ein Nettoexporteur von Öl werden würde:

1. US-Schieferöl war finanziell nicht lebensfähig;
2. Die Ölexporte der USA waren vor allem deshalb möglich, weil die USA die Quoten »übernahmen«, die vor allem durch die früheren Kürzungen Russlands und Saudi-Arabiens im Rahmen der OPEC+ frei geworden waren, um ein Gleichgewicht auf dem Weltölmarkt herzustellen, der aufgrund der Überproduktion mit sinkenden Preisen konfrontiert war.

Natürlich gab es noch einen dritten Faktor, der hier eine Rolle spielte und der für das amerikanische Schieferöl entscheidend war: die Kosten Russlands. Die Kosten für saudisches Öl, die offiziell mit 2,80 Dollar pro Barrel angegeben wurden, spielten keine Rolle.[90] Es wurde einfach als gegeben angesehen, dass die Saudis bei so gut wie jedem Ölpreis äußerst wettbewerbsfähig bleiben würden. Das Problem Saudi-Arabiens lag in seinem rückständigen politischen System, in seiner

Monowirtschaft und in der enormen Last der Sozial- und Wohlfahrtsverpflichtungen, die an ein riesiges Netz von saudischen Prinzen und die Bevölkerung verteilt wurden und die nicht hätten revidiert werden können, ohne dass es in Riad zu schwerer politischer Instabilität gekommen wäre. Russland hat zwar nie offiziell seine Kosten offengelegt, aber bei mehreren Gelegenheiten zu Protokoll gegeben, dass Russland mit einem Ölpreis von etwa 40 Dollar zufrieden ist.[91] Russlands Haushalt, in dem Öl eine der Haupteinnahmequellen ist, wenn auch bei weitem nicht die einzige, hatte diese Zahl als Basispreis für einen ausgeglichenen Haushalt. Dass Russland es leid war, dass die US-Schieferölindustrie den Marktanteil seiner Produktionskürzungen übernahm, war der Hauptgrund für das Scheitern der OPEC+-Verhandlungen vom Februar 2020 in Wien, bei denen es um Produktionskürzungen ging, und hatte wenig mit einer saudi-russischen Öl-»Allianz« oder unüberbrückbaren Widersprüchen innerhalb dieser Allianz zu tun, sondern vielmehr mit dem US-Schieferöl. Schieferöl, das, um es in der Sprache des Laien auszudrücken, kein wirtschaftliches Recht hat, die etablierten Ölproduzenten zu verdrängen, die wie bei vielen anderen Gelegenheiten verhandlungs- und kompromissbereit waren, um das Boot nicht ins Schwanken zu bringen.

In wirtschaftlicher und finanzieller Hinsicht war das Schieferöl in den USA eine Anomalie, oder wie ein Reporter es formulierte: »Do U.S. Shale Drillers Deserve to Exist in Free Markets?«[92] Eine schwierige Frage für eine Nation, die seit zwei Jahrhunderten weltweit die Tugenden des »freien Marktes« und des »freien Handels« propagiert und das Evangelium der finanziellen Sparsamkeit und des Gewinns verbreitet hat. Die US-Mainstream-Medien, die im Umgang mit Russland stets wachsam, wenn auch wie immer inkompetent sind, verkündeten den Zusammenbruch der OPEC+ in Wien als Beginn eines russisch-saudischen Ölkriegs. Das *Time Magazine* nannte diesen Krieg sogar »A Battle Royal« und stellte die saudische Absicht, »den Markt zu überschwemmen« und »Russland eine Lektion zu erteilen«, in den Mittelpunkt des angeblichen Streits.[93] Für solche Kommentatoren, die im Namen einer Nation sprachen, deren Benchmark-Ölpreis bei rund 80 Dollar lag, war dies ein ziemlich leichtsinniger Akt. Wie immer bei den US-Mainstream-Medien lagen sie völlig daneben. Zumindest die meisten von ihnen. Nur das relativ randständige *Newsmax* war in der Lage, die düstere Realität – für die Vereinigten Staaten – des angeblichen russisch-saudischen Streits zu erkennen und tat, was jeder normale professionelle Journalist unter solchen Umständen tun würde: Es fragte die Russen, wie sie die ganze Situation sehen. Wie Alexander Dynkin, einer der einflussreichsten Experten Russlands und Präsident des Instituts für Weltwirtschaft und internationale Beziehungen in Moskau, einer staatlichen Denkfabrik, feststellte, sahen die Russen die Situation nicht so wie die Amerikaner: »Der Kreml hat beschlossen, die OPEC+ zu opfern, um die US-Schieferproduzenten zu stoppen und die USA dafür zu bestrafen, dass sie sich mit Nord Stream 2 angelegt haben. Natürlich könnte es riskant sein, Saudi-Arabien zu verärgern, aber das ist die derzeitige Strategie Russlands – eine flexible Interessengeometrie«[94].

Die folgenden Ereignisse bestätigten diese anfängliche Hypothese voll und ganz, und wenn jemand eine Lektion erteilt bekam, dann waren es die Vereinigten Staaten. Die Lektion bestand nicht nur in der Theorie, sondern auch in der praktischen und erfolgreichen Anwendung der Geoökonomie und einer soliden geopolitischen Analyse. Der Schritt der Saudis, den Markt mit billigem Öl zu überschwemmen, richtete sich nicht per se gegen Russland. Auch hatten die Russen nicht unbedingt die Absicht, das US-amerikanische Schieferöl vollständig zu vernichten, da ihr Hauptziel ursprünglich darin bestand, die Vereinigten Staaten an den Verhandlungstisch zu bringen und die OPEC+ in eine OPEC++ zu verwandeln. Schließlich hatten die Saudis selbst noch eine Rechnung mit dem US-amerikanischen Schieferöl zu begleichen. Russland konnte jede Katastrophe auf dem globalen Ölmarkt verkraften, die US-Schieferölindustrie nicht, vor allem nicht vor dem Hintergrund der COVID-19-Pandemie und dem Zusammenbruch der Wirtschaft in den westlichen Ländern. Die amerikanischen Schieferölbohrer konnten auf Schulden zurückgreifen, um inmitten fallender Ölpreise noch ein wenig länger zu überleben, während Russland auf ein Polster von einer halben Billion US-Dollar zurückgreifen konnte, das es im Voraus angelegt hatte. Tatsächlich haben die Russen schon lange vor den russisch-saudischen Reibereien in Wien zu Protokoll gegeben, dass sie in der Lage sind, sehr niedrige Ölpreise zu überleben. In einem Gespräch mit CNCBC im Oktober 2019 zeigte sich der russische Finanzminister, ein eher prowestlicher und liberaler Reformer, ziemlich zuversichtlich, dass Russland selbst bei einem Rückgang des Ölpreises auf »30 oder 20 Dollar pro Barrel keinen wirtschaftlichen Schock erleiden und dank seiner riesigen Goldreserven in der Lage sein würde, seine Haushaltsverpflichtungen drei Jahre lang zu erfüllen.«[95]

In einem klassischen Fall von Arroganz, Sturheit und Inkompetenz begannen die US-Medien mit Spekulationen (und Falschmeldungen) über Russlands Gold- und Währungsreserven und gingen sogar ihrer Lieblingsbeschäftigung nach, den Machtverlust Wladimir Putins in Russland vorherzusagen. Einige westliche Reporter, die wie üblich ihre eigene Inkompetenz und Unreife projizierten, ein charakteristisches Merkmal des Journalistenkorps in den USA, begannen im April 2020, als die Ölpreise unter 30 Dollar pro Barrel fielen und das Gemetzel an der amerikanischen Schieferölindustrie ernsthaft begann, sogar zu erklären, dass die scheinbare Unflexibilität Putins (und Russlands) angesichts der steigenden Ölpreise eine Frage des Stolzes Putins sei.[96] Natürlich gab es keine »Herausforderung« für Putins »Macht«, wie die Artikel suggerierten, und die Russen erklärten sehr deutlich, dass sie mit einem Preis von 25 Dollar pro Barrel für die Dauer von zehn Jahren leben könnten. Die Russen blieben auch absolut ruhig, als die Menge des von den USA geförderten Öls Ende April 2020 in einem historisch einmaligen Ausmaß in den negativen Bereich fiel. Zu einem bestimmten Zeitpunkt wurde die US-Ölmarke *WTI* (West Texas Intermediate) bei 40 $ gehandelt, eine Situation, die so außergewöhnlich war, dass klar wurde, dass es für sehr lange Zeit, wenn überhaupt, keine Rückkehr zu Ölpreisen im Bereich von 80 $ oder gar 60 $ pro Barrel geben würde.[97]

Es ist eine bekannte Binsenweisheit, dass man im Nachhinein immer alles besser weiß, aber wer jetzt, im Herbst 2020, die Ergebnisse eines angeblichen russisch-saudischen »Preiskriegs« beobachtet, kann das wichtigste Ergebnis dieses Preises nicht ignorieren, nämlich die verheerenden Folgen für die US-amerikanische Schieferölindustrie. Bereits im Juni 2020, nachdem sich die Ölpreise für die US-amerikanische Sorte *WTI* bei etwa 39 Dollar stabilisiert hatten und für die russische Hauptsorte *Ural* konstant über 40 Dollar lagen, titelte CNBC unter Berufung auf einen Deloitte-Bericht am 22. Juni mit einer erschreckenden Schlagzeile: »Schieferölindustrie wird erschüttert durch $300 Milliarden Verluste und eine Pleitewelle, sagt Deloitte«.[98] Wenn die Anzeichen für eine Insolvenz der US-amerikanischen Schieferöls bereits Mitte der 2010er Jahre sichtbar waren, wie ein Beobachter der Ölindustrie titelte, war 2020 das Jahr des »Großen Amerikanischen Schieferöl- und Gasmassakers«.[99] Dies war eine treffende Beschreibung der katastrophalen Implosion des US-Öls. Das Endergebnis war, dass die Vereinigten Staaten der OPEC+ beitraten, als diese über die für die Stabilisierung des Marktes erforderlichen Förderkürzungen diskutierte, und zwar genau bei einem Preis von 40 Dollar, was Russland erfreute, Saudi-Arabien unglücklich machte und die amerikanische Schieferölindustrie praktisch zum Erliegen brachte. Russland wollte ursprünglich die Vereinigten Staaten am OPEC+-Verhandlungstisch haben. Das hat Russland erreicht, auch indem es Saudi-Arabien als dritte Kugel im russischen Billard eingesetzt hat, wobei zwei der Kugeln in den Löchern landeten.

Die Lektion für die Vereinigten Staaten war beschämend. Sie stellte einmal mehr die Cliquen der angeblichen Russland-Kenner und »-Experten« in den USA als eine Ansammlung von unwissenden Ideologen bloß, die weit davon entfernt sind, irgendetwas über Russland oder die Ölindustrie zu wissen, und die auch sehr wenig über die Vereinigten Staaten und ihren wichtigsten »Verbündeten« im Nahen Osten, Saudi-Arabien, wissen. Einer dieser selbsternannten »Experten« für Russland, George Friedman von STRATFOR, schrieb in einem zusammenhangslosen, emotionsgeladenen, wahnhaften Artikel, der mit all den üblichen US-Propagandatropen über Russland gefüllt war – von Putins Stolz über Russlands Abhängigkeit vom Öl bis hin zu Oligarchen und Russlands bevorstehendem Zusammenbruch –, dass Russland der »weltweit größte Verlierer des Ölcrashs« sei.[100] Die Tatsache, dass solche »Experten« in den Vereinigten Staaten immer noch eine öffentliche Tribüne erhalten und als Experten behandelt werden, ist ein starkes Zeugnis für den Niedergang des professionellen Fachwissens in den Vereinigten Staaten, und zwar nicht nur in Bereichen, die von Natur aus anfällig für Betrug sind, wie etwa die Politikwissenschaft und der politische Kommentar, sondern auch in Bereichen, die tatsächlich ein gutes Gespür sowohl für die Realität »vor Ort« als auch ausreichende Fähigkeiten erfordern, um zumindest ein gewisses Verständnis der Materie zu haben.

Die Ölkrise von 2020 hat in der Tat jedem, der lernen wollte, eine Lehre erteilt. Selbst als einer der so genannten »Supermajors«, British Petroleum, einen Bericht veröffentlichte, in dem das Ende des unaufhaltsamen Wachstums der Ölnachfrage prognostiziert wurde, war die wichtigste Lektion nicht einmal die Verlaufskurve der Ölindustrie.[101]

Es war klar, dass die Abschaltung der westlichen Volkswirtschaften aufgrund einer Überreaktion auf die COVID-19-Pandemie die Struktur der Nachfrage verändern wird. Die wichtigste Lektion war, dass Russland absolut unempfindlich gegenüber dem Druck der USA war und die einzige wirklich energieunabhängige Nation der Welt darstellte. Russlands Energieunabhängigkeit beruhte auf einer Kombination aus militärischer und wirtschaftlicher Macht, die es Russland ermöglichte, seine wichtigsten wirtschaftlichen Ziele weiterzuverfolgen und sie im Laufe des Prozesses zu erhöhen. Russland tat dies ohne Rücksicht auf die Meinungen und Drohungen der damals scheinbar mächtigsten Akteure auf dem Ölmarkt, u. a. der Vereinigten Staaten und Saudi-Arabiens. Einige Beobachter in den Vereinigten Staaten zogen schließlich ihre Lehren daraus, wie einer von ihnen feststellte: »Jedem, der auch nur halbwegs bei Verstand ist, war klar, dass der letzte von den Saudis angezettelte Ölpreiskrieg für die Saudis in einem kläglichen Scheitern enden würde, genau wie die vorangegangenen Bemühungen von 2014 bis 2016 und aus genau denselben Gründen.«[102] Simon Watkins, der zu diesem Schluss kam, hatte zumindest das Recht, eine solche Schlussfolgerung zu verkünden; er hatte das Scheitern der Saudis bereits im März 2020 vorausgesagt, ganz zu Beginn der Ölkrise.

Realistischerweise war Watkins jedoch einer der wenigen, die vernünftig redeten, aber selbst solche seltenen Stimmen wie seine versäumten es weitgehend, den Ölpreiskrieg als eine primär russisch-amerikanische Angelegenheit zu identifizieren, bei der Saudi-Arabien lediglich Russlands Stellvertreter oder – in Übereinstimmung mit der amerikanischen Verschwörungstradition – der Mandschurische Kandidat für den globalen Ölmarkt ist. Natürlich gab es für Saudi-Arabien angesichts der fallenden Preise nur zwei Möglichkeiten: entweder sein Schicksal zu akzeptieren und von seinen Reserven zu leben, während das Haushaltsdefizit ständig steigt, oder etwas dagegen zu unternehmen. Indem Russland sich im Februar weigerte, die Produktion zu drosseln, zwang es die Saudis unter der Führung von Mohammad Bin Salman, eine Armada von mit Öl gefüllten Tankern loszuschicken, was den Ölpreis auf ein Niveau sinken ließ, das einen völligen Zusammenbruch der US-amerikanischen Fracking-Industrie auslösen würde. Wenn es jemals einen folgenreicheren Akt der Staatskunst in globalen Wirtschaftsangelegenheiten gegeben hat als den des Kremls, dann muss es ein Ereignis von der Größenordnung der OPEC-Gründung 1960 und des Ölembargos von 1973–74 durch eine arabische Variante der OPEC, die OAPEC, gewesen sein, das die Grundlagen der amerikanischen Wirtschaft erschütterte und die geopolitische Landschaft dramatisch neu definierte.

Für die amerikanischen Exzeptionalisten war die Vorstellung unerträglich, dass Russland die Vereinigten Staaten zwingen könnte, alles zu tun, was Russland zugutekäme, wie z.B. die Teilnahme an Ölförderkürzungen und einen Ölpreis, der Russland zufrieden stellte. Was die Sache noch schlimmer machte, war die Tatsache, dass Russland seine Gold- und Devisenreserven auf 600 Milliarden Dollar aufgestockt hat, während die US-Schieferölindustrie weiterhin massive Insolvenzen und radikale Verkleinerungen erlebte.[103] Eine weitere Demütigung kam hinzu, als China seine Öllager mit billigem Öl füllte und gleichzeitig ein umfangreiches Abkommen über eine strategische Partnerschaft mit dem Iran unterzeichnete, das Berichten zufolge 400 Milliarden Dollar wert ist und auch die Möglichkeit eines Militärpakts vorsieht, was massive geopolitische Auswirkungen auf die Vereinigten Staaten hat, die sowohl den Iran als auch China offen als Feinde betrachten.[104]

Das Ausmaß der geoökonomischen Niederlage Amerikas, die nicht durch die unablässige Propaganda der Spin-Doktoren verdeckt werden konnte, brachte eine sehr wichtige und grundlegende Wahrheit ans Licht: Die Ölindustrie und die Kohlenwasserstoffressourcen einer

Nation waren in geoökonomischen und geopolitischen Kämpfen nur dann am effektivsten, wenn sie unter der direkten Kontrolle einer nationalen Regierung standen, wie es in Russlands zunehmend gemischter Wirtschaft der Fall war. Die Kehrseite dieser Niederlage war die traditionelle amerikanische Ignoranz, wenn nicht gar eine lähmende Täuschung, in Bezug auf Russlands wirtschaftliche Angelegenheiten und die Rolle, die Kohlenwasserstoffe in Russlands Wirtschaft spielten. Während westliche Experten weiterhin den Mythos verbreiteten, Russland sei ausschließlich von den Einnahmen aus dem Erdöl- und Erdgasverkauf abhängig, sah die Realität ganz anders aus.

Wie im operativen Bericht des russischen Rechnungshofs vom August 2020 festgestellt wurde, machten die Haushaltseinnahmen Russlands aus dem Verkauf von Kohlenwasserstoffen in der ersten Jahreshälfte 2020 weniger als ein Drittel (29,3 %) der gesamten Haushaltseinnahmen aus und waren im Vergleich zum gleichen Zeitraum des Jahres 2019 um 13 % gesunken.[105] Offensichtlich hatte Russland irgendwie für ungebildete Beobachter, 70,7 % andere Einnahmen als Kohlenwasserstoffeinnahmen, um seine Wirtschaft am Laufen zu halten. Russland hat wieder einmal die Erwartungen westlicher Experten und »Analysten« übertroffen und hat, anstatt aufgrund der Verschlechterung seiner innenpolitischen und wirtschaftlichen Lage zu kollabieren, eine beschleunigte industrielle Entwicklung eingeleitet. Es war Obamas Version einer russischen Wirtschaft, die »in Trümmern liegt«, wieder einmal.

In diesem Stadium ist man gezwungen, die Kompetenz der amerikanischen Eliten in Frage zu stellen, deren Bilanz des völligen Versagens, irgendetwas auch nur annähernd richtig vorherzusagen, exponentiell wächst, und zwar nicht nur in Fragen der Vorhersage und des Verständnisses ausländischer Nationen, von denen die modernen US-Eliten schon immer sehr wenig, wenn überhaupt etwas, wussten.[106] Die Frage ist zunehmend, ob diese Eliten und Entscheidungsträger ihr eigenes Land überhaupt verstehen. Man kann das Ausbleiben einer Reaktion Russlands auf die angebliche Verschlechterung der Lage nur so lange mit »Putins Propaganda« erklären, bis diese »Erklärung« schal und müde und damit völlig unwirksam wird. Es geht darum, wie die Wirtschaft in Russland, im Iran, in China oder anderswo wirklich funktioniert – eine Lektion, die die amerikanischen Exzeptionalisten und Evangelikalen des »freien Marktes« aus ideologischen und politischen Gründen nicht lernen wollten oder, wie die erschreckende Schlussfolgerung unweigerlich nahelegt, einfach unfähig waren und sind zu lernen. Die Ölkrise gab die Antwort – es war eher das Letztere als das Erstere, und das hat massive geopolitische Auswirkungen.

*

Die COVID-19-Pandemie und die groben und möglicherweise absichtlich unverhältnismäßigen Reaktionen darauf in den USA und in Europa waren der Auslöser für den wirtschaftlichen Zusammenbruch und damit für die schwerste Ölkrise der Geschichte. Aber sowohl die Weltwirtschaft als auch die Ölnachfrage schrumpften schon lange vor dem Ausbruch der Pandemie. Das Problem war systemisch, und der Zusammenbruch war mit oder ohne Pandemie unvermeidlich. Es ist noch nicht geklärt, wie viel böswillige Absicht hinter den getroffenen Entscheidungen steckte, aber im Großen und Ganzen hat die Krise bewiesen, dass Kohlenwasserstoffe im Allgemeinen und Öl im Besonderen als Hauptantriebskraft der Weltwirtschaft in absehbarer Zeit nicht verschwinden werden. Der Bericht der U.S. Energy Information Administration vom September 2020 liest sich wie ein Urteil für die Anhänger der »grünen« Energieutopie:

> Fossile Brennstoffe, d.h. Energiequellen, die sich in der Erdkruste aus verrottetem organischem Material bilden, darunter Erdöl, Erdgas und Kohle, machen weiterhin den größten Anteil an der

> Energieerzeugung und dem Energieverbrauch in den Vereinigten Staaten aus. Im Jahr 2019 stammten 80 % der inländischen Energieerzeugung aus fossilen Brennstoffen und 80 % des inländischen Energieverbrauchs aus fossilen Brennstoffen.[107]

Es versteht sich von selbst, dass von den verbleibenden 20 %, die auf die nicht-fossile Energieerzeugung und den Verbrauch entfallen, die erneuerbaren Energien einen etwas größeren Anteil ausmachen als die Kernkraft. Unter diesen erneuerbaren Energieträgern übertrafen die traditionelle Wasserkraft und die Biomasse die Energieerzeugung durch die Basisenergien der Umweltschützer, Sonnen- und Windenergie, um mehr als das Doppelte, so dass der Anteil der politisch wichtigen, aber wirtschaftlich und technologisch fragwürdigen Energiequellen auf knapp unter 4 % der gesamten amerikanischen Energieproduktion sank.[108] Die Energietrends ließen die »grüne« Energieagenda gnadenlos außer Acht und ließen realistischerweise nur sehr wenige Optionen für das Wachstum der grünen Bewegung in den Vereinigten Staaten, einem ideologischen Auswuchs, der vor allem von der Demokratischen Partei unterstützt wird, wenn sie ein realistisches Wirtschaftsprogramm auf der Grundlage tatsächlicher, praktikabler und wirtschaftlich tragfähiger Technologien haben wollte, ohne die Grundlagen der modernen, vollständig energieabhängigen Zivilisation zu zerstören. Für die Vereinigten Staaten, deren »Romanze« mit dem Schieferöl und ihrem Status als Netto-Energieexporteur historisch gesehen recht kurzlebig war, hätte das wichtigste Beispiel eines durch die Ideologie des Kampfes gegen den Klimawandel ausgelösten vollständigen wirtschaftlichen Wahnsinns leicht in Europa gefunden werden können.

Das Problem des Klimawandels ist schon lange kein wissenschaftliches mehr, sondern ein moralischer Kreuzzug, der in den Vereinigten Staaten fälschlicherweise den »Linken« oder allgemein den Liberalen zugeschrieben wird. Natürlich verändert sich das Klima, aber der Kern des Problems ist die Frage, warum es sich verändert. Eine ganze Generation von Menschen im Westen ist inzwischen in dem Glauben aufgewachsen, dass der Klimawandel anthropogen, also vom Menschen verursacht ist. Diese Ansicht dominiert die westliche Klimawandelbranche und dient als neues Ablenkungsmanöver einer jahrzehntealten Bewegung gegen die sehr reale und in der Tat vom Menschen verursachte Umweltverschmutzung. Eines der klarsten Beispiele ist eben die Schieferölindustrie, in die sich die USA mit Vollgas gestürzt haben, und deren Verfahren des Fracking, das zur Vergiftung der Trinkwasserquellen führt und große unterirdische Hohlräume schafft, die die Infrastruktur und das Eigentum an der Oberfläche mit Erdbeben und Sachschäden bedrohen. Schließlich gibt es noch weitere Gesundheitsrisiken, die mit dieser oder auch mit herkömmlichen Fördermethoden verbunden sind. Dennoch gibt es keinen einzigen brauchbaren Beweis, abgesehen von immer unzuverlässigeren Modellen, dass die Aktivitäten der Menschheit den Klimawandel vorantreiben.

Wladimir Putin ist als russischer Präsident sicherlich kein Klimawissenschaftler, aber er wird sicherlich von einigen der besten Klima- und Umweltwissenschaftler der Welt beraten, und Putin gibt zu Protokoll: Der Klimawandel wird nicht vom Menschen verursacht.[109] Aber für den Westen im Allgemeinen und die Vereinigten Staaten im Besonderen, wo die Ansichten weitgehend ungebildeter Prominenter, eines halbgebildeten Schulmädchens aus Schweden oder von Menschen mit journalistischem Hintergrund, einem Euphemismus für einen Sprachabschluss, einen brauchbaren Meinungspool darstellen, ist jedes wirklich wissenschaftliche Gegenargument kein Grund zum Nachdenken. Aber das Schicksal Deutschlands und sein Energieselbstmord, indem es seine einst mächtige industrielle Wirtschaft auf dem Altar der Ignoranz und Inkompetenz für eine grüne Energiechimäre opferte, sollte allen als Warnung dienen.

Eine der erschreckendsten Statistiken für Deutschland ist die Tatsache, dass sich die deutsche Wirtschaft seit Jahren in einem Zustand der Lähmung oder des Niedergangs befindet. Bereits im August 2019 stotterte die deutsche Wirtschaft, wie es ein Beobachter ausdrückte, mehrere Monate in Folge, als das Niveau des verarbeitenden Gewerbes in Deutschland auf den niedrigsten Stand seit sechs Jahren fiel.[110] Im August 2020, also ein Jahr später, befand sich die deutsche Wirtschaft im freien Fall.[111] Der Zusammenhang zwischen Energie und Deutschlands wirtschaftlichem Niedergang mag für viele nicht sofort ersichtlich sein, aber es ist ein direkter Zusammenhang, denn Deutschlands Waren sind extrem energieabhängig und Energie, oder besser gesagt ihr Preis, ist der Hauptkostenfaktor, wodurch Deutschlands Waren, von Autos bis hin zu Konsumgütern, weniger wettbewerbsfähig sind als beispielsweise chinesische Waren, die sowohl niedrigere Arbeits- als auch, was am wichtigsten ist, niedrigere Energiekosten haben. Wie *Forbes* im September 2019 berichtete:

> Ein neuer Bericht des Beratungsunternehmens McKinsey kommt zu dem Schluss, dass die deutsche Energiewende eine erhebliche Bedrohung für die Wirtschaft und Energieversorgung des Landes darstellt. Eine der größten deutschen Zeitungen, *Die Welt*, fasst die Ergebnisse des McKinsey-Berichts in einem einzigen Wort zusammen: »katastrophal« … McKinsey warnt eindringlich vor der zunehmend unsicheren Energieversorgung Deutschlands aufgrund der starken Abhängigkeit von intermittierender Sonnen- und Windenergie. Im Juni 2019 stand das Stromnetz drei Tage lang kurz vor einem Blackout.[112]

Wer schon einmal während einer Hitzewelle, die in Deutschland oder Europa in den Sommermonaten keine Seltenheit ist, auf deutschen Flughäfen, wie z. B. in Frankfurt am Main, zwischengelandet ist, hat vor allem das Gefühl, sich in der Hitze völlig unwohl zu fühlen. Klimaanlagen sind einfach nicht erlaubt. Der Kontrast zwischen dem unmittelbaren Übergang zwischen einer kühlen und komfortablen Flugzeugkabine und dem Flughafen selbst kann bei solchem Wetter schockierend sein. Das menschliche Wohlbefinden und manchmal sogar die Gesundheit von Menschen mit Herz- und anderen Erkrankungen stehen in Deutschland weit hinter den »Umweltbelangen« zurück, da Klimaanlagen angeblich die Umwelt schädigen. Das macht die Sache besser, als wenn man den Kostenfaktor eingesteht. Im Dezember 2019 waren die Stromkosten für einen deutschen Durchschnittshaushalt mit 0,38 Dollar pro kWh (Kilowattstunde) nach den Bermudas die zweithöchsten der Welt. Zum Vergleich: In den Vereinigten Staaten kostete die gleiche kWh 0,14 USD und in Russland 0,06 USD.[113] Für Unternehmen lag der deutsche Preis für eine kWh bei 0,23 USD – der höchste unter den Industrienationen, mit den Vereinigten Staaten bei 0,11 USD. Russland lag bei 0,08 Dollar, China bei 0,10 Dollar.[114] Die Schlussfolgerung ist daher unvermeidlich. Angesichts der Tatsache, dass Deutschland die höchsten Energiekosten der Welt für eine entwickelte Industrienation hat, sehen die Aussichten für das Überleben Deutschlands als völlig unabhängige, wettbewerbsfähige, fortschrittliche Wirtschaft immer schlechter aus, wenn man nicht nur die deutsche Energiepolitik, sondern die der EU insgesamt betrachtet, was bei kompetenten Industrie- und Energiefachleuten ein Gefühl der Fassungslosigkeit hervorruft.

Aber fassungslos müssen sie nicht sein. Deutschlands Ansatz, oder besser gesagt Wahnsinn, in seinem Engagement für die falsche Prämisse der »Rettung des Planeten« ist ziemlich einfach:

> Fragen Sie fast jeden Wirtschaftswissenschaftler, und er wird Ihnen dasselbe sagen: Wenn man den Planeten vor einem unkontrollierten Klimawandel retten will, muss man Energie teuer machen. »Die Ökonomie enthält eine fundamentale Wahrheit über die Klimapolitik«, schrieb der Wirtschaftswissenschaftler William Nordhaus

> von der Yale University 2008, der für seine Arbeit 2018 den Nobelpreis erhielt. »Damit eine Politik wirksam zur Lösung der globalen Erwärmung beitragen kann, muss sie den Marktpreis für Kohlenstoff erhöhen, was wiederum die Marktpreise für fossile Brennstoffe und die Produkte fossiler Brennstoffe erhöht.« Es gibt verschiedene politische Maßnahmen, um Strom zu verteuern. Zum Beispiel kann man Kohlenstoffemissionen besteuern oder Vorschriften zur Luftverschmutzung erlassen. Der beliebteste Weg, Energie zu verteuern, ist jedoch das, was Deutschland getan hat, nämlich die Subventionierung von Solar- und Windenergie durch einen Aufschlag (oder eine Steuer) auf Strom. Aber solche Bemühungen werfen die Frage auf: Wenn Energie teuer gemacht werden muss, um die Emissionen zu reduzieren, warum erzeugt Frankreich weniger als ein Zehntel der Kohlenstoffemissionen von Deutschland zu fast der Hälfte der Kosten?[115]

Die Antwort auf diese Frage ist recht einfach: Frankreich produziert mehr als 72 % seines Stroms in Kernkraftwerken – ein absolutes Tabu in Deutschland, das seine fortschrittliche Kernenergieindustrie in den 2000er Jahren aus eigenem Antrieb aufgegeben hat, als Ergebnis der Politik, die von Deutschlands lautstarken und einflussreichen »Grünen« gefördert wurde, und nachdem der öffentliche Druck nach der Katastrophe im Kernkraftwerk Fukushima zunahm. Heute beginnt es sich zu rächen, und selbst Frankreich, das beim Anteil der in Kernkraftwerken erzeugten Energie weltweit führend ist, kann nicht an den utopischen Plänen der EU rütteln, bis 2050 »kohlenstoffneutral« zu werden. Diese Ziele wurden 2019 sowohl in Deutschland als auch in Frankreich gesetzlich verankert.[116] Auf dem Papier sehen die Ziele gut aus, und außerdem ist die Kernenergie ein vielversprechender Wegbereiter für neue, kohlenwasserstofffreie Energiequellen, allerdings nur unter einer Bedingung: Diese neuen Quellen müssen in der Lage sein, den Eckpfeiler der modernen Hochzivilisation – das Stromnetz – zu unterstützen. Weder Solar- noch Windenergie – von Generationen von Greta Thunberg-Anhängern vergöttert, von denen die meisten noch nie einen Tag in der realen Wirtschaft gearbeitet haben – sind in der Lage, die Spannungen und Frequenzen aufrechtzuerhalten, die für das Überleben und die Stabilität des Stromnetzes erforderlich sind. Auch die Frage der Speicherung der für die Aufrechterhaltung eines Netzes erforderlichen Energie ist nicht gelöst.

Das hält die europäischen und zunehmend radikalisierten amerikanischen Umweltschützer jedoch nicht davon ab, eine Agenda zu verfolgen, die die Grundlage der modernen menschlichen Zivilisation im Bereich der Energie untergräbt, die die Lebensbedingungen der Menschen insgesamt verbessert hat – vom Transport über den Überfluss an Nahrungsmitteln bis hin zum komfortablen Leben –, nämlich die Fähigkeit der Menschheit, Ressourcen zu gewinnen und in verschiedene Energieformen umzuwandeln. Bemerkenswerterweise stehen in Europa hinter den radikalsten umweltpolitischen Ideen Menschen, die absolut keinen Hintergrund in der Energiewirtschaft oder überhaupt in der Industrie haben. Im Jahr 2017 wurde das französische Umweltministerium, oder, wie es mit vollem Namen heißt, das Ministerium für den ökologischen Übergang, oder, wie es damals hieß, das Ministerium für den ökologischen und solidarischen Übergang, von Nicolas Hulot geleitet.

Hulot ist eine bemerkenswerte Figur in der europäischen Umweltbewegung, denn in seinem Lebenslauf finden sich alle möglichen politisch und ideologisch attraktiven Einträge, wie z. B. dass er Journalist und Umweltaktivist ist, aber es finden sich keine Einträge, die sich auf einen natur- oder ingenieurwissenschaftlichen Hintergrund beziehen, der für die Leitung dieses Ministeriums in einer Nation wie Frankreich als erforderlich angesehen werden könnte.[117] Es überrascht nicht, dass Hulot für den Ausstieg aus der Kernenergie war. Hulots Persönlichkeit und sein Mangel an ernsthaften Fähigkeiten, die für die Bewältigung der äußerst komplexen wirtschaftlichen und technologischen Fragen im Zusammenhang mit der Ökologie und ihrer Beziehung zu den technischen Erfordernissen der Infrastruktur erforderlich sind, sind lehrreich, aber keineswegs einzigartig für Europa. In ihrer Rede zur Lage der Europäischen Union hat die Präsidentin der Europäischen Kommission, Ursula von der Leyen, die Ökologie an die erste Stelle gesetzt und sogar noch strengere Beschränkungen für die Nutzung von Kohlenwasserstoffen vorgeschlagen.[118] Leyen, von Hause aus Gynäkologin und Kinderpflegerin, von Beruf Politbürokratin, ist vor allem durch ihre desaströse Amtszeit als deutsche Verteidigungsministerin bekannt.[119] In der westlichen Welt, in der fachliche und menschliche Qualitäten auf dem Altar der politischen Korrektheit, der Medienauftritte und der faktischen Korruption in den höchsten politischen Rängen geopfert wurden, ist das Überleben und sogar das Gedeihen pseudowissenschaftlicher, wirtschaftlicher Gesetze und sich über den gesunden Menschenverstand hinwegsetzender Ideologien, wie z. B. des radikalen Umweltschutzes, nicht nur vorhersehbar, sondern unvermeidlich. Die Dinge werden in Europa noch viel schlimmer werden, und sie werden vielleicht nie wieder besser werden.

Die Vereinigten Staaten sind jedoch nicht in der Lage, sich zu freuen. Die amerikanische Meritokratie ist tot und wird höchstwahrscheinlich nie mehr zurückkehren, wie die Ereignisse der letzten Jahre so deutlich gezeigt haben. Dennoch haben die Vereinigten Staaten, zumindest im Moment, einen entscheidenden Vorteil gegenüber Europa, das von den Vereinigten Staaten sowohl von innen als auch von außen aufgefressen werden wird – wenn die USA als geeinte Nation überleben. Wenn es den USA gelingt, die Nord-Stream-2-Gaspipeline von Russland nach Deutschland zu sabotieren, könnten sie Europa dazu zwingen, den letzten Strohhalm in Europas aussichtslosem

Kampf gegen Energiemangel und wirtschaftliche Zahlungsunfähigkeit aufzugeben, der durch seinen Umweltfundamentalismus noch verschlimmert wird. Dies könnte der größte geoökonomische Triumph der Vereinigten Staaten werden, auch wenn er nur von kurzer Dauer ist, da die USA damit zwei Fliegen mit einer Klappe schlagen können: Sie zwingen Europa, ihre viel teureren Kohlenwasserstoffe, einschließlich verflüssigtem Erdgas (LNG), zu kaufen, wodurch die Wettbewerbsfähigkeit der europäischen Waren, die sich ohnehin schon kaum über Wasser halten können, weiter sinkt, und sie geben allen anderen Produkten aus amerikanischer Produktion, die für den Export nach Europa in Frage kommen, Auftrieb, außer Energie und Waffen.

Darum geht es heute, und das Schicksal Europas ist für die Vereinigten Staaten, die natürlich alles tun werden, um zu überleben, zweitrangig, wenn nicht sogar drittrangig. Wenn das auf Kosten Europas geht, dann soll es so sein. Es werden bereits alle Mittel eingesetzt, um die europäischen Bemühungen um erschwingliche Energie zu sabotieren, von Operationen unter falscher Flagge (z. B. die »Vergiftung« des russischen »Oppositionsführers« Alexej Nawalny, an der möglicherweise britische Spezialdienste beteiligt waren) über Erpressungs- und Unterwanderungskampagnen gegen die wenigen verbliebenen Personen in der europäischen Politik, die noch nicht einer ideologischen Gehirnwäsche erlegen sind, bis hin zu »Zwei-Minuten-Hass«-Sitzungen gegen den technologischen und wirtschaftlichen Sinn, der in Europa mit erstaunlicher Geschwindigkeit schwindet.[120] Die Russen haben diese Entwicklungen vorausgesehen. Nach den offenkundig falschen Erklärungen Deutschlands zu Nawalnys »Vergiftung« wandte sich der russische Außenminister Sergej Lawrow in einer für die russische Diplomatie beispiellos harten Sprache an die EU im Allgemeinen und an Deutschland im Besonderen und erläuterte die Absichten Russlands wie folgt:

> Mit anderen Worten, wir wollen uns alle Möglichkeiten offen halten, wenn die EU auf ihren negativen, destruktiven Positionen verharrt, um von ihren Launen unabhängig zu sein und unsere eigene autonome Entwicklung zu gewährleisten, sowie in Partnerschaft mit denen, die bereit sind, auf gleicher Basis und in gegenseitigem Respekt zusammenzuarbeiten.[121]

Lawrows Äußerung kam einem Ultimatum des Kremls an Deutschland gleich – sich zu entscheiden, was Deutschland wirklich will, nämlich eine zuverlässige Energieversorgung, die seiner Wirtschaft eine Chance gibt, oder sich den amerikanischen Forderungen endgültig und unwiderruflich zu beugen und sein Vasallentum zu formalisieren, was Deutschland letztlich zu einem Dritte-Welt-Land mit veralteten und insolventen Industrien machen würde, die der chinesischen, amerikanischen und sogar russischen Konkurrenz zum Opfer fallen. Schließlich ist es nicht die Aufgabe Russlands, seine Interessen für Deutschland zu opfern. Letztendlich lässt ein kurzer Blick auf die politische Machtelite der EU und ihre Inkompetenz und Feigheit kaum Zweifel daran, dass die Tage der EU gezählt sind. Einige Menschen in den Vereinigten Staaten haben das verstanden und arbeiten unermüdlich auf dieses Ziel hin, obwohl die Inkompetenz und das Fehlverhalten der amerikanischen Eliten manchmal alle vernünftigen Erwartungen übertreffen.

Die russische Botschaft enthielt jedoch einen sehr ernsten und fast ausdrücklich genannten Punkt. Während die Vereinigten Staaten alles daransetzen, Nord Stream 2 zu sabotieren, bleibt die geoökonomische und geopolitische Realität unverändert. Wie einer der angesehensten und scharfsinnigsten geopolitischen Analysten Russlands, Rostislav Ishenko, feststellte: »Für Russland ist die Einstellung des Nord Stream 2-Projekts lediglich eine Unannehmlichkeit, für Deutschland eine Katastrophe«[122] Auch Russlands sprichwörtliche Geduld hat ihre Grenzen, aber Russland verfügt im Gegensatz zur EU und letztlich auch im Gegensatz zu den Vereinigten Staaten über den Luxus von Energie und Zeit sowie über eine weitaus größeren Grad von Freiheit. Ironischerweise liegen all dem Russlands enorme natürliche Ressourcen, insbesondere Energie, zugrunde, die genutzt wurden, um Russland aus dem Trott der neoliberalen Wirtschaft und selbstmörderischer radikaler Ideologien herauszuholen.

5. DINGE HERSTELLEN

Wie die Realwirtschaft funktioniert

Michael Hudson ist nicht der einzige prominente westliche Wirtschaftsexperte, der immer wieder vor den Mühen und letztlich vor dem unvermeidlichen schmerzhaften Ende des Finanzkapitalismus warnt. Und nicht alle amerikanischen und westlichen Eliten verleugnen die Tatsache, dass eine inhärente Tendenz am Werk ist, die viel tiefgreifender und gefährlicher ist als die bloßen Wirtschaftszyklen des Kapitalismus, die die beispiellosen wirtschaftlichen und politischen Krisen des modernen Kapitalismus vorantreibt. Der republikanische Senator aus Florida, Marco Rubio, ist ein sehr unerwarteter, wenn auch nicht bestätigender, so doch zumindest nicht leugnender Vertreter von Hudsons Ansicht, dass der moderne Zustand der amerikanischen Wirtschaft einem finanziellen »Parasiten« ähnelt, der seinen Wirt tötet. Während Rubio nach eigenem Eingeständnis ein unerschrockener Anhänger des amerikanischen Exzeptionalismus war – genau die Krankheit, die Amerikas rasanten Niedergang vorantreibt –, war er gezwungen, seine Ansichten zu überdenken, nachdem er seine (erfolglose) Präsidentschaftskampagne geführt und erfahren hatte, dass viele Amerikaner seine »exzeptionalistischen« Ansichten über ihr Land nicht teilten.[123]

In den Pausen zwischen seinen traditionellen Anti-China-Prophezeiungen und seiner Naivität in Bezug auf den Zusammenhang zwischen Produktionskapazitäten und Innovation zeigte sich Rubio überraschend offen, als er über den Zustand der realen – d. h. produktiven – Wirtschaft in den Vereinigten Staaten sprach, und gewährte einen Einblick, wie einige auf höchster politischer Ebene die Realwirtschaft und die Grundlage der nationalen Sicherheit sehen und verstehen:

> Die amerikanischen Politiker müssen eine Politik verfolgen, die unsere Wirtschaft produktiver macht, indem sie den kritischen Wert bestimmter, hochproduktiver Industriesektoren erkennen und Investitionen in diese anregen. Branchen wie Luft- und Raumfahrt, Schienenverkehr, Elektronik, Telekommunikation und landwirtschaftliche Maschinen – im Wesentlichen dieselben Branchen, die China mit seiner Initiative Made in China 2025 zu dominieren versucht – schaffen Möglichkeiten für menschenwürdige Arbeit und sind für das nationale Interesse von entscheidender Bedeutung … Arbeitsplätze in Sektoren der »physischen Wirtschaft« wie der fortgeschrittenen Fertigung waren in der Vergangenheit hochproduktiv, weil sie greifbare Produkte herstellen …[124]

Es war eine ziemlich verblüffende Aussage, einschließlich Rubios Bestürzung über die Rolle des Finanzsektors und der Wall Street, die von einem Mitglied einer politischen Partei kam, die nicht nur ein Synonym für die Präsenz der Wall Street in der amerikanischen Politik ist, sondern historisch gesehen als Inkubator für die Entwicklung und Aufrechterhaltung einer Politik diente, die eine historisch beispiellose Verlagerung amerikanischer Industrien nach China zur Folge hatte und damit das Entstehen von Amerikas wirtschaftlichem und letztlich geopolitischem Rivalen erheblich beschleunigte. Die Republikaner, die stets von den Tugenden der Freihandelsorthodoxie und der neoliberalen Politik überzeugt waren, spielten eine direkte Rolle bei Chinas Wirtschaftswunder, als sie im Mai 2000[125] den Großteil der Stimmen für die *House Resolution 4444 China Trade Bill* aufbrachten. Die GOP scheute auch nicht davor zurück, die Abstimmung im Senat am 19. September 2000[126] mit überwältigender Mehrheit passieren zu lassen. Während Chinas Weg in die Welthandelsorganisation (WTO) de facto unter dem demokratischen Präsidenten Clinton abgeschlossen wurde, wurde der Beitritt bereits am 11. Dezember 2001 während der Präsidentschaft von George W. Bush formalisiert.[127]

In einer der zutiefst geistlosen und ignoranten Äußerungen der amerikanischen Außen- und Wirtschaftspolitik verkündete Bill Clinton, dass:

> Heute hat das Repräsentantenhaus einen historischen Schritt hin zu anhaltendem Wohlstand in Amerika, Reformen in China und Frieden in der Welt getan. Wenn der Senat so abstimmt, wie es das Repräsentantenhaus soeben getan hat, um die normalen Handelsbeziehungen mit China auf Dauer zu verlängern, werden sich für Amerika neue Türen für den Handel und für China neue Hoffnungen auf Veränderungen öffnen. Als ich vor sieben Jahren Präsident wurde, habe ich einen neuen Kurs für eine neue Wirtschaft eingeschlagen – einen Kurs der Haushaltsdisziplin, der Investitionen in unsere Menschen und des offenen Handels. Ich habe immer daran geglaubt, dass die Öffnung der Märkte im Ausland auch Chancen im eigenen Land eröffnet. Wir haben seit 1993 hart daran gearbeitet, dieses Ziel eines offeneren und gerechteren Handels voranzutreiben, bis hin zu den bahnbrechenden Gesetzen, die ich vor wenigen Tagen unterzeichnet habe, um den Handel mit Afrika und dem karibischen Becken auszuweiten.[128]

In ihrer schieren Falschheit und ihrem unerträglichen Pathos erbärmlich, ist sie das wirtschaftliche Äquivalent zu Chamberlains Proklamation »Frieden in unserer Zeit« von 1938, nachdem er in München die Kapitulation vor Hitler unterzeichnet hatte – Clintons Erklärung hat selbst diejenigen aufgerüttelt, die den wirtschaftlichen Angelegenheiten der Vereinigten Staaten sonst keine große Aufmerksamkeit schenken. Amerikas Gewerkschaften waren sicherlich nicht darüber erfreut, dass er die Tür dafür öffnete, dass amerikanische Arbeitsplätze ins Ausland verlagert werden. Doch noch 2012 hatten zwei Drittel der Amerikaner eine positive Meinung von Bill Clinton, obwohl selbst die liberale *Huffington Post* ihn als *outsourcerer-in-chief* bezeichnete.[129] Auch China war nicht verärgert; warum sollte es auch? Sowohl NAFTA als auch Chinas Beitritt zur WTO wirkten wie ein gewaltiger Staubsauger, der den amerikanischen Industrien das Leben aussaugte, und dabei handelte es sich natürlich nicht um die »Industrien« des Bankwesens oder der Finanzberatung, die ins Ausland verlagert wurden. Die amerikanische Industrie begann, ihre eigenen Küsten zu verlassen. Und selbst das Council on Foreign Relations, dessen zahlreiche Prognosen eine ernsthafte zweite Meinung erfordern, fasste ziemlich genau das Ausmaß zusammen, in dem China von seinem amerikanisch motivierten WTO-Beitritt profitiert hat. Während die US-Realwirtschaft ihren langen Sturzflug in die Vergessenheit begann, wuchs Chinas Wirtschaft seit 2001 um das Achtfache und ermöglichte es China, eine beispiellose Zahl von 400 Millionen Bürgern aus der Armut zu befreien.[130] Während der chinesische Erfolg erstaunlich war, waren die amerikanischen Vorteile sehr bescheiden, und das ist höflich ausgedrückt.

Der bemerkenswerteste Aspekt des ganzen Vorgangs ist die Tatsache, dass China realistischerweise nicht für Amerikas wirtschaftlichen Selbstmord verantwortlich gemacht werden kann, das auf der Grundlage seiner abstrakten Wirtschaftstheorien die Fragen der realen nationalen Macht, wie sie in der ersten Hälfte des 20. Jahrhunderts durch die beiden Weltkriege entstanden waren, vollständig leugnete. China nahm an, was angeboten wurde; das Angebot machte China de facto zum wichtigsten Zentrum der Konsumgüterproduktion der Welt. Das Angebot war zu gut, um es abzulehnen, und es machte eine Anspielung auf den berühmten Einzeiler wahr, der fälschlicherweise einer Vielzahl von namhaften Marxisten, von Lenin bis Marx selbst, zugeschrieben wird, dass der Kapitalist den Strick verkaufen wird, an dem er gehängt wird. Ungeachtet der Zuschreibung dieses Einzeilers beschreibt er den gesamten Beitritt Chinas zur WTO sehr gut. Die Vereinigten Staaten haben China die Fähigkeit gegeben, Dinge herzustellen, die einzige Fähigkeit, die in der realen Welt von Bedeutung ist, denn bei der Herstellung von Dingen werden wirklicher Wohlstand und Wert geschaffen. Marco Rubio hatte offensichtlich diese wirtschaftliche Erleuchtung im Jahr 2020, als er zu dem Schluss kam: »… ob es sich um eine Solaranlage in der Erdumlaufbahn, ein Elektrofahrzeug oder ein Haus handelt … ihr Wert wird nach der Nutzung nicht sofort gemindert oder auf Null reduziert, sondern bleibt bestehen und vervielfacht sich.«[131]

Diese einfache wirtschaftliche Formel hätte von Anfang an als eine Art Messlatte für die Realität von Winston Smith dienen sollen: »Freiheit ist die Freiheit zu sagen, dass zwei plus zwei vier ergibt. Wenn das gewährt wird, folgt alles andere daraus.«[132] Aber so war es nicht. Das gesamte Konzept der Rolle und des Stellenwerts des verarbeitenden Gewerbes als solches in der Gesamtwirtschaft wurde dekonstruiert, und zwar von Amerikas politischen, finanziellen, kulturellen und bildungspolitischen Eliten, von denen die meisten noch nie einen Tag in einem Produktionsbetrieb gearbeitet haben und eher als Büroplankton zu bezeichnen wären. Die Versuche in den Vereinigten Staaten, die Männer und Frauen der produktiven Industrien zu loben, sind rar gesät, und selbst solche filmischen Perlen wie John Wells' 2010 entstandener, wirklich sozial bewusster Film *The Company Men* hatte nur einen sehr mäßigen Erfolg, er erhielt bei IMDB eine bescheidene Note von 6,7, während das Publikum bei Rotten Tomatoes diesem ausgezeichneten Film miserable 55 % gab. Der Konsens auf der Website lautet: »Es mag den meisten Zuschauern schwer fallen, sich mit den wohlhabenden Protagonisten von *The Company Men* zu identifizieren, aber Autor/Regisseur John Wells nutzt ihre Lage, um allgemein gültige Aussagen zu treffen und holt das Beste aus seiner hervorragenden Besetzung heraus.«[133]

Es besteht kaum ein Zweifel daran, dass sich nur wenige Amerikaner mit dem von Ben Affleck gespielten Protagonisten des Films identifizieren können. Schließlich ist der Besitz eines neuen Porsche-Sportwagens und die Mitgliedschaft in einem Elite-Golfclub für die meisten Amerikaner unerschwinglich. Aber hier geht es nicht um die fehlende Identifikation mit den Rollen der Schwergewichte Ben Affleck und Tommy Lee Jones, sondern um Arbeit in einer produktiven Funktion, um Menschen, die produktive Arbeit verrichten und mit denen sich viele Amerikaner noch Anfang 2000 identifizieren konnten. Aber diese Zeit ist vorbei. Stattdessen entspricht die verwöhnte Nichte von George Lopez, Veronica, brillant gespielt von der talentierten Aimee Garcia, eher der heutigen Zuschauerperspektive – Veronica, die schon bei der Erwähnung der Arbeit in George Lopez' Flugzeugteile-Firma zusammenzuckt, obwohl es sich um einen Job im Büro und nicht in der Produktion handelt.[134] Mit Aimee Garcias Figur in diesem Film können sich sehr viele Menschen im modernen Amerika leicht identifizieren, auch Erwachsene. Die fiktive Veronica kommt bei vielen gut an, obwohl sie unausstehlich und verwöhnt ist. Im modernen Amerika genießen die Fertigungsberufe kein hohes Ansehen, und die Fakten und Zahlen sprechen Bände. Der behördenübergreifende Bericht an Donald Trump aus dem Jahr 2018 hat das Problem unmissverständlich aufgezeigt:

> Zu den größten Herausforderungen im verarbeitenden Gewerbe gehören die Rekrutierung und Bindung von Mitarbeitern. In einer kürzlich vom Manufacturing Institute und Deloitte durchgeführten Studie zum Fachkräftemangel im verarbeitenden Gewerbe gab nur ein Drittel der Befragten an, dass sie ihre Kinder ermutigen würden, eine Karriere im verarbeitenden Gewerbe zu verfolgen. Die Befragten der Generation Y (19–33 Jahre) nannten die verarbeitende Industrie als ihr am wenigsten bevorzugtes Berufsziel. Doch ist ein Bewerber erst einmal eingestellt, geht der Kampf wei-

> ter. 79 % der befragten Führungskräfte gaben an, dass es mäßig bis extrem schwierig ist, Kandidaten zu finden, die das Screening und/oder die Probezeit bestehen, so dass ihnen Mitarbeiter bleiben, die nicht in der Lage sind, die Arbeit auszuführen, für die sie eingestellt wurden. Während die Gesamtzahl der Bachelor-Abschlüsse in den USA in den letzten zwei Jahrzehnten stetig gestiegen ist, ist die Zahl der in den USA verliehenen MINT-Abschlüsse im Vergleich zu China immer noch sehr gering. Hinzu kommt, dass in den USA immer mehr Studenten mit befristeten Visa studieren, von denen viele nicht die für die Arbeit im Verteidigungsbereich erforderlichen Sicherheitsgenehmigungen erhalten. Das Wachstum bei den fortgeschrittenen wissenschaftlichen und technischen Abschlüssen zeigt, dass die USA die meisten Doktoranden aller Länder hervorgebracht haben, aber 37 % wurden von Inhabern befristeter Visa erworben, wobei sogar 25 % der MINT-Absolventen in den USA chinesische Staatsangehörige sind.[135]

Für die USA, deren wichtigster wirtschaftlicher Rivale China ist, ist das Problem des unzureichenden Zugangs zu qualifizierten wissenschaftlichen und technischen Fachkräften schon schlimm genug, aber Russland, dessen Bevölkerung mehr als halb so groß ist wie die der Vereinigten Staaten, hat 2017 fast genau so viele MINT-Absolventen hervorgebracht wie die Vereinigten Staaten: 561.000 gegenüber 568.000.[136] Das bedeutet, dass Russland pro Kopf mehr als doppelt so viele MINT-Absolventen hervorbringt wie die Vereinigten Staaten. Darüber hinaus ist die Mehrheit der russischen MINT-Absolventen Russen oder russische Staatsbürger, obwohl Russland Programme für ausländische Studenten in MINT entwickelt hat. Mit anderen Worten: Die meisten von ihnen bleiben in Russland. Dies ist in den USA nicht der Fall, wo mehr als ein Drittel keine US-Bürger sind. Es ist eine aufschlussreiche Statistik, die einen Einblick in einen der grundlegendsten kulturellen Faktoren für den wirtschaftlichen und industriellen Niedergang Amerikas gibt, denn MINT-Abschlüsse sind bei weitem nicht das, was viele mit diesem Begriff assoziieren – Computerprogrammierung. Vielmehr liefern diese Abschlüsse hochqualifizierte Ingenieurkader für moderne Industrien, die von der Lebensmittelverarbeitung über die Holzindustrie, das Transportwesen, die Energiewirtschaft, die Luft- und Raumfahrt bis hin zum Schiffbau und dem Bauwesen reichen. Wie die Figur von Ciaran Hinds der Figur von Frances McDormand in dem heiteren Hollywood-Streifen *Miss Pettigrew Lives for a Day* sagt: »In einer Herrensocke steckt eine Menge Technik, das können Sie mir glauben. In den Nähten der Ferse. Im Vergleich dazu ist es ein Kinderspiel, einen Büstenhalter zu entwerfen. Nicht, dass es keine Kompensationen gäbe.«[137]

Irgendwie ist die Botschaft, dass selbst einfache Dinge wie Socken, ganz zu schweigen von komplexeren Dingen wie Lokomotiven oder Autos, einen ständigen Zustrom von Arbeitskräften aus dem Ingenieurwesen und der Fertigung erfordern, um das Know-how in der Fertigung zu erhalten, in den heutigen Vereinigten Staaten verloren gegangen. Ein MINT-Studium ist anstrengend, und die Arbeit in der Fertigung kann manchmal körperlich anstrengend sein. Sie erfordert auch ein hohes Maß an grundlegenden mathematischen und naturwissenschaftlichen Fähigkeiten und Aufmerksamkeit sowie die Einhaltung strenger Anforderungen an die Sicherheit am Arbeitsplatz und das Qualitätsmanagement. Die Produktion ist sicherlich kein Ort, an dem man »frei denken« oder unter dem Einfluss von Drogen oder Alkohol stehen sollte. Für sehr viele moderne amerikanische Absolventen öffentlicher Schulen, in denen die Themen Highschool-Football, Homecoming- und Abschlussbälle, Selbstdarstellung und viele andere natürliche Probleme das Denken der Teenager beherrschen, könnte der Übergang zu den strengen Berufsfeldern in der Fertigung oder zu MINT-Programmen ein Kulturschock sein, der durch das vorangegangene freizügige Schulumfeld noch verschärft wird und dazu führt, dass Amerikas Bildungsstandards im Bereich MINT im Sinkflug sind, während sich eine bedrückende Indoktrination der politischen Korrektheit als Hauptfach in der Schule und im Studium vieler Colleges und Universitäten etabliert.

In der zeitgenössischen amerikanischen Kultur, die von schlechtem Geschmack und minderwertiger ideologischer, Agenda-gesteuerter Kunst und Unterhaltung beherrscht wird, ist der Beruf des Modedesigners, des Discjockeys oder des Psychologen ein weitaus attraktiveres Karriereziel, insbesondere für die städtische und College-Bevölkerung Amerikas, als die Arbeit als CNC-Bediener oder Mechaniker am Fließband. Solche Berufe, vom Elektriker bis zum Laboranten und vielen anderen, sind nicht glamourös und erfordern Disziplin, Konzentration und tatsächliche wissensbasierte Fähigkeiten, die nicht leicht zu erlangen sind. Die Herstellung materieller Dinge erfordert die Fähigkeit, viele Regeln zu befolgen – eine Eigenschaft, die in den Vereinigten Staaten täglich von der Gegenseite diskreditiert wird, wobei das Brechen von Regeln als Tugend gepriesen wird. Aus der Berichterstattung der Mainstream-Medien geht hervor, dass jede Art von Rebellion als moralisch und gerechtfertigt angesehen wird, und dass sogar das Loben von Mord im neuen politischen und kulturellen »Normalzustand« Amerikas nicht mehr schockierend ist – was überraschenderweise in einem Artikel des *Law Enforcement Journal* von Jenna Curren mit dem Titel »Tough luck, don't be a Trump Supporter in Portland« (Pech gehabt, sei kein Trump-Unterstützer in Portland) zum Ausdruck kommt – ein weiteres Zeichen dafür, dass sich die Vereinigten Staaten in Richtung des kruden kulturellen und politischen Verhaltens in Drittweltländern bewegen.[138] Ein solches Umfeld ist nicht förderlich für die Entstehung sozialer Bestrebungen, die produktiver und kreativer Arbeit zugrunde liegen. Die Zeiten von *Rosie the Riveter* (weibliche Propagandafigur aus WK 2, *d. Übers*) oder von Uncle Sam, der seinen Fabrikhut vor den

Silhouetten der amerikanischen Industrieanlagen aufsetzte, sind längst vorbei – ebenso wie ihre gut bezahlten Arbeitsplätze. Amerikas massive Deindustrialisierung förderte in der Tat seine massive Infantilisierung im Bildungsbereich, und das politische und kulturelle Verderben folgte.

Natürlich könnte man eine ganze Abhandlung darüber schreiben, wie sich die vorherrschenden kulturellen Archetypen Amerikas, zugegebenermaßen von der Propaganda vorangetrieben, von der bemerkenswert entschlossenen, aber immer noch weiblichen Rosie the Riveter und dem maskulinen Image Uncle Sams zu solchen wandelten, die den dekadenten Erscheinungsformen der Weimarer Republik würdig waren, wie sie in Bob Fosses *Cabaret* gut eingefangen wurden. Letztlich ist Amerikas kultureller und politischer Niedergang eine direkte Folge seiner rapide schwindenden Fähigkeit, Dinge zu produzieren, die wichtig sind und die die Amerikaner brauchen.

*

Anatol Lieven hat in einem Artikel mit dem symptomatischen Titel *How the West Lost* (Wie der Westen verlor) die schlimme wirtschaftliche Lage des Westens gegenüber China richtig eingeschätzt:

> »Eine der bösartigsten Auswirkungen des westlichen Sieges in den Jahren 1989–91 bestand darin, dass die Kritik an dem bereits zutiefst mangelhaften westlichen Sozial- und Wirtschaftsmodell übertönt oder marginalisiert wurde. Im Wettbewerb mit der UdSSR war es vor allem die sichtbare Überlegenheit des westlichen Modells, die den Sowjetkommunismus schließlich von innen heraus zerstörte. Heute ist die Überlegenheit des westlichen Modells gegenüber dem chinesischen Modell nicht annähernd so offensichtlich für den Großteil der Weltbevölkerung, und der Sieg im Wettbewerb mit China wird von erfolgreichen westlichen Reformen im eigenen Land abhängen.«[139]

Trotz seiner illustren akademischen Karriere im Westen zeigt Lieven weiterhin eine fragmentierte Mentalität, wenn er von größeren Abstraktionen und Verallgemeinerungen zu Einzelheiten übergeht, die, wie man so schön sagt, genau diesen Teufel im Detail enthalten, den jeder zu vermeiden versucht. Man könnte es von einem promovierten Politikwissenschaftler erwarten, aber selbst wenn er die Dinge in Bezug auf die tatsächliche Wirtschaft falsch einschätzt, macht Lieven doch die entscheidende Feststellung, dass:

> »Der westliche Triumph und das westliche Scheitern waren eng miteinander verwoben. Die Tatsache, dass der westliche Sieg so vollständig war, verschleierte seine Natur und legitimierte die gesamte westliche Politik jener Zeit, einschließlich der, die nichts mit dem Sieg über die UdSSR zu tun hatte, und der, die sich als absolut katastrophal erwies.«[140]

Lieven hat letztlich Recht, wenn er versucht, den heutigen erbärmlichen Zustand des Westens im Allgemeinen und der Vereinigten Staaten im Besonderen auf das Ergebnis des Kalten Krieges zurückzuführen. Um den heutigen Zustand zu verstehen, muss man sogar noch weiter zurückblicken, nämlich bis zum Zweiten Weltkrieg. Die Ergebnisse und Anstrengungen der alliierten Mächte beim Sieg über den deutschen Nationalsozialismus und den japanischen Imperialismus wurden im Westen grob fehlinterpretiert, der daraus die falschen Lehren zog und nach dem Ende des Kalten Krieges zwangsläufig, wie Alexander Zevin es ausdrückt, »die neoliberale Dynamik beim *Economist* ankurbelte und ihr einen fast providentiellen Stempel aufdrückte.«[141]

Der Neoliberalismus und seine Orthodoxie des freien Marktes und der Deregulierung führten unweigerlich zur Finanzialisierung und zur Auslagerung von Industrien aus dem modernen Westen, wobei die Vereinigten Staaten das Paradebeispiel für die bitteren

Früchte der Deindustrialisierung und des Triumphs des Finanzsektors und der FIRE-Wirtschaft im Allgemeinen auf Kosten einer produktiven Erwerbsbevölkerung sind, die aufgrund der technischen Innovation bereits schrumpfte. Eines der verblüffendsten Zeugnisse für die katastrophale Aushöhlung der amerikanischen Wirtschaft durch einen finanziellen »Parasiten«, wie es Michael Hudson ausdrückt, wird von Tyler Durden bei der Diskussion der Schlussfolgerungen des Bank of America Research Investment Committee hervorgehoben:

> Wie die BofA anmerkt, sollten sich die Anleger darüber im Klaren sein, dass der traditionelle Buchwert (Aktiva minus Passiva) viele der Ressourcen ignoriert, die für Unternehmen heute am wichtigsten sind. Dies bedeutet, dass Marktführer – wie z. B. Unternehmenssoftwarefirmen – Cashflows in einer Weise generieren, die von herkömmlichen Bewertungskennzahlen nicht ohne weiteres erfasst werden. Gleichzeitig werden die von einem Unternehmen durchgeführten Forschungs- und Entwicklungsarbeiten nur als Kosten verbucht, und Investitionen in die Fähigkeiten der Mitarbeiter wurden bisher nur als Verwaltungskosten verbucht. Aber, so fragt die BofA, was ist für ein Unternehmen wie Google intuitiv wertvoller: die physischen Gebäude und die Netzwerkserver darin oder die immateriellen Algorithmen, die auf diesen Servern laufen? Mit anderen Worten: Während der traditionelle Buchwert in einer Wirtschaft, die aus Fabriken, Bauernhöfen und Einkaufszentren besteht, Sinn macht, ist er in einer Wirtschaft, die von immateriellen Werten wie Patenten, Lizenzvereinbarungen, geschützten Daten, Markenwert und Netzwerkeffekten bestimmt wird, zunehmend irrelevant. Und die Pointe: Von nur 17 % im Jahr 1975 ist der Gesamtwert der immateriellen Vermögenswerte von Unternehmen auf über 20 Billionen Dollar gestiegen, was einen Rekordwert von 84 % aller S&P-Vermögenswerte darstellt![142]

Wie bereits von einer Reihe von Beobachtern festgestellt wurde, ist die »Bewertung« der amerikanischen Wirtschaft im Allgemeinen ein Betrug. Die postindustrielle Wirtschaft ist ein Hirngespinst der Finanz-»Strategen« der Wall Street und ein Deckmantel dafür, dass sie die produktiven Industrien, die die Hauptantriebskräfte der Zivilisation sind, aus ihren Heimatländern entfernt haben und dann ihre eigene Wirtschaft anhand des BSP oder des BIP, einer Summe der Preise aller Produkte und Dienstleistungen, von denen viele oberflächlich sind, als Maß für die Wirtschaftskraft bewerten. Die Realität ist jedoch, dass die Wirtschaft der Vereinigten Staaten schon seit langem nicht mehr die Nummer eins in der Welt ist und tatsächlich an Wert einbüßt. Mit anderen Worten, die Größe der amerikanischen Wirtschaft ist nicht annähernd so groß wie ihr erklärter »Wert« und schrumpft vor dem Hintergrund einer durch Covid-19 ausgelösten wirtschaftlichen Implosion sogar noch mehr. Wie ich 2019 schrieb, ist bei der mathematischen Dekonstruktion der von den USA inspirierten Modelle zum Status der Nationen der Einfluss Chinas viel größer als der der USA.

> Diese Schlussfolgerung ergibt sich auch aus der Tatsache, dass das tatsächliche amerikanische BIP vor allem aus unproduktiven Sektoren wie Finanzen und Dienstleistungen besteht, die als FIRE-Wirtschaft bekannt sind. Dies erklärt das konstante Muster des in den letzten Jahren ständig steigenden Gesamthandelsdefizits der Vereinigten Staaten. Das bedeutet mit anderen Worten, dass die tatsächliche Größe der amerikanischen Wirtschaft stark aufgebläht ist, was aus einer Reihe von Gründen geschieht, die in erster Linie mit dem Status des US-Dollars als Reservewährung und dem Hauptmotor für seine Verbreitung, der Notenpresse der Federal Reserve in den USA, zusammenhängen, die seit langem über ihre Verhältnisse gelebt hat und vor einer dramatischen Abwertung ihres Status steht, da die Entdollarisierung der Weltwirtschaft zu einem Mainstream-Bestreben wird, bei dem Russland den Weg zeigt.[143]

Die einfache Wahrheit, dass das gegenseitige Putzen der Stiefel durch zwei enge Freunde und die anschließende Zahlung von 10 Dollar an den anderen keinen Wert von 20 Dollar erzeugt, scheint den meisten amerikanischen Wirtschaftswissenschaftlern zu entgehen, die sich immer noch in einer Echokammer aufhalten, in der die US-Wirtschaft weiterhin als die »größte Wirtschaft der Welt« gepriesen wird, obwohl sich in Amerika die Ernährungsunsicherheit für Dutzende von Millionen Menschen ausbreitet und viele der verbliebenen produktiven Industrien Amerikas, wie z. B. die kommerzielle Luft- und Raumfahrt, völlig zusammenbrechen. Selbst die Nachricht, dass das US-Handelsdefizit bei Waren im Juli 2020 mit 80,9 Milliarden Dollar den höchsten Stand aller Zeiten erreicht hat, lässt diese Art von Analysten in ihrer Überzeugung von der Größe der amerikanischen Wirtschaft unerschüttert.[144] Die Tatsache, dass die Vereinigten Staaten weiterhin eine wachsende Menge an Waren importieren, wird auch durch eine sich ausbreitende Hungerkrise »ergänzt«. Wie bereits in den vorangegangenen Kapiteln erwähnt, werden die Daten zur Ernährungsunsicherheit in Amerika täglich erweitert. Neue Daten zeichnen das Bild einer Wirtschaft der Dritten Welt, die in den Vereinigten Staaten Fuß fasst. Wie die *Financial Times* berichtet:

> Frau Babineaux-Fontenot prognostiziert für die nächsten zwölf Monate eine »Essenslücke« von 8 Mrd. Mahlzeiten, wenn nicht mehr Geld für Bedürftige bereitgestellt wird. Die Lebensmittelpreise, die sich auf einem 50-Jahres-Hoch befinden, werden es noch schwieriger machen, diese Mahlzeiten zu finanzieren, sagt sie. … Ihre größere Sorge gilt jedoch der langfristigen Perspektive: Nach der letzten Finanzkrise »hat es zehn Jahre gedauert, bis wir wieder die Raten der Ernährungsunsicherheit von vor der Rezession erreicht hatten. Es könnte also zehn Jahre dauern, bis wir aus dieser Krise herauskommen.« Und gerade sie weiß, welchen Tribut das für eine Generation amerikanischer Kinder bedeuten kann.[145]

Abgesehen von Verkehrsflugzeugen war eines der Aushängeschilder der amerikanischen Exporte in die Welt, der zweitwichtigste Indikator, immer die amerikanische Automobilproduktion. Wie sehr Amerika gegenüber China den Anschluss verloren hat, zeigt eine Statistik aus dem Jahr 2019: Die USA produzieren rund 10,8 Millionen Fahrzeuge gegenüber 25,7 Millionen in China – das sind zweieinhalb Mal mehr als in den USA.[146] Wie die Vereinigten Staaten, die 2015 zu 90 % von China abhängig waren, um ihren Bedarf an Laptops und Videospielen mit Fernseher zu decken, den Status der Nummer eins unter den Volkswirtschaften der Welt für sich beanspruchen konnten, bleibt ein völliges Rätsel.[147] Aber amerikanische Wirtschaftseinschätzungen sind ebenso wie die Wahlumfragen ab 2016 so zuverlässig wie der ›Junge, der Wolf rief‹ (aber kein Wolf war da). Die wirtschaftlichen Rohdaten sind für die Vereinigten Staaten vernichtend. Trotz der Versuche der Trump-Administration, sich von China abzukoppeln, dominierte China 2019 immer noch Amerikas wichtigste Importe, von Handys und Computern bis hin zu Spielzeug.[148] Im Gegenzug waren 2019 die bei weitem wichtigsten Exporte der Vereinigten Staaten Rohöl, verarbeitetes Erdöl und Erdölgase. Allein die Rohölexporte übertrafen die US-Autoexporte, die größten US-Fertigwarenexporte, um satte 10 Milliarden Dollar.[149]

Natürlich verfügen die Vereinigten Staaten nach wie vor über beträchtliche industrielle und landwirtschaftliche Kapazitäten und stellen eine Vielzahl von Fertigwaren her, aber die Größe des verarbeitenden Sektors in den Vereinigten Staaten belief sich im Januar 2020 auf etwa 2,158 Billionen Dollar, was für sich genommen, wenn es in US-Dollar ausgedrückt wird, kein vollständiges Bild ergibt.[150] Im gleichen Zeitraum erreichte der »Wert« des US-BIP, der im Dienstleistungssektor erwirtschaftet wurde, erstaunliche 13,1 Billionen Dollar.[151] Das ist sechsmal mehr als der Produktionssektor. Selbst wenn man den Wert des per Definition produktiven Agrarsektors zu dieser

Berechnung hinzufügt, kann dies an diesem dramatischen Dritte-Welt-Verhältnis nichts ändern.

Im Juli 2020 wiesen die Vereinigten Staaten vor dem Hintergrund eines massiven Rückgangs des BIP um 31 % alle Merkmale einer Wirtschaft auf, die sich in einer Todesspirale befindet. Zweifellos wuchs der Aktienmarkt weiter, aber der Vergleich mit China, wo das Verhältnis von verarbeitendem Gewerbe und Landwirtschaft zu Dienstleistungen etwa 1 zu 1,51 zu Gunsten der Dienstleistungen ausfiel, konnte für die Vereinigten Staaten nicht weniger beunruhigend sein – selbst wenn man zusätzliche etwa 600 Milliarden Dollar für das Baugewerbe berücksichtigte, war das Verhältnis immer noch überwältigend zugunsten der Dienstleistungen. Bereits 2017 nahmen die Vereinigten Staaten von allen entwickelten Wirtschaftseinheiten weltweit eine zweifelhafte Position ein, da sie den geringsten Anteil ihrer Wirtschaft in den produktiven Sektoren hatten, während der Dienstleistungssektor mit 80 % die amerikanische Wirtschaftslandschaft überwältigend dominierte.[152] Sogar die im Niedergang begriffene EU hatte einen geringeren Anteil an Dienstleistungen in ihrem BIP; im Vergleich zu den Verhältnissen in Russland oder China sahen die USA immer mehr wie eine Nation von Faulenzern aus, die vor allem Angestellte produziert, Menschen, die sich zu einem großen Teil mit Veronica in der oben erwähnten Sitcom von George Lopez identifizieren konnten, die ihre Zukunft anderswo als in den Produktionshallen der schwindenden Zahl amerikanischer Fabriken suchten.

Wie *Industry Week* im Jahr 2019 feststellte:

> Drei Jahre nachdem Donald Trump im Wahlkampf eine Renaissance der Fabriken versprochen hatte, scheint das Gegenteil zu passieren. Der Anteil des verarbeitenden Gewerbes am Bruttoinlandsprodukt betrug im zweiten Quartal 11 %, der kleinste Anteil seit 1947 und ein Rückgang von 11,1 % zum vorangegangenen Zeitraum.[153]

Dies wurde vor den Covid-19-Schließungen gemeldet, die das Abschlachten der Überreste der physischen Wirtschaft Amerikas markierten, in der ein Großteil des realen Reichtums, des Intellekts und des Fachwissens über so viele Jahre angesiedelt war. Es war eine Sache, einen Abschwung als Ergebnis von Covid-19 zu sehen, das grob überzogene, schädliche Maßnahmen verursachte, aber die amerikanische Wirtschaft stotterte schon lange bevor die Welt etwas von Covid-19 hörte.

*

Wenn es etwas gibt, das Amerikas Verlust an industriellen Fähigkeiten von Weltrang verkörpert, dann ist es die Geschichte des Selbstmords von Amerikas Kronjuwel und weltweiter Bedeutung, der kommerziellen Luft- und Raumfahrtindustrie, angeführt von Boeing. Der rücksichtslose Wettbewerb zwischen den Luft- und Raumfahrtgiganten Boeing und Airbus ist ein klassisches Beispiel für Geoökonomie. Eines der leuchtendsten Beispiele für »Krieg mit anderen Mitteln« ist der Skandal um das Tankflugzeug-Ersatzprogramm für die US-Air Force, das von der Airbus-Muttergesellschaft, dem Luft- und Raumfahrtkonzern EADS, gewonnen wurde. Ursprünglich erhielt EADS den Zuschlag für sein Tankflugzeug, das auf dem Flugzeugtyp A-330 basiert. Doch nach politischer Einflussnahme ging der 35-Milliarden-Dollar-Auftrag 2011 an Boeing, das den Zuschlag erhielt, weil es einen besseren Preis für die Tankflugzeuge auf der Basis der B-767-Konstruktion bot. Die Gründe für diese verblüffende Entwicklung waren, wie die *Seattle Times* berichtet, folgende:

> Die Befürworter von Boeing hatten monatelang geklagt, dass die Subventionen der europäischen Regierung für EADS diesem Unternehmen einen unüberwindbaren Preisvorteil verschaffen würden. Die Verbündeten von EADS, meist aus den Bundesstaaten rund

> um das geplante Tankflugzeug-Montagewerk in Mobile, Alabama, konterten, dass ihr Flugzeug günstiger sei. Laut OpenSecrets.org, einer Website, die den Einfluss des Geldes auf die US-Politik verfolgt, gab Boeing im Jahr 2010 mehr als 17,8 Millionen Dollar für sein gesamtes Lobbying aus, mehr als jedes andere Unternehmen der Luft- und Raumfahrt. Im selben Jahr gab EADS 3,2 Millionen Dollar aus. Boeing übertraf EADS auch bei den politischen Wahlkampfspenden an Unterstützer im Kongress.[154]

Es schien, als sei die Qualität des Produkts zweitrangig, wenn man es vor dem Hintergrund nicht nur des sich natürlich entwickelnden wirtschaftlichen Nationalismus in den USA betrachtet – schließlich war es die US-Air Force, die die Tankflugzeuge brauchte – sondern auch des politischen Lobbyismus, ein Euphemismus für Bestechung. Boeing »gewann« den Auftrag im Jahr 2011, und seitdem war und ist das Hauptmerkmal des Boeing-Tankflugzeugs KC-46 Pegasus die große Zahl technischer Probleme, die dieses Flugzeug von Anfang an betrafen. Tatsächlich scheinen sich die nicht enden wollenden peinlichen technischen Probleme des Boeing-Tankflugzeugs immer weiter zu häufen, wobei das jüngste Problem im Jahr 2020 – ein übermäßiges Treibstoffleck – zu den Problemen, die die unglückliche KC-46 Pegasus plagen, noch ein Problem der Kategorie 1 hinzufügt, der Kategorie, die erhebliche Auswirkungen auf Sicherheit und Betrieb hat. Infolgedessen wurden sechzehn Flugzeuge mit einem Flugverbot belegt, um mit »höchster Dringlichkeit«, wie Boeing sagt, ein weiteres peinliches Problem zu beheben.[155] Wie erwartet, wurden diese Probleme auf Kosten von Boeing behoben. Dies trug auch zu den seit langem kursierenden Gerüchten über Boeings wachsende Inkompetenz und zweifelhafte Konstruktions- und Fertigungspraktiken bei, bis sich alles mit zwei tödlichen Abstürzen von Boeings Verkehrsflugzeug B-737 Max zuspitzte, die 346 Menschenleben forderten. Im Jahr 2019 wurde der Hauptgrund, warum die B-737 Max Hunderte von Menschen tötete, wie folgt berichtet:

> Neue Beweise deuten darauf hin, dass Boeing-Piloten vor drei Jahren von »ungeheuerlichen« Problemen mit dem Flugzeug 737 Max wussten, die Bundesaufsichtsbehörden aber nicht darüber informiert wurden. Die Ermittler sagen, dass das neue Flugkontrollsystem des Flugzeugs, MCAS genannt, zumindest teilweise für die Abstürze der 737 Max in Indonesien im Jahr 2018 und Äthiopien in diesem Jahr verantwortlich ist, bei denen 346 Menschen ums Leben kamen. Aufgrund der Daten eines einzigen fehlerhaften Anstellwinkelsensors zwang das MCAS beide Flugzeuge wiederholt zum Sturzflug, während die Piloten sich abmühten, die Kontrolle wiederzuerlangen.[156]

Das fehlerhafte MCAS war nicht nur auf inkompetente Programmierung zurückzuführen, die vor allem nach Indien ausgelagert wurde – schließlich muss das Endergebnis beachtet werden.[157] Es war auch nicht nur das Ergebnis eines veralteten, ständig aktualisierten Boeing-737-Designs mit geringer Bodenfreiheit, dessen Geschichte bis in die 1960er Jahre zurückreicht. Es war das Ergebnis des völligen Verlusts an amerikanischem technologischem und industriellem Know-how im Vergleich zu dem des Hauptkonkurrenten von Boeing, Airbus, der ein viel neueres, in den 1980er Jahren entwickeltes Design anbot und 1987, genau zwanzig Jahre nach dem Erstflug der Boeing-737, seinen ersten A-320 in die Luft brachte. Die A-320 war und ist einfach ein neueres und viel flexibleres Flugzeug im Vergleich zur altehrwürdigen Boeing-737, deren geringe Bodenfreiheit zu einem großen Konstruktionsfehler führte, indem sie die neuesten Düsentriebwerke mit einer nicht ausreichend hohen Tragfläche verband, was dazu führte, dass die B-737 Max versuchte, ihre Nase unkontrolliert anzuheben, was eine Zwangsnivellierung während des Fluges durch die MCAS erforderlich machte. Als das System nicht mehr funktionierte, starben Menschen. Wie aus einer internen E-Mail von Boeing-Ingenieuren hervorging, betrachteten einige die B-737 Max als ein Flugzeug, das »von Clowns entworfen wurde, die wiederum von Affen beaufsichtigt werden«.[158]

Jede große Industrienation, die komplexe Technologien herstellt, neigt dazu, ihren eigenen Anteil an fehlerhaften Konstruktionen und technischen Katastrophen zu haben. Dies ist in den vielen Fällen technologischer Pionierarbeit unvermeidlich; so war es auch bei der britischen *de Haviland Comet*, dem ersten kommerziellen Düsenflugzeug der Geschichte, das aufgrund von Metallermüdungsproblemen, die damals noch nicht vollständig verstanden wurden, in der Luft mehrfach auseinanderfiel. Aber diese Flugkatastrophen, wie auch die der sowjetischen *Tupolew Tu-104*, des zweiten Verkehrsflugzeugs der Welt, das in der UdSSR als fliegender Sarg bekannt war, waren die unvermeidlichen Kinderkrankheiten eines neuen Zeitalters der kommerziellen Luftfahrt. Schließlich wurden sowohl für die *Comet* als auch für die *Tu-104* Anpassungen und Umgestaltungen vorgenommen, und beide Flugzeuge wurden bis in die 1980er Jahre hinein eingesetzt.

Doch 2018 und 2019, als sich die Abstürze der B-737 Max ereigneten, war die Grundkonstruktion der B-737 bereits seit 50 Jahren im Einsatz. Boeings Versuche, mit dem enorm erfolgreichen A-320 zu konkurrieren, führten zu einem katastrophalen Versuch, das alte Design seines Hauptumsatzträgers, der B-737, an moderne Anforderungen anzupassen – eine unmögliche Aufgabe ohne den Entwurf eines modernen, völlig neuen Flugzeugs. Die Abstürze der indonesischen Lion Air Boeing-737 Max am 20. Oktober 2018 und der Ethiopian Airline am 10. März 2019 bedeuteten mehr als nur den Zusammenbruch des Rufs eines bestimmten Flugzeugmodells von Boeing – es war ein tödlicher Schlag für den Ruf von Boeing insgesamt. Ein Kronjuwel der amerikanischen Industrie, eine amerikanische Industriemarke von Weltrang, eine Verkörperung der globalen Luft- und Raumfahrt – und Ingenieurskunst Amerikas, wurde als ein Unternehmen entlarvt, das rückständige Konstruktions- und Fertigungsverfahren anwendet, korrupt ist und sich nur um seinen Gewinn kümmert.

Es mag ungerecht gewesen sein, dass Boeing auf diese Weise betrachtet wurde, da das Unternehmen weiterhin ein großartiges und sicheres Großraumflugzeug vom Typ B-777 herstellte, das in der ganzen Welt für sein Design geliebt wurde. Aber die B-777 war nicht Boeings Hauptumsatzträger, das war die B-737 in ihren verschiedenen Versionen. Mitte März 2019 wurde die gesamte B-737 Max-Flotte weltweit aus dem Verkehr gezogen. Dies war ein PR- und ein finanzielles Desaster für Boeing. Es war besonders ausgeprägt im Vergleich zu den Geschichten, dass alle Passagiere während des »Wunders auf dem Hudson« des U.S. Airways Flugs 1549 am 15. Januar 2009 dank der außergewöhnlichen und heldenhaften Handlungen der Crew von Kapitän Sullenberger überlebten, und dann im Jahr 2019 des Ural Airlines Flugs 178 am 15. August 2019, bei dem alle Passagiere dank der Fähigkeiten und des Heldenmuts der Crew von Kapitän Jusupow überlebten. In beiden Fällen war der Grund für die Bruchlandung der Flugzeuge ein Vogelschlag, der die Triebwerke außer Gefecht setzte und zu einem Leistungsverlust des Flugzeugs führte. In beiden Fällen landeten die Flugzeuge, ohne zu zerschellen, eines auf dem Wasser und das andere in einem Maisfeld. In beiden Fällen wurden die Piloten und Besatzungen in der ganzen Welt als Helden gefeiert. In beiden Fällen wunderbarer Rettungen handelte es sich bei den Flugzeugen, die diese Wunder vollbrachten, um den Airbus-320 und den Airbus-321. Kein Flugzeughersteller der Welt könnte sich eine bessere Publicity für seine Flugzeuge wünschen. Zuverlässige, robuste, von Airbus hergestellte Flugzeuge, die ihren Besatzungen halfen, Leben zu retten, spielten eine gute Rolle vor dem Hintergrund, dass der wichtigste Airbus-Konkurrent Leben zerstörte, indem er zuließ, dass Flugzeuge mit einer zutiefst mangelhaften Konstruktion Passagiere beförderten, ohne die Fluggesellschaften auch nur vor ernsten Problemen mit der B-737 Max zu warnen. Der Vergleich zwischen Airbus und Boeing war nicht nur gerechtfertigt, er war unwiderlegbar.

Die Dinge entwickelten sich nicht so, wie man bei Boeing gehofft hatte. Die Katastrophen der B-737 Max öffneten die Büchse der Pandora für das angeschlagene Unternehmen Boeing. Die Dinge wurden immer schlimmer. Als Nächstes war es Boeings hochmoderner B-787 Dreamliner, der als ein Flugzeug entlarvt wurde, das mehrere von Boeings eigenen Maßstäben nicht erfüllte. Wie das *Wall Street Journal* berichtete:

> Die Überprüfung durch die Bundesaufsichtsbehörden reicht fast ein Jahrzehnt zurück und bezieht sich auf die Nichteinhaltung der eigenen Konstruktions- und Fertigungsstandards des Luft- und Raumfahrtunternehmens, wie aus einem internen FAA-Vermerk hervorgeht, den das Journal einsehen konnte. Der hintere Rumpf des Dreamliners entsprach Berichten zufolge nicht den technischen Standards, und die FAA erwägt obligatorische Inspektionen, die 900 der 1000 seit 2011 ausgelieferten Flugzeuge betreffen könnten. Kürzlich entdeckte zusätzliche Mängel in der Produktion führten im August zu einem Flugverbot für acht Dreamliner, die derzeit repariert werden[159] …

Während die weltweite kommerzielle Luft- und Raumfahrtindustrie aufgrund des Covid-19-Flugverbots vor einem dramatischen Abschwung stand, wurde deutlich, dass sich die Probleme von Boeing aus ganz anderen Gründen häuften; die Ereignisse im Zusammenhang mit den Abstürzen der B-737 Max hatten sich lange vor der Covid-19-Pandemie abgespielt. Es ging um das größere Problem der dramatisch schwindenden Kompetenz Amerikas, insbesondere bei der Herstellung komplexer, sehr hochwertiger technischer Produkte. Amerika war zwar gut darin, Geld aus dem Nichts zu schöpfen, aber es wurde immer schlechter darin, greifbare Dinge herzustellen. Airbus und seine neue Reihe von Flugzeugen, die vom A-320NEO bis zum Großraumflugzeug A-350 reichte, waren äußerst attraktiv. Airbus festigte seinen De-facto-Sieg über Boeing mit einem Nettoauftragseingang von 719 Flugzeugen im November 2019, Boeing lag bei minus 95. Es gab noch einen weiteren Faktor für das langfristige Überleben von Boeing.[160] Während die Vereinigten Staaten ihre Produktion und damit auch das technische Know-how, das für die Herstellung von Gütern von Waschmaschinen bis zu Verkehrsflugzeugen erforderlich ist, weiter abbauten, erhielt Boeing schlechte Nachrichten aus Russland.

Unter den vielen Beispielen für praktische Geowirtschaft sind die Wirtschaftsbeziehungen zwischen den USA und Russland von besonderem Interesse, da das historische Russland, zunächst als Sowjetunion und jetzt als Russische Föderation, seit dem Ende des Zweiten Weltkriegs so gut wie ununterbrochen internationalen Wirtschaftssanktionen der USA unterworfen ist. Aber unter Barack Obama wurde erklärt, dass Russlands Wirtschaft »in Trümmern liegt«, nachdem Russland die Krim zurückgeholt hatte.[161] Obamas Aussage ist ein merkwürdiges Beispiel für die wirtschaftlichen Ansichten von Amerikas politischer Führungsspitze, die wiederum die Ansichten von Menschen sind, die in erster Linie sozialwissenschaftliche Ausbildung und Erfahrung haben, von der Rechtswissenschaft bis zur Politikwissenschaft, von denen die meisten das Finanzwesen aus der Sicht der Wall Street verstehen können, aber ihr ganzes Leben lang von allen Aspekten, die die nationale Produktionsfähigkeit betreffen, losgelöst waren. Im Zusammenhang mit den antirussischen Sanktionen war damals das Argument populär, dass Russland nicht in der Lage sei, seine Kohlenwasserstoffförderung und -verarbeitung weiterzuentwickeln, sobald ihm der Zugang zu »westlicher Technologie« aufgrund der Sanktionen verwehrt würde. Natürlich haben sich diese Behauptungen letztlich als falsch erwiesen. Es ist fast unmöglich, den überwiegend aus der Ivy League stammenden Absolventen mit MBAs oder Abschlüssen in Journalismus, Politikwissenschaft oder Soziologie zu erklären, dass die Entwicklung komplexer industrieller Technologien für ein Land, das Raumstationen baut und amerikanische Astronauten in die Umlaufbahn bringt, ein Routineprozess ist. Russland hat nicht nur sein eigenes Importsubstitutionsprogramm erfolgreich durchgeführt, sondern auch den Westen mit Gegensanktionen belegt, den Krieg um den Ölpreis gewonnen, seine eigenen hochmodernen Förder- und Verarbeitungstechnologien entwickelt und, was die Sache noch schlimmer macht, den globalen Weizenmarkt dominiert.[162] Wie die *Financial Times* im Titel ihrer Analyse der russischen Wirtschaft für das Jahr 2020 einräumte: »Russland: Die Anpassung an die Sanktionen lässt die Wirtschaft in robuster Verfassung zurück. Analysten sagen, dass Moskau nun mehr von einer Aufhebung der Restriktionen als von zusätzlichen Restriktionen zu befürchten hat«.[163]

Dies waren kaum die Anzeichen für ein Land mit einer Wirtschaft »in Trümmern«, aber was für die kränkelnde Boeing besonders besorgniserregend war, war Russlands Rückkehr zu seinen traditionell reichen Wurzeln in der kommerziellen Luftfahrt. Russlands massiver globaler Einfluss in der Kampfflugzeugindustrie lässt sich nicht länger verheimlichen oder verschleiern; keine noch so gute Ausrede kann über die einfache Tatsache hinwegtäuschen, dass Russland nicht nur ein direkter und erfolgreicher Konkurrent der US-Kampfflugzeugindustrie ist, sondern dass Russland neben den Vereinigten Staaten die einzige Nation der Welt ist, die über einen vollständig geschlossenen technologischen Zyklus für ihre Flugzeuge verfügt, d. h. über die volle Fähigkeit zur Entwicklung, Durchführung von Forschung und Entwicklung und Herstellung vollständig einheimischer Kampfflugzeuge auf dem neuesten Stand der Technik, ein Prozess, der alle Stufen der Entwicklung und Herstellung der einheimischen Flugzeugzelle, Avionik, Systeme, Waffen und Triebwerke umfasst. Die Leistung und die Fähigkeiten der modernen russischen Kampfflugzeuge – von der Mehrzweckmaschine SU-30 über die hochmoderne SU-35 bis hin zur SU-57 der fünften Generation – übertreffen alles, was heute in der Luft ist, so sehr, dass jeder, der sich auch nur im Entferntesten mit Technik und komplexen Fertigungsverfahren auskennt, nie daran gezweifelt hat, dass Russland ein modernes und äußerst wettbewerbsfähiges Verkehrsflugzeug in der populärsten und gefragtesten Kategorie – ein Mittelstreckenflugzeug mit einem Mittelgang – auf den Markt bringen würde. Und in der Tat, Russland hat es geschafft.

Wie das alte Fliegersprichwort besagt: »Wenn wir in der Luft sind, müssen wir über dem Ziel sein«. Russlands eigenes Mittelstreckenflugzeug MC-21 ist das am meisten sanktionierte Flugzeug der Geschichte. Wie die Medien berichteten:

> »Die MC-21 ist ein modernes, verbessertes Mittelstreckenflugzeug, das auf dem Markt mit dem Airbus 320 und der Boeing 737 konkurrieren soll«, sagte Oleg Panteleyev, ein Luftfahrtanalyst, der die Branchenwebsite Aviaport.ru leitet. Ein MC-21-Prototyp absolvierte 2017 seinen Erstflug, aber die Serienfertigung hat sich verzögert, was zum Teil auf die US-Sanktionen zurückzuführen ist, die sich auf die Produktion der Flügel aus Kohlefaserverbundwerkstoff auswirken.

Tatsächlich ist die Leistung der MC-21 der Leistung von Boeing entweder überlegen oder weit überlegen, da Boeing den Rückstand seiner Leistungsannahmen in Bezug auf alle modernen Versionen der B-737 erkannt hat, insbesondere was die Reichweite betrifft.[164] Die MC-21 ist außerdem das einzige Flugzeug seiner Klasse auf der Welt mit Flügeln aus Verbundwerkstoff. Als wäre das nicht schon schlimm genug, verfügt die MC-21 über etwas, das kein anderes nicht-westliches Verkehrsflugzeug wie die chinesische COMAC-919 oder die brasilianische Embraer hat – ein hochmodernes Triebwerk mit hohem Nebenstrom, das zu 100 % in Russland entwickelte und gebaute PD-14.

Die Auswirkungen sind vor allem für Boeing von strategischer Bedeutung. Abgesehen von den Problemen, die Boeing durch die Abstürze der B-737 Max, die peinlichen Enthüllungen über die B-787 und eine Reihe von zu erwartenden Schadensersatzklagen hat, bedeutet dies zumindest den Verlust des umfangreichen russischen Marktes, der bis 2020 mit Boeing-Flugzeugen gesättigt war. Als wäre die Stornierung von 22 B-787 im Wert von 5,2 Mrd. USD durch die größte russische Fluggesellschaft Aeroflot im Jahr 2019 nicht schon schlimm genug, sieht die Zukunft von Boeing in diesem äußerst beliebten Segment noch düsterer aus.[165] Boeing und seine Flugzeuge sind auf dem russischen Markt allgegenwärtig. Einige russische Fluggesellschaften wie Azur Airlines operieren ausschließlich mit Boeing-Flugzeugen; die Flotte einer anderen Fluggesellschaft, Pobeda, besteht aus 34 Flugzeugen, allesamt B-737 800. Selbst Aeroflot, die die Airbus-Mittelklasse A-320/321 bevorzugt, unterhält noch immer eine Flotte von 47 B-737 in verschiedenen Modifikationen.[166] Das Auftauchen eines einheimischen russischen Flugzeugs, das der B-737 oder der A-320 überlegen ist, auf dem russischen Markt bedeutet im Kontext einer ernsthaften Geopolitik nur eines – die letztendliche Ablösung der westlichen Flugzeuge durch die MC-21. Und das war das Mindeste, aber die Zeichen stehen auf Sturm.

Die amerikanische Reaktion war vorhersehbar. Die USA blockierten die Lieferung von Kohlefaserverbundwerkstoffen an Russland. Wladimir Putin bezeichnete solche Praktiken ausdrücklich als rüpelhaft und unterstrich die bekannte Tatsache, dass der Westen im Allgemeinen und die USA im Besonderen auf diese Weise »konkurrieren«.[167] Die weitere russische Reaktion war ebenfalls vorhersehbar: Russland stellte seine eigene, schnell wachsende Industrie für Verbundwerkstoffe vor und zertifizierte die MC-21 mit in Russland hergestellten Verbundwerkstoffteilen.

Die Ereignisse von Covid-19 und ein dramatischer Rückgang des Luftverkehrs lassen die Aussichten von Boeing in Russland nicht gerade rosig erscheinen. Auch für Airbus sieht es nicht gut aus, denn das Unternehmen sieht sich mit der kommenden MC-21 und dem (im Westen viel geschmähten) Regionalflugzeug Sukhoi Super Jet-100 (SSJ-100) konfrontiert, das viele Strecken bedient, die zuvor von Mittelstreckenflugzeugen bedient wurden. Allein Aeroflot verfügt über eine Flotte von 54 SSJ-100, und das Flugzeug fliegt nicht nur aktiv, sondern hat auch sehr viele positive Kritiken von Piloten und Passagieren erhalten. Die Geschichte von Boeing in Bezug auf Russland birgt eine Menge versteckter Ironie, da sich das größte ausländische Ingenieurbüro von Boeing seit Jahren in Moskau befindet. Russische Ingenieure und Designer spielten eine wichtige Rolle bei der Entwicklung von Flugzeugen wie der B-787 sowie bei der Entwicklung der Zelle, der Innenausstattung und des Systemdesigns für die Modelle 747–400 BCF, 777–200LR und 777–300ER sowie bei der Konstruktion der 747 LCF (Large Cargo Freighter).[168]

*

Was für die bevorstehende und unvermeidliche Umstrukturierung des globalen Luftverkehrsmarktes gilt, gilt für alle Märkte, die sowohl mit Ressourcen, Energie als auch mit Fertigwaren, insbesondere mit komplexen Maschinen, zu tun haben, wo die Zukunft einen zunehmenden Wettbewerb in den fortschrittlichsten Industriebereichen zwischen dem untergehenden Westen, dem wieder aufstrebenden Russland und dem aufstrebenden China erwarten lässt. Dabei handelt es sich nicht nur um das triviale politikwissenschaftliche Schlagwort von der »Rückkehr des Großmächtewettbewerbs«, der ohnehin nie verschwunden ist. Es handelt sich in erster Linie um einen Wettbewerb – oder, wenn man bereit ist, sich im Rahmen der Geoökonomie zu bewegen, um einen Krieg mit anderen Mitteln –, bei dem die Fähigkeit, die benötigten materiellen Güter in der erforderlichen Quantität und Qualität zu produzieren, für das Überleben und Gedeihen jeder Nation, die den Status einer großen Nation anstrebt, entscheidend wird.

Wenn man heute den stetigen Rückgang der Produktionskapazitäten in Amerika beobachtet, einen Rückgang, der vielleicht nicht mehr rückgängig zu machen ist, und wenn keine Anstrengungen zur Reindustrialisierung erfolgreich oder auch nur möglich sind, ist man versucht, eine explosive industrielle Entwicklung in Eurasien, insbesondere in China und Russland, vorauszusehen. Diese Entwicklung reicht vom Schiffbau über die Luft- und Raumfahrt bis hin zur wissenschaftlichen Spitzenforschung und zur Herstellung eines Großteils der Fertigwaren für die Weltwirtschaft. Natürlich sind die Vereinigten Staaten auch heute noch eine bedeutende Industriemacht, aber ihre Schlüsselindustrien, mit Ausnahme der zivilen Luftfahrt, werden ständig von der »Konkurrenz« in den Schatten gestellt. Selbst der russische kommerzielle Schiffbau übertrifft den der Vereinigten Staaten, während der chinesische ihn schlichtweg überflüssig macht.

China hat sein eigenes Programm für ein Mittelstrecken-Verkehrsflugzeug COMAC-919, das zugegebenermaßen recht konventionell und mühsam ist. Es muss erst noch sein Zertifizierungsflugprogramm erfüllen, aber was hier von Bedeutung ist, ist, dass dieser Versuch genau das Gegenteil von dem tut, was die Vereinigten Staaten in Bezug auf ihre eigene Produktion getan haben, indem sie sie ins Ausland verlegten – China produziert sie vor Ort. Wie Herbert Spencer, einer der Väter des westlichen Liberalismus und Ideologe des frühen Globalismus, feststellte:

> Mit der Ausbreitung des Industrialismus geht die Tendenz dahin, die Trennungen zwischen den Nationalitäten zu überwinden und eine gemeinsame Organisation zu schaffen, wenn nicht unter einer einzigen Regierung, so doch unter der Föderation der Regierungen.[169]

Wie das Leben offenkundig bewiesen hat, war und ist Spencer im Unrecht – eine Wahrheit, die jenseits des Verständnisses der Wall-Street-Typen und politischen Agenten liegt, die mit dem Mythos aufgewachsen sind, dass Amerika weder wirtschaftlich noch militärisch herausgefordert werden kann und dass die Zeit stehen bleiben wird – was durch den heutigen amerikanischen Rust Belt, seine verfallenden Städte, sein zerfallendes politisches System und seine Armeen von Arbeitslosen eindeutig widerlegt wird.

Die Herstellung von Dingen erfordert mehr als nur eine Reihe von Technologien, Know-how und qualifizierte Arbeitskräfte, so wichtig diese auch sind. Es erfordert eine Vision und ein nationales Selbstbewusstsein – eine Sorge um das allgemeine Wohlergehen der Nation selbst – Eigenschaften, die den modernen globalistisch orientierten amerikanischen Eliten ein Gräuel sind, die seit langem in ihrer eigenen Wahnblase leben, völlig losgelöst von der Realität und dem Lauf der Zeit, die ebenso unbarmherzig wie irreversibel ist. In einer der wichtigsten Beobachtungen der letzten fünfzig Jahre, die am Eingang jeder US-Universität, die den Anspruch erhebt, eine Alma Mater für Amerikas Eliten zu sein, prangen sollte, fasst der große Corelli Barnett die Wahrheit der Sache und die Lektion für die Zukunft zusammen:

> … der rasche Niedergang der britischen Kraft im eigenen Land und das Versagen, das Empire auszubeuten, waren nicht auf einen unvermeidlichen Alterungsprozess der Geschichte zurückzuführen. Die Ursache war eine politische Doktrin … Diese Doktrin war der Liberalismus, der die traditionelle Vorstellung vom Nationalstaat

> als kollektivem Organismus, einer Gemeinschaft, kritisierte und schließlich zerstörte und stattdessen den Vorrang des Individuums behauptete. Nach liberaler Auffassung war eine Nation nicht mehr als eine Vielzahl menschlicher Atome, die zufällig unter denselben Gesetzen lebten … Adam Smith war es, der die Doktrin des Freihandels formulierte, den Grundpfeiler des Liberalismus, der sich lange Zeit verheerend auf die britische Macht auswirken sollte … Adam Smith griff den traditionellen »merkantilistischen« Glauben an, dass eine Nation im Allgemeinen selbsttragend sein sollte …

Die zukünftigen Studenten von Amerikas Größe sollten sogar versuchen, ihn auswendig zu lernen, oder das Bild dieser ultimativen geopolitischen und geoökonomischen Wahrheit auf ihren iPhones speichern, die natürlich alle in China hergestellt werden.

6. DIE WESTLICHEN ELITEN

Inkompetente Stümper am Ruder

In seiner Rede im Senat am 23. März 2020 brachte Senator John Neely Kennedy aus Louisiana das politische Paradox Amerikas auf den Punkt, das, wie die Geschichte so anschaulich gezeigt hat, nicht ganz unzutreffend ist. Er sprach die offensichtliche Verschleppung des Konjunkturprogramms durch die Demokratische Partei an, eine Methode, die auch von der GOP angewandt wird, und wiederholte seine Aussage von 2018, dass »unser Land von Genies gegründet wurde, aber von Idioten geführt wird«.[170] In ähnlicher Weise äußerte sich Stephen Walt in der Zeitschrift *Foreign Policy* über den Niedergang Amerikas und kam zu dem Schluss, dass eine der Säulen der amerikanischen Macht, die jetzt aufgrund der beklagenswerten Reaktion auf die Covid-19-Pandemie als tot angesehen werden kann, das Können Amerikas war. Walt hat kein Blatt vor den Mund genommen:

> Eine dritte Säule ist jedoch das breite Vertrauen in die Kompetenz der USA. Wenn andere Länder die Stärke der Vereinigten Staaten anerkennen, ihre Ziele unterstützen und glauben, dass die US-Beamten wissen, was sie tun, werden sie der Führung der Vereinigten Staaten eher folgen. Zweifeln sie an der Macht, der Weisheit oder der Fähigkeit der USA, effektiv zu handeln, schwindet unweigerlich der globale Einfluss der USA. Diese Reaktion ist durchaus verständlich: Wenn sich die Führung der Vereinigten Staaten als inkompetente Stümper entpuppt, warum sollten ausländische Mächte auf ihren Rat hören? Der Ruf, kompetent zu sein, kann also ein entscheidender Multiplikator sein.[171]

Hier gibt es ein Problem. Sowohl Senator Kennedy als auch Stephen Walt haben zu spät auf das Offensichtliche hingewiesen, das viele schon lange vor der Covid-19-Pandemie, der Finanzkrise von 2008 oder gar der Präsidentschaft Bill Clintons zu bemerken begannen.

Amerikas 42. Präsident, der *outsourcer-in-chief*, William Jefferson Clinton, wurde 2015 immer noch von großen Teilen der amerikanischen Gesellschaft bewundert, und das ist alles, was man über den gegenwärtigen Zustand der amerikanischen Politik und die Beurteilung der amerikanischen Eliten wissen muss.[172] Wie eine psychologische Bewertung von Bill Clinton feststellt:

> Eine der wichtigsten Fragen dabei ist, wie ein Präsident Leistung definiert. Wie viel ist »gut«? Wie viel ist »genug«? Welche Funktionen erfüllt Leistung in der Gesamtpsychologie des Präsidenten? Die Kombination aus intensivem Ehrgeiz, hohem Selbstvertrauen und starkem Selbstwertgefühl führt dazu, dass Clinton sehr leistungsorientiert ist, aber es handelt sich um eine *bestimmte Art* von Leistung. Bescheidene Erfolge reichen nicht aus; sie sind nicht das, was er im Sinn hat. Sein Erfolg definiert sich über extrem hohe, ja sogar grandiose Ziele, die er zu erreichen versucht. Auch die Verabschiedung *einiger* wichtiger politischer Initiativen ist nicht ausreichend. Einige, ja sogar viele, können zu wenig sein, wenn man Clintons Definition von Erfolg zugrunde legt.[173]

Dieses psychologische Porträt von Bill Clinton mag ein merkwürdiges, triviales Detail in einer Gesamtbeurteilung von Amerikas Niedergang sein – aber es offenbart eine entscheidende Tatsache, die dazu beiträgt, das Bild von Amerikas tödlicher politischer Fehlfunktion zu vervollständigen, denn Bill Clinton kann als ein Symptom für eine Krankheit dienen, die Amerikas herrschende Klasse insgesamt befallen hat: Grandiosität. Clintons Präsidentschaft markiert auch den Beginn der Überdehnung Amerikas zum brüchigen, selbsternannten globalen Hegemon, der heute, weit davon entfernt, sein Imperium kontrollieren zu können, eine historisch beispiellose Auflösung der Führung seines eigenen Landes erlebt. Bill Clintons elf Fuß hohe Messingstatue und ein nach ihm benannter Boulevard in der Stadt Pristina, der Hauptstadt einer serbischen Provinz, die mit der entscheidenden Hilfe der Vereinigten Staaten und der NATO in die anfangs selbsternannte Nation Kosovo umgewandelt wurde, sind eine gute Erinnerung, zusammen mit dem massiven US-Armee-Stützpunkt Camp Bondsteel in eben diesem Kosovo an die Unfähigkeit der amerikanischen politischen Klasse, nicht nur bescheidene und realistische Ziele zu formulieren, sondern an Bill Clintons extremen Ehrgeiz und die Selbstverliebtheit, die heute für die meisten amerikanischen Eliten charakteristisch sind. Man kann mit Fug und Recht behaupten, dass die Mehrheit der amerikanischen Eliten unter dem Bill-Clinton-Syndrom leidet – einer grandiosen Fehleinschätzung ihrer eigenen Fähigkeiten bei der Verfolgung der zahlreichen Utopien Amerikas, ein Prozess, der schließlich zu dem geführt hat, was man im Großen und Ganzen als nationale Katastrophe bezeichnen kann.

Amerika ist ein Land der Extreme, der großen Ambitionen und der Grandiosität. Alles Amerikanische muss das Größte, das Schnellste, das Effizienteste oder ganz allgemein das Beste sein. Seit Alexis de Tocquevilles berühmter Beobachtung über den »geschwätzigen« amerikanischen Patriotismus im Jahr 1837 hat sich daran wenig geändert.[174] Manchmal ist diese Grandiosität verzeihlich – einige der amerikanischen Ansprüche auf Größe sind durchaus berechtigt –, aber selbst wenn es sich ausdrücklich nicht um das Beste handelt, überwiegt der Hang zur Grandiosität den Diskurs trotz aller Fakten, die einen solchen Zustand verneinen. Diese Eigenschaft zeigt sich am deutlichsten auf der Ebene der intellektuellen Klasse Amerikas, die manchmal auch als *Intelligenzia* bezeichnet wird, sowie auf der Ebene der politischen und wirtschaftlichen Führer. Die Mehrheit der normalen Amerikaner sind im Allgemeinen sehr nette Leute, die sich nicht unbedingt mit Fragen des globalen Kräfteverhältnisses oder der internationalen Beziehungen befassen und stattdessen einfach ihren täglichen Geschäften nachgehen und versuchen, ihren Lebensunterhalt zu verdienen. Die meisten regen sich nur zu Zeiten der Präsidentschaftswahlen mehr oder weniger über Politik auf. Sie sind im Allgemeinen patriotisch und sehr viele haben einen gesunden Menschenverstand und einen guten Sinn für Humor. Dennoch ist der durchschnittliche amerikanische Vertreter dessen, was in den USA als politische und intellektuelle Elite gilt, um Leo Tolstois Bemerkung über die Engländer wiederzugeben, »selbstsicher, da er ein Bürger des bestorganisierten Staates der Welt ist und daher immer weiß, was er tun sollte, und weiß, dass alles, was er tut, zweifellos richtig ist.«[175]

Hier gibt es ein Paradox: Tolstois Beschreibung des Gefühls der Sicherheit ist nach wie vor richtig, aber die Realität, dass die USA der am besten organisierte Staat sind, ist es natürlich nicht mehr. Wenn die Vereinigten Staaten, wie Großbritannien zu einem bestimmten Zeitpunkt, für sich in Anspruch nehmen konnten, die beste staatliche Organisation zu haben, so ist dies im 21. Jahrhundert nicht mehr der Fall. Auch nicht im modernen Vereinigten Königreich oder in den meisten westlichen Staaten, die in einer korrupten Politik versinken und Staatskunst durch ein Feigenblatt aus Demagogie und populistischem Pathos ersetzen, um ihr katastrophales Versagen in den Bereichen Wirtschaft, Kultur und Demografie zu verbergen, um nur einige Merkmale der derzeitigen Malaise dieser Nationen zu nennen.

Die heutigen Vereinigten Staaten stellen sich zudem zunehmend dar als von einer Oligarchie oder besser gesagt von zwei herrschenden Clans regiert und sind de facto weder eine Demokratie noch eine Republik. Für die meisten internationalen Beobachter, die sich auf das Verständnis der Realitäten der US-Politik spezialisiert haben, ist dies schon seit einiger Zeit kein Geheimnis mehr und hat sich nach dem vierjährigen politischen Debakel von »Russiagate«, das jeden Zweifel an der korrupten und bösartigen Natur der gegenwärtigen amerikanischen Staatlichkeit vollständig zerstreut hat, besonders verstärkt. Wie Scott Ritter nach den ersten Präsidentschaftsdebatten zwischen Donald Trump und Joe Biden feststellte:

> Amerika hat schon vor langer Zeit aufgehört, als Leuchtturm demokratischer Werte zu fungieren, auf den die Welt zur Orientierung und Unterstützung schauen kann. Aber die Debatte zwischen Trump und Biden hat unsere wahre Dysfunktion offenbart. Wir sind heute kaum mehr als die Lachnummer der Welt, bewaffnet mit Atomwaffen. Und wenn Sie das nicht erschreckt, dann wird Sie nichts erschrecken.[176]

Ich selbst habe das schon lange befürchtet, zuerst, als ich 2014 meinen eigenen Blog eröffnete, der sich mit geopolitischen Fragen befasste und in dem ich mich ausführlicher dazu äußerte, nachdem ich 2017 dies festgestellt hatte:

> Das eigentliche Phänomen, das für den Aufstieg der USA zur Supermacht verantwortlich war – der Krieg, insbesondere der Zweite Weltkrieg –, war nie ein Faktor, der sich wirklich auf die Nation auswirkte und bei den politischen Eliten keine wirkliche Hemmschwelle für ihre oft ignorante, prahlerische und aggressive Rhetorik erzeugte und auch keine Notwendigkeit schuf, das Thema zu studieren, das für den amerikanischen Wohlstand und Erfolg nach dem Zweiten Weltkrieg grundlegend war. Dies ist bis heute nicht geschehen. Die Ergebnisse, ganz im Sinne von Clausewitz' Diktum, dass »es legitim ist, ein Ereignis nach seinem Ergebnis zu beurteilen, denn das ist das beste Kriterium«, haben sich heute zu einem Korpus überwältigender empirischer Beweise für eine ernsthafte und gefährliche Dysfunktion im amerikanischen Entscheidungs-

> prozess angesammelt. Vom Debakel im Irak über den verlorenen Krieg in Afghanistan bis hin zur Anzettelung eines Schlachthauses in Syrien, der Entfesselung eines Konflikts in Libyen mit Hilfe der NATO-Verbündeten und schließlich der Anzettelung eines Staatsstreichs und eines Krieges in der Ukraine – all das ist eine katastrophale Bilanz geopolitischer, diplomatischer, militärischer und geheimdienstlicher Inkompetenz und spricht für das Versagen amerikanischer politischer, militärischer, geheimdienstlicher und akademischer Institutionen.[177]

Die heutigen amerikanischen Eliten sind nicht nur eine eindeutige und gegenwärtige Gefahr in der Welt, sondern auch einer der Hauptgründe dafür, dass die amerikanische Staatlichkeit von innen heraus zerstört wird, und zwar in erster Linie wegen ihrer inhärenten Unfähigkeit, Amerikas wirkliche, entscheidende nationale Interessen zu formulieren – nicht nur, weil diese ihren eigenen persönlichen und partikularen Interessen zuwiderlaufen könnten, und nicht nur, weil die meisten in diesen Eliten die amerikanische Staatlichkeit nicht aufgrund ideologischer Böswilligkeit definieren können, sondern vielmehr aufgrund ihrer völligen Unfähigkeit, die Realität zu studieren und zu akzeptieren. Wie Bill Clinton haben die Verantwortlichen eine grandiose Meinung von sich selbst, während sie eher mittelmäßige Fähigkeiten haben, wenn es um echte Staatskunst und bestenfalls durchschnittliche intellektuelle Fähigkeiten geht. Wenn es jemals eines Beweises für ein grandioses intellektuelles Versagen der Amerikaner bedurft hätte, dann ist das amerikanische geopolitische Denken der letzten dreißig Jahre ein hervorragendes Beispiel. Wie Lieven bemerkt:

> Der Diskurs des US-Establishments (sowohl der Demokraten als auch der Republikaner) hat stets versucht, die amerikanische globale Hegemonie durch die westlichen Eliten zu legitimieren, indem er

> sich auf die Förderung der liberalen Demokratie berief. Gleichzeitig wurde die angeblich untrennbare Verbindung zwischen wirtschaftlichem Wandel, Demokratie und Frieden von Cheerleadern wie dem unermüdlichen Thomas Friedman von der *New York Times* rationalisiert, der die (stets absurde und jetzt platt und wiederholt falsifizierte) »Goldene-Bogen-Theorie der Konfliktverhütung« vertrat. Diese vulgarisierte Version der demokratischen Friedenstheorie wies darauf hin, dass zwei Länder mit McDonald's-Filialen noch nie Krieg geführt hätten. Der bescheidene und fettige amerikanische Burger wurde zu einem weltgeschichtlichen Symbol der wohlhabenden modernen Mittelschicht, die zu viel zu verlieren hat, um einen Krieg zu dulden.[178]

Nach dem Zusammenbruch der Sowjetunion und Amerikas selbsterklärten »Sieg im Kalten Krieg« entlud die amerikanische Wissenschaft auf die ahnungslose Welt eine Lawine von bestenfalls zweitklassigem, pathetischem und triumphalistischem Futter, das wie Friedmans absurde Geopolitik auf der Grundlage des Big Mac von 1996 jeden Bezug zur Realität verloren hatte. Während Friedman seine »Theorie« auf dem Fundament von Fast Food aufbaute, zeigten sowohl Fukuyamas »Das Ende der Geschichte« (*The End of History*) als auch Huntingtons »Der Kampf der Kulturen« (*The Clash of Civilizations*), trotz einiger interessanter Einsichten in letzterem, deutlich die schwerwiegenden Grenzen der amerikanischen Politikwissenschaft als gültige Studie und der Sicht amerikanischer Intellektueller auf die Welt. Innerhalb von etwa zehn Jahren nach der Veröffentlichung dieser Werke, 1992 bzw. 1996, erwiesen sich beide in ihren Hauptaussagen auf dramatische Weise als falsch, und in den 2010er Jahren wirkten die Ideen, die in diesen viel gepriesenen Glanzleistungen des amerikanischen Intellekts zum Ausdruck kamen, ausgesprochen weit hergeholt, wenn nicht sogar völlig albern.

Einer der wichtigsten amerikanischen »Spezialisten« für Geopolitik, der verstorbene Zbigniew Brzezinski, sah sich 1998 gezwungen, seine Politik der Unterstützung dschihadistischer Kräfte in Afghanistan in einem Interview zu verteidigen, das nach der Tragödie vom 11. September 2001 sehr merkwürdig wirkte.[179] Sein 1997 erschienenes Hauptwerk »Die einzige Weltmacht« (*The Grand Chessboard*), für das er erwartungsgemäß von denselben Akteuren der geopolitischen Echokammer Amerikas gelobt wurde, war 2007 irrelevant geworden, wie Wladimir Putins Münchner Rede beweist, in der er das supranationale Hegemonialbestreben der USA zurückweist und erklärt, dass »es unzulässig ist, dass ein Land, die Vereinigten Staaten, seine Zuständigkeit über seine nationalen Grenzen hinaus ausdehnt«[180], was den Beginn des russischen Widerstands markiert. Brzezinskis Abhandlung war nichts weiter als eine Ansammlung von Klischees, Wunschdenken und geopolitischen Schlagworten, wie das meiste, was aus den Tiefen der amerikanischen geopolitischen Gelehrsamkeit und Denkfabriken kommt und dennoch überall auf breite Zustimmung stößt.

Selbst wenn richtige Schlussfolgerungen ziehend, wie Samuel Huntington über den Niedergang des Westens, so war Huntingtons Vorbehalt, dass dieser Niedergang nur relativ sei.[181] Der Gedanke, dass der Westen als Ganzes, mit den USA als seiner faktischen Führungsmacht, implodieren könnte, kam zahlreichen amerikanischen Wissenschaftlern nicht in den Sinn, deren Ideen als der Gipfel amerikanischer geopolitischer und Governance-Erkenntnisse verkauft wurden, ohne dass dem völligen Zusammenbruch des Verhältnisses zwischen Ursache und Wirkung in den meisten von ihnen viel Aufmerksamkeit geschenkt wurde. Historische Kausalität war noch nie eine Stärke des amerikanischen geopolitischen Denkens, das eher dazu geeignet war, in erster Linie eigennützige Erzählungen oder Agenden als echte Studien zu produzieren, wobei viele von ihnen nur wenig Wissen über prägende geopolitische Faktoren wie die reale Wirtschaft, die reale nationale Macht und reales Wissen über ihre Subjekte enthielten, seien es Russland, China oder größere Phänomene wie Kriegsführung oder Kultur. Das soll nicht heißen, dass es keine Versuche gegeben hat, die als Ideen geltenden Narrative zu korrigieren oder zu überdenken. Das wäre sehr unfair gegenüber einigen amerikanischen Denkern wie Daniel Larison, die versucht haben, das grob falsche Narrativ von der gegenwärtigen amerikanischen Vormachtstellung in internationalen Angelegenheiten in Frage zu stellen, die, wenn schon nicht dauerhaft, so doch zumindest sehr beständig ist, und selbst wenn sie abnimmt, so doch nur langsam und kontrolliert.

Henry Kissinger, einer der angesehensten diplomatischen Ältesten Amerikas in den Vereinigten Staaten und im Westen, genoss eine lange Zeit der Verehrung durch die politische Elite Amerikas. Doch Kissingers ständige geopolitische Plattitüden konnten nicht über die einfache Tatsache hinwegtäuschen, dass er, wie Thomas Meany feststellte, »eine weitaus weniger bemerkenswerte Figur der westlichen Eliten war, als seine Anhänger, seine Kritiker – und er selbst – glaubten«.[182] Der Mythos von Henry Kissingers Scharfsinn war typisch für die amerikanische PR, die auf Hochtouren lief, um Analysten zu fördern, die zwar eine anerkannte Agenda vorantrieben, aber nicht als herausragende Köpfe, als wirklich außergewöhnliche Persönlichkeiten, die zu grandiosen Leistungen fähig waren, galten. Dies hat die amerikanische Außenpolitik seit dem Desaster des Vietnamkriegs geprägt. Letztendlich ist Kissinger nur ein weiterer amerikanischer Exzeptionalist, der fälschlicherweise als »Realist« bezeichnet wird, obwohl selbst dieser Begriff absolut bedeutungslos geworden ist, neben unzähligen anderen Bezeichnungen, die die Sache komplizieren, höchstwahrscheinlich mit dem Ziel, akademische Pfründe im Bereich der amerikanischen Politikwissenschaft und der internationalen Beziehungen zu vermehren. Wie Meany behauptet:

> Auch nach seinem Ausscheiden aus dem Amt hat Kissinger selten den Konsens in Frage gestellt, geschweige denn unbequeme Einschätzungen abgegeben, wie sie für die spätere Karriere von George Kennan kennzeichnend waren, der Präsident Clinton nach dem Zusammenbruch der Sowjetunion vor der *NATO*-Erweiterung warnte. Es ist aufschlussreich, Kissingers Instinkte an denen eines echten Realisten wie dem Politikwissenschaftler John Mearsheimer von der Universität Chicago zu messen. Als der Kalte Krieg zu Ende ging, war Mearsheimer so sehr dem Prinzip des »Gleichgewichts der Kräfte« verpflichtet, dass er den bemerkenswerten Vorschlag machte, die Verbreitung von Kernwaffen in einem vereinigten Deutschland und in ganz Osteuropa zuzulassen. Kissinger, der nicht in der Lage war, über den Horizont des Kalten Krieges hinauszublicken, konnte sich keinen anderen Zweck für die amerikanische Macht vorstellen als das Streben nach globaler Vorherrschaft.[183]

Im Allgemeinen ist die amerikanische Außenpolitik, oder besser gesagt das diplomatische Versagen, das zum Krieg in Vietnam und dann zu den Fehlschlägen in Jugoslawien, im Irak und in Syrien und vielen anderen geführt hat, eine Ansammlung von Anomalien, die von vielen Leuten mit Doktortiteln und beeindruckenden Lebensläufen geschaffen wurden, und sie ist sehr amerikanisch geprägt. Es gab nie einen Krieg, den Kissinger nicht befürwortet hätte, und Daniel Larison, der die Leistungen und Qualitäten von Henry Kissinger und George F. Kennan vergleicht, behauptet:

> Kissinger bestand auf genau dem Gegenteil: dass die zynische und hartnäckige Verfolgung extravaganter und wenig aussichtsreicher Ziele notwendig sei, um die amerikanische Entschlossenheit zu beweisen. Kissinger hätte nicht falscher liegen können, wie die nachfolgenden Ereignisse zweifelsfrei bewiesen, aber seine tiefe Falschheit hatte wenig oder gar keine Auswirkungen auf sein Ansehen in

> den USA. Es ist kein Zufall, dass Kissinger die Verfolgung solcher Ziele bis hin zur Invasion des Irak wiederholt befürwortet hat. Die Fehler, vor denen Kennan warnte und richtig voraussah, dass sie kostspielig und unsolide sein würden, sind die gleichen, die Kissinger billigte und verteidigte. Unsere Regierung hört in der Regel auf die Kissingers und setzt sie ein, um unsere Außenpolitik zu gestalten, und sie ignoriert und marginalisiert die Kennans, sobald sie anfangen, unbequeme Dinge zu sagen. Kissinger hatte großen Erfolg darin, sich selbst voranzubringen, und er ist auch fast fünfzig Jahre nach seiner letzten Stellung in der Regierung noch immer eine feste Größe im außenpolitischen Establishment, weil er es versteht, Argumente zu liefern, die einer zweifelhaften und aggressiven Politik Legitimität verleihen. In den 60er Jahren stellte er falsche Behauptungen über die »Glaubwürdigkeit« auf, die dazu beitrugen, einen Krieg aufrechtzuerhalten, und spätere Generationen von Falken haben dieselben Behauptungen benutzt, um die Beteiligung an neuen Kriegen zu rechtfertigen. Trotz aller Beweise dafür, dass seine »Glaubwürdigkeits«-Argumente Unsinn waren, hat sich Kissingers Ruf im Laufe der Zeit bizarrerweise immer weiter verbessert.[184]

Aus der Sicht von Washington D.C. ist es jedoch absolut nicht bizarr, dass diese Art der »Staatskunst« von Kissinger und seinen Anhängern in den obersten Machtzentren der USA beliebt und gefragt ist. Praktisch der gesamte »intellektuelle Apparat«, der sich in den Vereinigten Staaten mit Außenbeziehungen und Geopolitik im Allgemeinen befasst, weiß nichts von den wichtigsten Triebkräften, die hinter der Bildung eines Machtgleichgewichts durch die westlichen Eliten stehen. Er ist in erster Linie mit »Denkern« besetzt, selbst mit solchen, die nominell nicht als Falken zu bezeichnen sind, und bleiben Amerikas Eintagsfliegen, da sie von der Annahme der Allmacht Amerikas ausgehen. Dieser Mythos wird nicht in Frage gestellt, weil den meisten, wenn auch nicht allen Kadern des außenpolitischen Establishments der USA die Einsicht fehlt, dass Amerikas Handlungsfähigkeit nicht absolut ist, dass sie es nie war und dass jede Art von politischem Handeln, um es mit den Worten Bismarcks zu sagen, »die Kunst des Möglichen, des Erreichbaren ist – die Kunst des Nächstbesten.«[185] Die amerikanischen Eliten, von denen viele mit dem Clinton- und all-American-Syndrom der Grandiosität infiziert sind, sind nicht darauf konditioniert, mehrdimensional zu denken und die Kosten und Vorteile sowie die Folgen ihrer Entscheidungen abzuschätzen. In Anbetracht des fragwürdigen Verständnisses der meisten Spitzenpolitiker in den USA für die Faktoren des Machtgleichgewichts, die für die Entwicklung und Umsetzung einer wirklich realistischen Außen- und Innenpolitik erforderlich sind, ist es nicht verwunderlich, dass die amerikanische Außenpolitik der letzten fast dreißig Jahre, einschließlich der ihr zugrunde liegenden intellektuellen Annahmen, eine Litanei fortgesetzter, ungemilderter Katastrophen ist.

Hätte man das tatsächliche intellektuelle Niveau des modernen amerikanischen politischen Diskurses sehen wollen, hätte es genügt, am 29. September 2020 die erste Präsidentschaftsdebatte zwischen dem Amtsinhaber Donald Trump und seinem Herausforderer, dem ehemaligen Vizepräsidenten Joe Biden, einzuschalten, um alles zu erfahren, was man über den gegenwärtigen Zustand der amerikanischen Politik und des politischen Denkens wissen muss. Abgesehen davon, dass die Debatte eine nationale Schande war und in der ganzen Welt als peinlich empfunden wurde – ein Wortgefecht zwischen zwei wirklich betagten Debattierern, das Leonid Breschnew mit Anfang siebzig wie einen Intellektuellen und einen Mann mit Würde aussehen ließ –, offenbarte sie die gleiche alte amerikanische Krankheit, indem sie Amerikas Zukunft weiterhin als die eines globalen Führers oder Hegemons darstellte. All dies wurde verkündet, während die amerikanische und andere westliche Volkswirtschaften implodierten und die Vereinigten Staaten sowohl von Russland als auch von China aus Eurasien verdrängt werden. Die Struktur der liberalen Weltordnung selbst zerfiel vor den Augen der ganzen Welt. Es handelte sich nicht mehr nur um das Gerüst, sondern das ganze Gebäude ging in Flammen und Rauch unter. Die zugrunde liegende Theorie – der amerikanische Exzeptionalismus – hatte sich als völlig falsch erwiesen.

Mit Wladimir Putins berühmter Rede auf der Münchner Konferenz für Sicherheitspolitik im Jahr 2007 begann der Countdown für eine neue Welt. Darin erklärte der russische Präsident das unipolare Moment, ein Euphemismus für die amerikanische Hegemonie, für tot:

> »Ich bin der Meinung, dass das unipolare Modell in der heutigen Welt nicht nur inakzeptabel, sondern auch unmöglich ist. Und das liegt nicht nur daran, dass die militärischen, politischen und wirtschaftlichen Ressourcen nicht ausreichen würden, wenn es in der heutigen Welt – und gerade in der heutigen Welt – eine individuelle Führung gäbe. Was noch wichtiger ist, ist, dass das Modell selbst fehlerhaft ist, weil es keine moralischen Grundlagen für die moderne Zivilisation gibt und geben kann. Außerdem wird in der heutigen Welt – und wir haben gerade erst damit begonnen, darüber zu diskutieren – versucht, genau dieses Konzept in die internationalen Angelegenheiten einzuführen, das Konzept einer unipolaren Welt.[186]

Die Rede sorgte weltweit für Schlagzeilen, wurde aber von vielen mächtigen Akteuren des US-Establishments mit einem sarkastischen Lächeln bedacht. Nichts konnte, so schien es, das Vertrauen des selbsternannten Hegemons erschüttern. Die Reaktion aus dem Weißen Haus war ziemlich erwartungsgemäß: Die »Anschuldigungen« wurden als »falsch« bezeichnet, und abgesehen von einigen beunruhigenden Äußerungen in den vornehmlich rechtsgerichteten amerikanischen Randmedien nahmen sie nur wenige allzu ernst.[187] Es erübrigt sich zu sagen, dass die alte Leier des amerikanischen außenpolitischen Establishments und seiner Hof-»Analysten« und »Wissenschaftler«, Russland sei eine zweitklassige Macht mit einem BIP, das kleiner ist als das von Texas, Italien, Südkorea oder was auch immer gerade angesagt war, wiederholt abgespielt wurde.

Alle westlichen Prognosen und Einschätzungen wurden über den Haufen geworfen, als die russischen Streitkräfte die georgischen Streitkräfte, die angeblich von der NATO ausgebildet und teilweise ausgerüstet waren, innerhalb von nur fünf Tagen während des russisch-georgischen Krieges im August 2008 ausschalteten, und einen Monat später, als die Finanzkrise mit dem Konkurs von Lehman Brothers im September 2008 ausbrach. Die Ereignisse im Irak und in Afghanistan boten ebenfalls reichlich Anlass, an der Macht Amerikas zu zweifeln, was jedoch nicht verhinderte, dass eine ganze Reihe amerikanischer geopolitischer Wissenschaftler und Politiker dies zum Anlass nahmen, Amerika zu loben und ihre absurden Behauptungen zu wiederholen, die US-Streitkräfte seien die »beste Kampftruppe in der Geschicht«.[188] Das war ein Warnsignal – auch wenn diese Behauptungen über die amerikanische Überlegenheit nur für eine leichtgläubige amerikanische Öffentlichkeit gemacht wurden, die in internationalen Angelegenheiten äußerst unbedarft ist.

Verzerrte Selbstwahrnehmung

Aber da war noch mehr. Die erschreckende Wahrheit lag in der Tatsache, dass viele – sehr viele – in den politischen und intellektuellen Spitzenpositionen Amerikas wirklich von ganzem Herzen daran glaubten. Das war ein Ausmaß an ideologischer Inbrunst und Realitätsferne, das selbst die engagiertesten Maoisten erröten lassen würde. Was dann folgte – die Vereinigten Staaten und die Europäische Union schürten die Unruhen in der Ukraine, die zu einem Bürgerkrieg und zur Abspaltung der Krim nach einem Referendum führten – zeigte die völlige Inkompetenz der amerikanischen politischen, geheimdienstlichen, akademischen und wirtschaftlichen Institutionen, die diesen Prozess ausgelöst hatten, der in seinem Ausmaß und seinen Folgen in der Tat außergewöhnlich war und ist. Die Tatsache, dass die US-Eliten nicht erkannten, was sie taten und was bald daraus resultieren würde, signalisierte ihren völligen intellektuellen Zusammenbruch und einen schweren Fall von Voreingenommenheit auf breiter Front. Dies waren die ersten Anzeichen einer tiefgreifenden existenziellen Krise der gesamten amerikanischen Gesellschaft und ihrer Institutionen, insbesondere der militärisch-politischen, die ich 2014 vorausgesagt hatte, während Beobachter wie Dmitry Orlov die Zeichen der Zeit bereits 2011 erkannt hatten. Andrei Raevsky, der in der internationalen Blogosphäre als »The Saker« (der Würgfalke) bekannt ist, hatte es sogar noch früher erkannt. Nur wenige etablierte amerikanische Denker reagierten wirklich rational auf das, was kommen würde.

Wurde Wladimir Putins Münchner Rede 2007 noch von vielen sarkastisch belächelt, so lächelte niemand mehr, nachdem der russische Präsident in seinem Interview mit der *Financial Times* im Juni 2019 den westlichen Liberalismus »ausgeweidet« hatte. Wie die *FT (Financial Times)* schrieb:

> Wladimir Putin hat das Wachstum der nationalpopulistischen Bewegungen in Europa und Amerika bejubelt und erklärt, der Liberalismus habe als ideologische Kraft ausgedient. In einem *FT*-Interview im Kreml am Vorabend des G20-Gipfels in Osaka, Japan, sagte der russische Präsident, »die liberale Idee« habe »ihren Zweck überlebt«, da sich die Öffentlichkeit gegen Einwanderung, offene Grenzen und Multikulturalismus wende … »Die liberale Idee ist obsolet geworden. Sie ist in Konflikt mit den Interessen der überwältigenden Mehrheit der Bevölkerung geraten.«[189]

Das bedeutete, dass auch der Globalismus, eine Sublimierung der amerikanischen Bestrebungen nach tatsächlicher Grandiosität, tot war. Für viele amerikanische Gelehrte und die Politiker, die von diesen Gelehrten abhängig waren und sind und sich von ihren Erzählungen nähren, von denen viele letztlich unwahr waren, kann selbst die Vorstellung, dass Amerikas Größe nicht nur das Ergebnis von Amerikas unbestreitbarem Genie und seiner Macht war, sondern größtenteils auf eine Reihe von glücklichen Umständen zurückzuführen ist, die Amerika vor der Zerstörung im schlimmsten Krieg der Menschheitsgeschichte bewahrt haben, eine schwere Prüfung ihrer persönlichen und sogar akademischen Überzeugungen sein. Für Menschen, die den Ideen der Hofschranzen Brzezinski, Fukuyama, Huntington oder sogar des relativ unabhängigen Mearsheimer vertrauen, ganz zu schweigen von einem Heer amerikanischer und westlicher »Militärporno«-Lieferanten, die von Kaderoffizieren bis hin zu Comiczeichnern reichen, ist es eine lebensverändernde Erfahrung, einer Welt gegenüberzustehen, in der Amerika als großmäuliger Tyrann angesehen wird, vor dem niemand Angst hat und der wirtschaftlich gesehen in erster Linie aus Rauch und Spiegeln besteht. Eine sehr unangenehme Erfahrung, und das ist verständlich, vor allem angesichts der merkwürdigen Tatsache, dass der Großteil der amerikanischen Intelligenz, quer durch das gesamte Spektrum politischer Ansichten, nicht erkannt hat, was für viele seit Jahren, wenn nicht Jahrzehnten, offensichtlich ist.

Es ist nahezu unmöglich, einem in Amerika ausgebildeten Politikwissenschaftler oder einem zum Politiker gewordenen Juristen zu erklären, dass die Vergangenheit zwar die Zukunft diktiert, dass aber eine wirkliche Auseinandersetzung mit ihr etwas mehr Finesse erfordert, als sie ein fortgeschrittener Hochschulabschluss oder ein Postgraduiertenstudium an führenden amerikanischen Universitäten bietet.

Die Tatsache, dass ein Großteil der Wahrheit nicht wirklich relativ ist und dass man sie wissen kann – eine Prämisse, die viele in der amerikanischen akademischen Welt nicht anerkennen wollen – könnte für solche Wissenschaftler ein Kulturschock sein. Richard Haas, der Präsident des Council on Foreign Relations, einer ziemlich überbewerteten Ansammlung amerikanischer Staatsmänner und -frauen, wenn man sie im Zusammenhang mit ihren völlig katastrophalen »Errungenschaften« betrachtet, kann über die Außenpolitik von Donald Trump schwadronieren und sagen, was er will, wie er es im Oktober 2020 in *Foreign Affairs* tat. Er kann sogar auf die Geschichte Amerikas zurückblicken und eine Liste von Amerikas »Schöpfungen« wie den Internationalen Währungsfonds und die Weltbank loben, »und dass es einen modernen Außenpolitik- und Verteidigungsapparat aufgebaut hat, einschließlich des Nationalen Sicherheitsrats, der CIA und des Verteidigungsministeriums«[190], wobei er offensichtlich nicht einmal die dunkle Ironie der Auflistung der Hauptverantwortlichen für Amerikas Untergang und die Weigerung der Welt, nach amerikanischen Regeln zu leben, begreift.

Das Komische an der Situation ist, dass Haas als ehemaliger vollendeter amerikanischer militärisch-diplomatischer Bürokrat immer noch nicht erkennen kann, dass die Probleme der Vereinigten Staaten und des Westens im Allgemeinen nicht nur institutioneller Natur sind – sie sind systemisch. Wie der ehemalige CIA-Offizier Philip Giraldi bei der Beschreibung des gegenwärtigen Zustands der Central Intelligence Agency feststellte:

> … es gab beträchtliche Bedenken, dass die Agentur in gewissem Maße ihre Fähigkeit verloren hatte, traditionelles Handwerk zu betreiben. Es wäre zwar eine grobe Übertreibung zu behaupten, dass die Agentur das Spionagegeschäft aufgegeben hat, aber einigen Berichten zufolge hat sie unilaterale Operationen weitgehend aufgegeben und ist stattdessen in hohem Maße von oft unzuverlässigen

> Informationen abhängig geworden, die von befreundeten nachrichtendienstlichen Verbindungsdiensten weitergegeben werden.[191]

Zu einem früheren Zeitpunkt beschrieb derselbe Philip Giraldi ein erschreckendes Maß an Inkompetenz im »Spionagehandwerk« der CIA, das durch den Nationalen Geheimdienst vertreten wird, der sich rühmt, eine Elite zu sein, und betonte, dass:

> Diese starke Gruppenidentität hat dazu geführt, dass ein außergewöhnliches Maß an Mittelmäßigkeit oder sogar Inkompetenz in den eigenen Reihen akzeptiert wird. Wie der alkoholkranke und völlig unfähige Aldrich Ames erfuhr, ist es sehr schwer, eingestellt zu werden, aber noch schwieriger, gefeuert zu werden. … Höhere Offiziere, die ihren eigenen Mangel an Sprach- und Kulturkenntnissen verleugnen, behaupten häufig, dass »eine Operation eine Operation ist«, was impliziert, dass die Rekrutierung und Führung von Spionen überall gleich ist – eine offensichtliche Absurdität. Das chaotische Verfahren der Agentur für Auslandseinsätze bedeutet, dass Beamte oft nur eine minimale Sprachausbildung erhalten und von ihnen erwartet wird, dass sie nach ihrer Ankunft an einem Posten das lokale Idiom lernen, vermutlich durch Osmose. Die meisten scheitern daran.[192]

Doch wenn Amerikas wichtigster Geheimdienst im 21. Jahrhundert einen so offensichtlichen intellektuellen und kulturellen Niedergang erlebt zu haben scheint, so bestätigt der ehemalige CIA-Chefhistoriker Benjamin B. Fischer, dass es sich dabei nicht nur um ein Phänomen der jüngsten Zeit handelt. Während des Kalten Krieges besetzten der sowjetische, der ostdeutsche und der kubanische Geheimdienst die CIA mit Doppelagenten, was Fischer als massives nachrichtendienstliches Versagen bezeichnet, das der CIA »großen Schaden zufügte«.[193] Dieses Versagen wurde übersehen, was ein deutliches Muster für das zeigt, was per Definition als Amerikas bester Geheimdienst und intellektueller Dienst dient. Wenn die CIA sowohl in ihrer nachrichtendienstlichen Tätigkeit als auch in ihrer Kaderrekrutierungspolitik Schwierigkeiten hat, würde man erwarten, dass Leute wie Haas oder Leute wie er, die sich bei ihren Analysen auf CIA-Daten stützen, ähnliche nachrichtendienstliche Unzulänglichkeiten erleben, wie sie die CIA auch heute noch erlebt.

Schließlich ist dic Hauptaufgabe jedes Nachrichtendienstes in der Welt das Sammeln von Informationen, und genau hier versagen Amerikas menschliche Aufklärungs- und Analyseprozesse. Haas verwendet den Begriff »eine verzerrte Linse«, wenn er versucht, Donald Trumps Weltsicht zu beschreiben.[194] Aber weder Haas noch die meisten seiner Kollegen im Council on Foreign Relations sind in der Lage, Trump zu kritisieren, da ihr eigenes Welt- und Geschichtsbild nicht weniger verzerrt ist als das seine. Behauptungen, dass die amerikanischen Institutionen, die Haas zu verteidigen versucht, angeblich fast 75 Jahre lang Kriege der Großmächte verhindert haben oder für das 90-fache Wachstum der US-Wirtschaft verantwortlich waren, neben anderen inzwischen traditionellen Metaphern über die »Ausbreitung der Demokratie«, sind nicht nur gefälscht und ahistorisch, sondern zeigen die intellektuelle Unehrlichkeit und extreme geistige Schwäche von Amerikas angeblich führenden Intellektuellen.[195]

Richard Haas ist mit seinen Täuschungen in Bezug auf Geschichte und Geopolitik nicht allein, Täuschungen, die keiner sachlichen oder wissenschaftlichen Prüfung standhalten. Haas ist nur einer von vielen einflussreichen Intellektuellen in Amerika, die sich mit der Schaffung von Narrativen beschäftigen. Es ist weder neu noch anmaßend, Narrative zu schaffen oder zu formulieren. Letztlich handelt es sich dabei um eine Standardaufgabe der intellektuellen Elite eines jeden Landes. Das Hauptproblem bei der Schaffung von Narrativen ist die Frage, ob diejenigen, die die Narrative schaffen oder in Auftrag geben, tatsächlich wissen, *wie die Dinge wirklich liegen*. Hier liegt das Problem mit dem amerikanischen Establishment oder den Mainstream-Intellektuellen – die meisten von ihnen glauben wirklich an ihre eigenen Erzählungen. Wenn die CIA bei der Sammlung und Gegenüberstellung von Fakten versagt, um eine verlässliche und realistische Einschätzung der Außenwelt zu erhalten, und sich gleichzeitig auf Aktivitäten spezialisiert, die der nationalen Sicherheit der USA grob schaden, wie z. B. Russiagate, ist es höchst unvernünftig, von einer Intrige amerikanischer geopolitischer Analysten und Wissenschaftler zu erwarten, dass sie irgendetwas richtig macht. Die Bilanz ihrer endgültigen Misserfolge ist für jeden sichtbar. Diese Fehler sind unvermeidlich in der fast hermetischen Echokammer der amerikanischen Denker und Experten, die nicht in der Lage sind, das Narrativ eines allmächtigen Amerikas, das den Rest der Welt mit ignoranter Verachtung betrachtet, von der Realität zu trennen.

Eine analytische Echokammer

Der Bereich der amerikanischen Russlandstudien ist ein klassisches Beispiel für eine amerikanische analytische Echokammer. Wie ich schon seit Jahren schreibe, handelt es sich hier um eine Einöde von Pseudogeschichte, Gerüchteküche und Erzählungen von Menschen russischer und ausländischer Herkunft, die man bei weitem nicht als objektive Beobachter bezeichnen kann. Die Situation wird im Laufe der Zeit sogar noch schlimmer, was dazu führt, dass die heutige Russistik kaum mehr als eine Propagandamaschine ist, die sich nicht einmal die Mühe macht, Russland und seine Kultur, wie sie von der Mehrheit der russischen Völker verschiedener Ethnien vertreten wird, tatsächlich zu studieren. Was in den USA als »Studium Russlands« durchgeht, ist die gleiche alte, müde Routine, sich vorzustellen, dass

Russland immer noch die Sowjetunion ist, und dann zu versuchen, sie zu besiegen, ohne zu bemerken, dass sich die Zeiten dramatisch geändert haben.

Aber selbst das spektakuläre Scheitern eines von Zbigniew Brzezinski eingeführten großen und völlig falschen geopolitischen Strategems, das als eine der Säulen der Strategie der Vereinigten Staaten gegenüber Russland bzw. gegen Russland diente, blieb von den Intellektuellen des US-Establishments fast unbemerkt – trotz der Tatsache, dass das Strategem nicht nur falsch war, sondern auch eine der Hauptursachen für den rasanten Niedergang Amerikas auf der ganzen Linie war. Jahrzehntelang hatte Brzezinski, der in den Vereinigten Staaten als einer der wichtigsten Experten für die UdSSR/Russland galt, was er bei weitem nicht war, die Idee propagiert, dass die Ukraine ein primäres Schlachtfeld sei, das die Vereinigten Staaten beherrschen müssten, um die einzige Supermacht zu bleiben und Russland daran zu hindern, sich als eurasisches Imperium neu zu konstituieren.[196] Bemerkenswerterweise, aber erwartungsgemäß, wurde dieses wahnhafte Gefasel von allen Teilen der amerikanischen und westlichen Intelligenz, die sich mit außenpolitischen Fragen befassten, in den höchsten Tönen gelobt. Die Wahnvorstellung kam am besten in der *New York Times* zum Ausdruck, die Brzezinskis Magnum Opus »Die einzige Weltmacht – Amerikas Strategie der Vorherrschaft« (*The Grand Chessboard*) positiv rezensierte:

> Brzezinski hat nun einen weiteren wissenschaftlichen Entwurf dafür vorgelegt, was die Vereinigten Staaten seiner Meinung nach in den kommenden Jahren tun sollten, um Amerikas Interessen zu fördern, ihre Hegemonie zu erhalten und globale Anarchie zu verhindern. Für Brzezinski ist dies ein strategisches Spiel, nicht unähnlich dem Schachspiel, um potenzielle Rivalen zu überlisten ...[197]

Es ist kein Geheimnis, dass viele in Russland, von der politischen Spitze bis hinunter zum Durchschnitts-Iwan, froh darüber waren, dass die gesamte Weltsicht Brzezinskis in sich zusammenfiel, insbesondere in Anbetracht seiner Position als außenpolitischer Berater von Präsident Obama. Russland war nicht nur an der Ukraine als Schlachtfeld desinteressiert, sondern die Russen wollten nach der Rückkehr der Krim zu Russland im Jahr 2014 auch nichts mit der Ukraine zu tun haben. In den kurzen sechs Jahren seit dem blutigen Gewaltputsch auf dem Maidan haben sie sich wirtschaftlich von dem zunehmend dysfunktionalen Regime in Kiew abgekoppelt und sogar zwei Pipelines nach Europa umgeleitet, um zu verhindern, dass sie durch die Ukraine verlaufen, und sie damit gleichzeitig zu einem langsamen wirtschaftlichen Tod verurteilt.

Brzezinski hat niemanden überlistet außer sich selbst und die Anhänger seiner radikal russophoben Ansichten, denn die Ukraine-Affäre hatte Folgen, die eine tektonische, wenn auch uneingestandene geopolitische Niederlage für den Westen darstellten. Sie befreite Russland auch von der lähmenden Last, der Ukraine wirtschaftlichen Wohlstand zu verschaffen, und ermöglichte es Russland, die frei gewordenen Ressourcen für seine eigene Entwicklung umzuleiten und so Russlands Rückkehr als zentrale eurasische und globale Macht zu sichern. Brzezinski mag geopolitische Spielchen gespielt haben, aber er war ein Theoretiker mit einer Harvard-Doktorarbeit, die sich mit der Sowjetunion beschäftigte, und er war trotz seiner Amtszeit als Nationaler Sicherheitsberater von Präsident Carter in der realen modernen Welt einer extrem technologisch komplexen wirtschaftlichen und militärischen Macht in der Zeit einer echten Revolution in militärischen Angelegenheiten völlig desorientiert. Der als einer der besten amerikanischen Denker gepriesene Brzezinski verkörpert noch heute die völlige Ignoranz und Inkompetenz der amerikanischen politischen und intellektuellen Klasse gegenüber dem einzigen Land der Welt, das die Vereinigten Staaten von der Landkarte streichen kann.

Brzezinskis unablässiges Eintreten für eine Polen-zentrierte Politik mit dem Ziel, Russland zu schwächen, hat letztlich das genaue Gegenteil bewirkt und dafür gesorgt, dass die russisch-amerikanischen Beziehungen unter Obama massiv und möglicherweise irreparabel geschädigt wurden – Beziehungen, die damals wie heute für die amerikanische und die globale Sicherheit entscheidend sind. Damit schadete Brzezinski den wirklichen Interessen der Vereinigten Staaten im Gesamtgefüge der Dinge sogar noch mehr als Amerikas eigene pro-israelische Neokonservative, mit denen Brzezinski häufiger als mit anderen in Konflikt geriet. Aber wie die Praxis zeigt, haben die Vereinigten Staaten angesichts des dramatischen Schadens an Amerikas staatsmännischer Produktionsmaschinerie – von den Bildungseinrichtungen der Ivy League bis hin zu den Medien – einfach keine guten Optionen mehr, um sie mit hochwertigen politischen und intellektuellen Analysen zu versorgen. Das Niveau ist sehr niedrig und sinkt weiter. Dieser Prozess ist unter den derzeitigen Umständen unumkehrbar. Der Intellekt amerikanischer Politiker steht im umgekehrten Verhältnis zu ihren hegemonialen Ambitionen, denn die Durchsetzung dieser Agenda war in den letzten drei Vierteljahrhunderten der einzige Modus Operandi, der für die amerikanischen Eliten akzeptabel war.

Erkenntnistheoretische Blockade

Neben dem Bereich der Russlandstudien bietet die Fachwelt, die die wichtigsten Meinungsmacher stellt, einen weiteren Beweis für den Niedergang der kognitiven Fähigkeiten und des kritischen Denkens der Amerikaner. Eine der wichtigsten Stimmen zu Russland in den US-Medien ist Masha Gessen von *The New Yorker*, deren Schriften über Russland und insbesondere über Präsident Putin von vielen in den USA ernsthaft als fachkundige Analysen angesehen werden – und auch als Hinweis darauf dienen, in welchem Maße die US-Medien zunehmend aus den Angeln gehoben werden und nicht nur zu unverhohlenen Lügen greifen, was inzwischen von ihnen erwartet wird, sondern, was noch alarmierender ist, Symptome einer tiefen persönlichen Abneigung zeigen. Gessen schrieb im März 2020, zu Beginn der Covid-19-Panik, einen Aufsehen erregenden Artikel, in dem sie Parallelen zwischen dem Vorgehen von Präsident Putin während der *Kursk*-U-Boot-Katastrophe und Trumps Reaktion auf die Covid-19-Pandemie zog. Man muss sich schon sehr anstrengen, um auch nur eine entfernte Verbindung zwischen der *Kursk*-Tragödie und dem Virus herzustellen, aber Gessen hatte keine Skrupel, dies zu tun. Über ihren »Erzfeind« Putin schreibt sie:

> Aber da ist noch mehr. Der auffälligste Aspekt von Putins Weigerung, die Verantwortung für die *Kursk*-Katastrophe zu übernehmen, war sein Rückzug in die Bürokratie. Das war ein Vorgeschmack auf die zwanzig Jahre seither (und möglicherweise die nächsten zwanzig). Putins Gebrauch der Bürokratensprache ist ein Mittel, um die Öffentlichkeit in die Irre zu führen und von der Verantwortung abzulenken, bietet aber auch einen Einblick in sein Verständnis von Regierung. Er sah sich selbst als Galionsfigur, die den Menschen bei ihrer Arbeit in die Quere kommen könnte, und schien sich nicht bewusst zu sein, dass es seine Aufgabe ist, die Anstrengungen zu leiten. Vielleicht waren die russische Marine und die russische Regierung deshalb übervorsichtig, lehnten ausländische Hilfe ab und reagierten nicht einmal auf die SOS-Signale des U-Boots.[198]

Es scheint angebracht zu erwähnen, dass Gessen, die ihr Studium der Architektur abgebrochen hat und als Journalistin angepriesen wird, weil sie im *New Yorker* publiziert, nicht nur keine Ahnung hat, wie die russische Regierung heute arbeitet, sondern auch nicht erkennt, dass es sich bei dem, was sie beschreibt, um die Handlungen eines Präsidenten handelt, der in der Tat klug regierte, indem er Fachleute die

Arbeit machen ließ. Die Tatsache, dass sich viele dieser Fachleute als ungeeignet für ihre Aufgabe erwiesen haben, ist also nicht die Schuld des absolut neuen russischen Präsidenten, sondern spiegelt das Chaos wider, das er von seinem Vorgänger geerbt hat. In einem in der russischen Politik noch nie dagewesenen Akt traf sich Wladimir Putin persönlich mit den Angehörigen der verstorbenen Besatzung der Kursk und nahm es auf sich, nicht nur das Leben der Menschen dort zu verändern, sondern auch die Kursk vom Grund der Barentssee zu heben. In beiden Fällen hat er sein Ziel erreicht.

Gessens Hass auf Russland im Allgemeinen und Putin im Besonderen, der dem einer anderen russisch-jüdischen Immigrantin und Publizistin, Julia Ioffe, ähnelt, lässt sich sowohl durch ihren langjährigen persönlichen Groll als auch durch Putins radikal globalisierungsfeindliche Politik erklären, zu der auch seine Förderung wahrer konservativer Werte gehört, nicht zuletzt durch die Bekräftigung der traditionellen Familie als Grundbaustein der Gesellschaft, während Gessen, eine bemerkenswerte Verfechterin der LGBT-Rechte, diese als schädlich und zerstörenswert ansieht – das Ziel sehr vieler in der amerikanischen Politik und den Medien.

Aber die Psychose über Russland oder Putin in den USA ist nicht nur eine Frage der Politik, sondern auch eines Prozesses, den man nur als *Infantilisierung* Amerikas bezeichnen kann – die hier nur diskutiert wird, um zu zeigen, auf welcher Ebene sie sich abspielt. Im Jahr 2015 veröffentlichte der Anwalt und Chefredakteur des Blogs Lawfare und Senior Fellow in Governance Studies an der Brookings Institution, Benjamin Wittes, ein augenzwinkerndes und peinliches Angebot an Präsident Putin, gegen ihn … zu kämpfen. Wittes, der sich als Kampfsportler bezeichnet, schrieb:

> Was haben der ehemalige Schachweltmeister Garri Kasparow, die ehemalige Leiterin der Politikplanung im Außenministerium Anne-Marie Slaughter, der ehemalige US-Botschafter in Russland

> Michael McFaul und die bekannten Journalisten Charles Lane, Jonathan Rauch und Jeffery Goldberg gemeinsam? Sie alle sind der Meinung, dass der russische Präsident Wladimir Putin seinen Mann stehen und sich mit mir in einem Einzelkampf an einem Ort treffen sollte, an dem er mich nicht verhaften lassen kann.[199]

Und mit einem Schlag hat Wittes all diese vermeintlichen Unterstützer auf ein ähnlich kindisches Niveau wie sich selbst gestellt und damit eine Kultur widergespiegelt, die auf persönlichen Vorwürfen und Ad-hominem-Angriffen als Ersatz für sachliche Diskussionen beruht. Er ist auch ein hervorragender Indikator für den Mangel an intellektueller Nahrung in der amerikanischen Kultur als Ganzes, der auf eine Kombination von Faktoren zurückzuführen ist, von denen die die erkenntnistheoretische Blockade der wichtigste ist. Das heutige amerikanische Glaubenssystem *ist nicht in der Lage, empirische Beweise zu akzeptieren, weil sie die extreme kognitive Verzerrung des amerikanischen Exzeptionalismus zerstören, und die meisten modernen amerikanischen Intellektuellen sowohl auf der nominellen Linken als auch auf der nominellen Rechten können damit nicht umgehen.* Sie können damit nicht nur nicht umgehen, weil es für sie persönlich extrem schmerzhaft und schwierig ist, sondern auch, weil sie beruflich einfach nicht dafür gerüstet sind, damit umzugehen. In der modernen Welt mit ihren extrem schnellen und komplexen Wechselwirkungen und den permanenten systemischen Wirtschafts- und Kulturkrisen reichen Kenntnisse und Abschlüsse in Jura, Geschichte, selbst ein MBA, ganz zu schweigen von Journalismus, bei weitem nicht aus, um die gigantischen Veränderungen, die die moderne Welt durchmacht, auch nur annähernd zu erklären.

Das Fehlen dieser Fähigkeiten führt unweigerlich zu allen möglichen schwerwiegenden kognitiven Dissonanzen und zu allen möglichen Psychosen, insbesondere in einem Land, das davon überzeugt war, dass alles nach den Plänen und Überzeugungen von Washington, D.C., ablaufen müsse. Die heutigen Kommunikationsmittel und der globale Zugang zu Informationen und konkurrierenden Perspektiven haben den Mythos des amerikanischen Exzeptionalismus über den Haufen geworfen. Die modernen amerikanischen Intellektuellen waren nicht nur nicht in der Lage, ihrem eigenen Volk die neue Realität zu erklären; in einer Dummheit von historischem Ausmaß erwiesen sie sich als ebenso verwirrt und unfähig, sich an der neuen Realität zu orientieren, und bewiesen damit, dass sie in der Welt von Senator Kennedy genau jene Idioten sind, die heute das Land in den Ruin treiben.

*

Wladimir Lenin hinterließ eine erstaunlich genaue Definition dessen, was er als bürgerliche Kultur verstand: »Man kann nicht in der Gesellschaft leben und frei von der Gesellschaft sein. Die Freiheit des bürgerlichen Schriftstellers, des Künstlers oder der Schauspielerin ist nichts anderes als eine verdeckte (oder heuchlerisch verdeckte) Abhängigkeit vom Geldsack, von der Korruption, von der Prostitution«.[200] Natürlich war dies eine pauschale Aussage, die 1905, als sie zum ersten Mal veröffentlicht wurde, in ihrer Pauschalität verzeihlich war, aber ihr allgemeines Prinzip war richtig. 2011, 106 Jahre später, stellte Ibn Warraq, ein pakistanischer muslimischer Abtrünniger, in seiner Abhandlung *Why the West Is Best* fest, in der er die Vorzüge der liberalen Demokratie als Hauptgrund für seinen Austritt aus dem Islam pries: »Das Übermaß an westlicher Populärkultur – ein Preis, den wir für unsere Freiheit zahlen – kann einen Menschen erschaudern lassen und die Verteidigung der westlichen Zivilisation erschweren.«[201].

Für jeden auch nur ansatzweise gebildeten Menschen besteht kaum ein Zweifel daran, dass die Welt, in der wir heute leben, in erster Linie durch den vereinten Westen geformt wurde, und Warraq hält sich nicht zurück, wenn es darum geht, das rationale Denken des Westens, die Förderung der Rechtsstaatlichkeit, die Philosophie, die wissenschaftlichen Errungenschaften und die Kunst zu loben, die einen globalen Einfluss hatten und haben. Aber Warraqs Argumentation kann in seiner Begeisterung für den Westen nur mit einigen schwerwiegenden Vorbehalten akzeptiert werden, und das macht seine Argumentation für den Westen im Jahr 2020 äußerst schwach. Der kombinierte Westen der heutigen Zeit ist nicht mehr der Westen von Aristoteles, Platon, des rationalen Denkens oder der freien wissenschaftlichen Forschung. Vielmehr handelt es sich zunehmend um eine Orwellsche Welt, die dabei ist, all jene Werte zu unterdrücken oder loszuwerden, die den Westen in den letzten Jahrhunderten dank des Zeitalters der Aufklärung zu dem gemacht hatten, wofür er bekannt war.

Selbst Henry Kissinger rief in seiner schwankenden Einschätzung der Covid-19-Pandemie die »Weltdemokratien dazu auf, ihre aufklärerischen Werte zu verteidigen und aufrechtzuerhalten.«[202] Aber die Verteidigung dieser Werte erinnert an die Nachhut einer sich zurückziehenden Kraft, die in Wirklichkeit keine alternative Strategie zu ihrem kontinuierlichen Rückzug hat. Was diesen Rückzug antreibt, sind genau die oben erwähnten *Exzesse der westlichen Populärkultur*, die auf Geheiß westeuropäischer politischer und kultureller Eliten, die innerhalb einer einzigen Generation die verbliebenen westlichen Normen der menschlichen Existenz durch die radikalsten kulturellen Ansichten der Gegenkultur der 1960er Jahre ersetzten, die amerikanische Bevölkerung infiziert haben. Das Bild der friedlichen Hippies, die die Welt nach dem Vorbild der TV-Familienkomödie *Brady Bunch* (»Drei Mädchen und drei Jungen« umgestalten wollten, hatte für die Masse der jungen Amerikaner wenig mit der Realität zu tun, die in erster Linie von der Angst, nach Vietnam geschickt zu werden, und vom Hass auf die Institutionen bestimmt war, die nach Ansicht der Radikalen der 1960er Jahre für diesen Zustand verantwortlich waren. Der Vietnamkrieg war in der Tat in jeder Hinsicht eine verabscheuungswürdige Angelegenheit, ebenso wie die Rassentrennung und generell das, was später als Verletzung von Menschenrechten, vor allem der Schwarzen, bekannt wurde und zum Banner dessen wurde, was als treibende Kraft für radikale Veränderungen wiederbelebt wurde.

Doch die ursprüngliche Antikriegsstimmung und die halbgaren revolutionären Bemühungen konnten nicht über ihren historisch kurzen Moment hinaus überleben. Die Befürworter wurden bald durch organisatorische Schwierigkeiten und Spaltungen an der Basis desillusioniert, die durch staatliche Unterwanderung, Umleitung und Sabotage noch verschlimmert wurden, und es entwickelte sich rasch eine postmoderne Populärkultur, die zwar immer noch kämpferisch, aber zutiefst zynisch war. Die Zeiten änderten sich vom Song »Street Fighting Man« der Rolling Stones zum Gegenstück »Revolution« der Beatles mit dem Refrain »I don't want to change the world« und machten 1978 David Bowie Platz, der mit typischer Selbstironie auf die Frage nach seinem Beitrag zum Rock sagte: »Ich bin dafür verantwortlich, eine ganz neue Schule der Anmaßung zu begründen.«[203] Bowie brauchte nichts zu behaupten, da er ein wirklich talentierter Künstler war, aber seine selbstironische Beschreibung hätte genauso gut auf eine ganz neue soziale und politische Ordnung der westlichen Eliten und auf die schwelenden unüberbrückbaren Widersprüche angewandt werden können, die sich aus der Gegenkultur der 1960er Jahre und der Reaktion auf diese mit der Reagan-Präsidentschaft entwickelten.

Es ging um Anmaßung, und zwar auf der ganzen Linie. Während die Radikalen der 1960er Jahre eine eklektische Mischung radikaler sozialer und politischer Ideen verfolgten und damit die Saat für die Dysfunktionalität des modernen Amerikas legten, erwies sich die so genannte »konservative« Reaktion als nicht weniger destruktiv als ihr vermeintlich linkes Gegenstück. Letztendlich war das, was als amerikanische »Linke« bekannt wurde, nicht wirklich links, wie es seit über einem Jahrhundert verstanden wurde, sondern einfach nur wütend und anarchisch, während das, was als amerikanischer Konservatismus bekannt wurde, sehr wenig mit Konservatismus zu tun hatte, sondern eine ebenso wütende Reaktion und Verteidigung eines Status quo widerspiegelte, der unhaltbar war. Die Schule der Ansprüche ist zwar vorhanden, aber die Prinzipien, die die philosophischen Grundlagen der Analyse bilden, nicht so sehr. Aber das erwartet man von einer Generation von Anwälten, Journalisten, Kunst- und Literaturkritikern, die heute den Großteil der amerikanischen Kulturelite ausmachen, die in ihren Grundfesten postmodernistisch ist, nachdem das gesamte Konzept der unparteiischen Wahrheit auf beiden Seiten des politischen Spektrums Amerikas bedeutungslos geworden war.

Der verstorbene Christopher Hitchens stellte im Jahr 2002 fest, dass: »In den letzten drei Jahrzehnten des zwanzigsten Jahrhunderts der angelsächsische Raum selbst weitgehend von der Schule der Postmoderne und der ›Dekonstruktion‹ von Texten durch die Ideen des *Nouveau Roman* und durch diejenigen kolonisiert wurde, die ›Objektivität‹ als eine Ideologie betrachteten.«[204] Bemerkenswerterweise war Hitchens, selbst ein Produkt einer nominellen westlichen »Linken« und eines literarischen Bildungshintergrunds, ein Beweis für die völlige Verwirrung über die Realität der postsowjetischen Welt und den sehr häufigen Übergang westlicher »linker« Radikaler, vor allem jüdischer, zu dem, was als Neokonservatismus bekannt wurde – der sich auch unter dem Namen liberaler Interventionismus verbarg – und einer Vielzahl anderer wahnhafter außen- und wirtschaftspolitischer Konzepte, die alle durch den radikalen Analphabetismus des angelsächsischen Raums in Bezug auf die reale Geschichte des zwanzigsten

Jahrhunderts möglich waren. Ironischerweise hätte Hitchens, der die Aggression gegen die Serben mit vorangetrieben hat und im Komitee für die Invasion des Irak auf der Grundlage völlig falscher Narrative saß, seine Bemerkung über »Objektivität« zuerst an sich selbst richten sollen.[205] Objektivität leitet sich schließlich von den exakten Naturwissenschaften ab und kann nicht auf der Grundlage von Narrativen im Gegensatz zu empirischen Beweisen funktionieren.

Hitchens mag die Postwahrheits-Postmodernisten in der angelsächsischen akademischen Welt angeprangert haben, aber er war bei weitem nicht der Einzige, der die massive tektonische Verschiebung und die sich beschleunigende Selbstverbrennung des westlichen »Intellektualismus« wahrnahm. Ilana Mercer widmete in ihrer Abhandlung über das Schicksal der weißen Bevölkerung Südafrikas ein ganzes langes Kapitel mit dem Titel »Why Do WASP Societies Whither?« (Warum gehen WASP-Gesellschaften unter?) und kam zu dem Schluss: »Die weißen Afrikaner veranschaulichen perfekt, was mit der protestantisch-calvinistischen Welt geschehen ist; sie ist in einen lähmenden Paroxysmus der Schuld versunken, für den es kein Heilmittel zu geben scheint.«[206] Es gibt kein Heilmittel, weil das Heilmittel den Wahrheiten des modernen Westens und insbesondere des angelsächsischen Raums zuwiderläuft.

Lenin hatte sicherlich Recht, als er sagte, dass »man nicht in der Gesellschaft leben und frei von der Gesellschaft sein kann«. Heute geht diese selbstverständliche Wahrheit über die Grenzen politischer Ideologien hinaus und wird nicht durch marxistische, libertäre oder liberale Etiketten definiert; sie ist ein Axiom – eine Aussage, die keines Beweises bedarf – und die mit Corelli Barnetts Ansichten über den Liberalismus als Hauptverantwortlichen für das, was Mercer als das Verdorren der WASP-Gesellschaften bezeichnet, übereinstimmt. Die Vereinigten Staaten sind, unabhängig von der Gegenüberstellung historischer Fakten – die in der angelsächsischen Welt im Allgemeinen als Wissenschaft gilt – der Inbegriff des Liberalismus, unabhängig von der Parteizugehörigkeit. Kein noch so falsches Etikettieren der Erscheinungsformen einer komplexen modernen sozialen und wirtschaftlichen Dynamik, die vom Kulturmarxismus bis zum Totalitarismus reicht, kann weiterhin über die einfache Tatsache hinwegtäuschen, dass das angelsächsische politische und wirtschaftliche Modell, das ebenfalls unter verschiedenen verwirrenden Etiketten vermarktet wird, einfach ausgedient hat und nichts weiter ist als das bröckelnde Gebäude der westlichen Finanzoligarchie, die den globalen Fliehkräften, von denen sie nur wenig versteht, nicht mehr gewachsen ist – ein Ergebnis schlechten Verständnisses, das die Faktoren, die das tatsächliche globale Machtgleichgewicht bilden, völlig außer Acht lässt. Dies war unvermeidlich in einem »intellektuellen« Umfeld, das übersättigt ist mit Menschen mit minimalen ernsthaften Lebenserfahrungen, von denen die meisten in so genannten »Elite«-Bildungseinrichtungen mit zweifelhaftem akademischen Hintergrund ausgebildet wurden – von denen einige nur ein extrem oberflächliches Wissen und eine Ansammlung zufälliger, angeblich wissenschaftlicher Fakten vermitteln, die im Prinzip unter keinen Umständen einen entscheidenden Block systemischen Wissens darstellen können. Die einzigen brauchbaren Fähigkeiten, die diese Menschen operationalisieren können, sind Parteilichkeit und Ablehnung.

Die von den Medien erzeugte Covid-19-Hysterie und die Hervorhebung von Greta Thunberg überschattete jede Sorge um das Schicksal und den Lebensunterhalt der durchschnittlichen amerikanischen Joes und Janes, da sie darauf abzielte, zu bestimmen, wie die politische Macht zwischen den beiden Flügeln eines einseitig ausgerichteten amerikanischen politischen Establishments verteilt werden sollte, das, um den Schleier der demokratischen Legitimität zu wahren, immer noch als Kampf zwischen zwei gegensätzlichen politischen Kräften dargestellt wird, die jedoch in ihrem Bestreben vereint sind, dem neoliberalen Wirtschaftsmodell, das schon lange keine Werte mehr hervorbringt, den letzten Rest an finanziellem Saft abzupressen.

In der postmodernen Welt der bloßen Emotionen und der angeblichen Gültigkeit jeder Erzählung wird der gesamte Begriff von richtig und falsch und der gesamte Begriff der Wahrheit, die man kennen kann, irrelevant. Die kognitive Blockade erfolgt über das Informationsrauschen, in dem alles wahr und gültig ist – und es gleichzeitig nicht ist. Es handelt sich wirklich um eine zeitgenössische Nachahmung, die an die Orwellsche Welt des »Doppelsprech« oder sogar an eine frühere Version davon, die Welt von Humpty-Dumpty, erinnert, in der Worte »genau das bedeuten, was ich mir aussuche, das sie bedeuten – weder mehr noch weniger.«[207] Inzwischen ist das Rätsel gelöst, wer der wahre Meister bei der Auswahl der Bedeutung von Wörtern ist und damit bestimmt, was wirklich ist – eine Finanzoligarchie und eine selbsternannte intellektuelle Klasse von »links« und »rechts«, die schließlich darin versagt hat, so gut wie alles vorherzusagen, da Objektivität nicht nur unmöglich, sondern irrelevant ist, und daher, wie Hitchens bemerkte, alles, was als Wahrheit vorgebracht wird, notwendigerweise »Ideologie« ist.

Das US-Außenministerium

Das erste Zeichen eines echten Intellektuellen ist sein Verständnis für die Grenzen seines eigenen Fachwissens und für die Gültigkeit der von ihm erstellten Prognosen. Es ist nicht nur ein Zeichen eines guten Intellekts, sondern auch von Moral und Kultur, sich des begrenzten Gewichts der eigenen Beiträge bewusst zu sein. Dies ist bei der amerikanischen »intellektuellen« Klasse nicht der Fall, die sich längst an einen saisonalen Höchstbietenden prostituiert hat und sich als ausgesprochen unbelehrbar erwiesen hat. Dies stellt letztlich die amerikanische Wissenschaft als solche ernsthaft in Frage. Das fruchtbare amerikanische geopolitische und geoökonomische Denken der letzten dreißig Jahre hat, gemessen an den praktischen Ergebnissen, eine erstaunliche Bilanz von Irrtümern vorzuweisen. Dennoch haben dieselben Leute, die eine nach der anderen solche pseudowissenschaftliche Demagogie hervorgebracht haben, weiterhin ein Mitspracherecht bei der Gestaltung der amerikanischen Politik und liefern damit eine lebendige Demonstration von Einsteins Definition des Wahnsinns. In manchen Kreisen werden Misserfolge sogar als Errungenschaften gefeiert! Das amerikanische militärische Denken und die Art und Weise, wie es sich sowohl in Doktrinen als auch in praktischen Angelegenheiten von der Rüstungsindustrie bis zur Kriegsführung niederschlägt, ist ein perfektes Beispiel sowohl für eine Übung in Vergeblichkeit als auch für das völlige Fehlen eines Situationsbewusstseins, obwohl dieses Bewusstsein zu einem Dreh- und Angelpunkt der amerikanischen Kriegsführung erklärt wird, wie ich in meinen früheren Büchern *Losing Military Supremacy* und *The (Real) Revolution in Military Affairs* ausführlich dargelegt habe.

In Amerika ist es normal, dass Anwälte oder sogar Künstler über militärische Angelegenheiten urteilen, obwohl keiner von ihnen auch nur ein Quäntchen wirkliche militärische Sachkenntnis besitzt, die eine Reihe von Fähigkeiten und Kenntnissen erfordert, die an den Colleges, an denen sie ihren Abschluss gemacht haben, ganz sicher nicht gelehrt werden.

In einer der Anklagen über Amerikas mangelnde Kompetenz, ganz zu schweigen von bösartigen Absichten, machte Dana Frank, die ihre Erfahrungen mit den außenpolitischen Eliten der USA beschrieb, eine düstere Entdeckung:

> Ich war beunruhigt, als ich erfuhr, dass ein Großteil der Außenpolitik des US-Kongresses von Sechsundzwanzigjährigen entwickelt wird, die, wie gut ausgebildet oder wohlmeinend sie auch sein

> mögen, jeweils für die Beziehungen der USA zur gesamten Welt zuständig sind (auch wenn sie im Senat vielleicht nur die halbe Welt im Blick haben) – mit Ausnahme der Ausschussmitarbeiter, die spezialisierter sind und nur ganze Regionen im Blick haben. Diese Mitarbeiter unterstehen wiederum den Direktoren der Legislative und den Stabschefs[208] …

Frank ist hier vielleicht zu großzügig. Das extrem niedrige berufliche Niveau der »Sechsundzwanzigjährigen« in den USA im Vergleich zur Außenwelt ist gut dokumentiert. Amerikas Colleges und Universitäten rangieren in allen möglichen »Rankings« traditionell hoch, aber nicht so hoch wie behauptet. Während eine *Forbes*-Liste, neben vielen anderen US-Listen, die US-Universitäten an die Spitze der Weltrangliste stellt,[209] stellt ein Bericht des Pew Research Center aus dem Jahr 2017 fest, dass die akademischen Leistungen der US-Studenten immer noch hinter denen ihrer Altersgenossen in vielen anderen Ländern zurückbleiben und in den Bereichen Wissenschaft, Mathematik und Lesen im Mittelfeld liegen.[210] Es gibt keine Skala, die den Rang von Staatsmännern misst; hier müssen wir uns auf so praktische Maßstäbe wie Ergebnisse verlassen – *et voila*.

In Angelegenheiten, die speziell die Außenpolitik und die nationale Sicherheit betreffen, bringen sie Menschen hervor, deren ideologische Überzeugungen, von denen man in vielen Fällen sagen könnte, dass sie einen Prozess der Gehirnwäsche widerspiegeln, außerordentlich unwissende Menschen, die völlig unqualifiziert sind, um ein Urteil über so ziemlich jede Angelegenheit zu fällen, die so viel mit der Realität zu tun hat wie die finanziellen Machenschaften der Wall Street mit der Realwirtschaft.

Als Philip Giraldi 2016 das Chaos beschrieb, das die Vereinigten Staaten sowohl in Syrien als auch in Libyen anrichteten, nannte er »die Neigung des Weißen Hauses, auf die Behauptungen eines Völkermords zu reagieren«, die von den Führungen der Zielländer erhoben wurden, als »Hauptantrieb« für die Kriegstreiberei der USA, die selbst das Pentagon nicht verkraften konnte, da es erkannte, dass ein Angriff auf Syrien nicht wirklich im Interesse der USA war.[211] Ironischerweise war es unter Friedensnobelpreisträger Obama, dass sein wichtigstes außenpolitisches Gremium, das US-Außenministerium, alles, was von seinem professionellen Ruf noch übrig war, begraben hat, indem es Obama aufforderte, 2016 in Syrien »groß rauszukommen«. In einem Brief, der von einundfünfzig mittel- bis hochrangigen Diplomaten unterzeichnet wurde, war die Begründung für eine militärische Intervention ein Paradebeispiel für die postmoderne Humpty-Dumpty-Narrativ-Schwärmerei.

> Die moralische Begründung für Schritte zur Beendigung des Todes und des Leidens in Syrien nach fünf Jahren brutalen Krieges ist offensichtlich und unbestreitbar … Der Status quo in Syrien wird weiterhin zunehmend schlimme, wenn nicht sogar katastrophale humanitäre, diplomatische und terroristische Herausforderungen mit sich bringen.[212]

Dies war ein vorgetäuschter Moralismus von Mitarbeitern eines Ministeriums, das eine der treibenden Kräfte hinter dem Tod von Millionen Menschen und den humanitären Katastrophen in Syrien, dem Irak, Libyen, Afghanistan und der Bombardierung der Bundesrepublik Jugoslawien 1999 war, die den ironischen Gebrauch des Begriffs »Humanitarian Bombing« (humanitäre Bombardierung) hervorbrachte.[213] Abgesehen von dem eklatanten Mangel an Verständnis für die Ereignisse vor Ort in Syrien war der Brief auch ein Paradebeispiel für die völlige Inkompetenz der amerikanischen Eliten. Das waren die »Sechsundzwanzigjährigen« und einige Ältere, die, wie Frank es ausdrückt, nicht nur die US-Außenpolitik entwickelten, sondern dies auch nicht gerade nach Vorschrift taten. Wie

Frank bemerkt:

> Einige Helfer arbeiteten sogar für das Außenministerium selbst, was einen klaren Verstoß gegen die verfassungsmäßige Gewaltenteilung darstellt. Das Außenministerium bietet einjährige »Fellows« als kostenlose Arbeitskräfte für wichtige Büros im Senat und manchmal auch im Repräsentantenhaus an. Diese Mitarbeiter kehren nach Beendigung des Stipendiums wieder in das Außenministerium zurück.[214]

Das gesamte Konzept der humanitären Intervention, das durch das inzwischen berüchtigte R2P-Projekt (Right to Protect – Recht Schutz zu gewähren) operationalisiert wird, wie es von den Vereinigten Staaten im 20. und 21. Jahrhundert verwirklicht wurde, trug alle Merkmale eines schieren klassischen Imperialismus, der zugegebenermaßen mit dem traditionellen Feigenblatt des amerikanischen Moralismus überzogen wurde. Aber es gab zweifellos Anzeichen für eine gegenkulturelle Ablehnung und Leidenschaften, wenn nicht gar Eifer, vor allem Hass, die entschieden amerikanisch waren und perfekt in die Version des amerikanischen außenpolitischen Establishments von Bowies »Schule der Anmaßung« passten. Diplomatie wird in der ganzen Welt traditionell mit Intelligenz, hoch entwickeltem Intellekt und Raffinesse in Verbindung gebracht. Nach den letzten dreißig Jahren zu urteilen, verliert die amerikanische Diplomatie, oder das, was heute in den Vereinigten Staaten dafür steht, all diese allgemein akzeptierten und bewunderten Eigenschaften mit einer alarmierenden Geschwindigkeit und bringt Leute hervor, die nicht nur kaum den niedrigsten diplomatischen Standards genügen, sondern im Allgemeinen auch nicht dem Profil eines Intellektuellen, geschweige denn eines ernsthaften Denkers entsprechen, ganz zu schweigen davon, dass sie das Niveau wahrer Staatskunst erreichen, die in einem Land wie den Vereinigten Staaten vorhanden sein sollte. Leider ist dies nicht der Fall.

Auch für die europäische Diplomatie und ihr degeneriertes außenpolitisches Establishment trifft dies weitgehend nicht zu.

Der berüchtigte Brief von einundfünfzig Beamten des Außenministeriums, in dem Obama dafür kritisiert wird, dass er keine Luftangriffe gegen die syrische Regierung durchgeführt hat, und in dem eine »moralische Begründung« angeführt wird, um Leiden zu verhindern[215], ist ein Beispiel für ein ernsthaftes Problem mit der amerikanischen Weltsicht. Obamas drei wichtigste außenpolitische Beraterinnen waren Susan Rice, Valery Jarret und Samantha Power. Trotz ihrer Ausbildung an westlichen Eliteuniversitäten verfügte keine dieser Personen über eine lebenslange und hochspezialisierte formale Ausbildung im diplomatischen Bereich, ähnlich wie die Absolventen des renommierten Moskauer Instituts für internationale Beziehungen (MGIMO), und ganz sicher verfügte keine von ihnen, einschließlich Susan Rice, die im Nationalen Sicherheitsrat tätig war, über eine auch nur rudimentäre Ausbildung in Fragen, die für das Verständnis der Dynamik einer globalen Machtbalance entscheidend sind. Dieses Versagen dessen, was in den Vereinigten Staaten heute als Diplomatie gilt, wurde nicht nur einmal von einer Reihe von Fachleuten der US-Außenpolitik festgestellt, wie etwa Botschafter Burns, der nicht nur das Versagen der US-Diplomatie feststellte, sondern auch auf ihre Militarisierung hinwies.[216] Obamas Politik in Syrien mag als »vorsichtig« angesehen worden sein, da sich die Vereinigten Staaten nicht zu einer massiven militärischen Intervention in Syrien verpflichtet haben, aber für die 51 Unterzeichner war es zum Zeitpunkt ihres lächerlichen Briefes – der seither als geheim eingestuft wurde – offensichtlich unvorstellbar, dass die Vereinigten Staaten weder über die Ressourcen noch über die tatsächlichen militärischen Mittel verfügten, um Bashar Assad zu stürzen. Die amerikanischen »Diplomaten« wollten Bomben, keine Verhandlungen. Außerdem wollte das Pentagon, das für die Instrumente der Machtpolitik zuständig ist, erst garnichts tun und führte begründete Ängste vor Chaos als eines der Hauptargumente gegen eine solche Intervention an.[217]

Die überwältigende Mehrheit der amerikanischen Eliten ist heute weder gebildet noch verfügt sie über auch nur rudimentäre Instrumente, um die wichtigste Triebkraft der Weltpolitik – *das Gleichgewicht der Kräfte* – einzuschätzen, noch sind sie in der Lage, die Folgen der von ihnen geförderten Militäraktionen auch nur im Ansatz vorherzusagen. Während viele im US-Außenministerium oder in den Bildungseinrichtungen, die weitgehend für die Ausbildung der US-Eliten und -Bürokratie verantwortlich sind, Schlagworte wie »Flugverbotszone«, »punktgenaue Angriffe« und »Operation« kennen, versteht praktisch niemand die Vielzahl von Verzweigungen, die sich aus jedem tatsächlichen politischen Einsatz ergeben, der sich hinter diesen eingängigen Begriffen verbirgt. Ein Hochschulabschluss in Philosophie, Politikwissenschaft, internationalen Beziehungen oder Rechtswissenschaften mag vor fünfzig oder sechzig Jahren eine gute Grundlage für den Einstieg in eine ernsthafte globale Politik gewesen sein – heute ist das radikal unzureichend, vor allem für Entscheidungsgremien. Aber genau das ist der vorherrschende Bildungshintergrund von Amerikas politischen Entscheidungsträgern und Intellektuellen.

So kann man ein Land nicht führen, schon gar nicht ein atomar bewaffnetes Land wie die Vereinigten Staaten, das einzige Land der Welt neben Russland, das in der Lage ist, alles Leben auf der Erde auszulöschen. Doch der nicht enden wollende Strom von Anwälten, Journalisten oder Politikwissenschaftlern in die oberen Ränge der politischen Macht und in den intellektuellen Parnass Amerikas hält unvermindert an, ein Ort, an dem die Meinung eines kaum gebildeten Hollywood-Stars mehr Gewicht haben kann als die Meinung von Fachleuten. Besonders deutlich wird dies bei den Diskussionen über den Klimawandel, an denen sich Prominente wie der Regisseur James Cameron und seine Frau sehr aktiv beteiligen. Oscar-Preisträger Morgan Freeman schloss sich 2017 der Botschaft der Mainstream-Medien an, dass Moskau einen Angriff auf die »Demokratie« in den USA durchführt, als ob er kompetent wäre, das zu erkennen.[218] Vor drei Jahren wiederholte General Latiff, promovierter Physiker und ein Mann mit zwanzig Jahren Dienstzeit bei der DARPA, effektiv eine Warnung, die ich 2017 beim Schreiben meines ersten Buches aussprach:

> Die US-Eliten haben einfach aufgehört, wirklich kompetente Menschen hervorzubringen; die USA haben sogar schon früher aufgehört, echte Staatsmänner zu produzieren, nicht nur Politiker. Wenn Experten versagen, so wie sie in Amerika versagt haben, nicht zuletzt, weil viele von ihnen gar keine wirklichen Experten sind, treten Schauspieler, Komiker, Sportler, Verschwörungstheoretiker und Demagogen aus den Massenmedien an ihre Stelle … Jetzt bedroht ein mächtiges neokonservatives und liberales interventionistisches Establishment genau diese »demokratische Gesellschaft«, oder das, was von ihr übrig geblieben ist, und hat praktisch ein Vetorecht und arbeitet hart daran, sowohl bewusst als auch unbewusst, genau diese republikanische Regierung zu beenden. Im Allgemeinen haben die derzeitigen amerikanischen Eliten und ihre so genannten fachkundigen Ermöglicher die lebenswichtigen Interessen der USA sowohl im Inland als auch insbesondere im Ausland verraten. Was speziell und in hohem Maße zu ihrem kläglichen Scheitern beigetragen hat, ist ein fast völliger Mangel an Verständnis für das Wesen militärischer Macht, für Krieg und seine Folgen. Es konnte gar nicht anders sein in einem Land, dessen Militärgeschichte zu einem großen Teil ein triumphalistischer Mythos ist.[219]

Latiffs Warnung ist, abgesehen von der Feststellung, dass das meiste, was die US-Eliten über die Kriegsführung wissen, aus der Unterhaltungsindustrie stammt, zusätzlich beunruhigend, wenn er feststellt, dass die amerikanischen politischen Führer »eher auf der Grundlage von Emotionen und politischer Zweckmäßigkeit handeln als auf der Grundlage von Fakten«.[220] Die Emotionen, die die USA in den letzten zwanzig Jahren sowohl in der Innen- als auch in der Außenpolitik an den Tag gelegt haben, sind die Kehrseite des amerikanischen Verlusts an rationalem Denken und der auf Inkompetenz zurückzuführenden Ohnmacht, wenn es darum geht, Ereignisse außerhalb der US-Grenzen zu beeinflussen und sogar Ereignisse innerhalb dieser Grenzen zu kontrollieren. Dies ist ein absolut organisches Merkmal des politischen Diskurses, der sich in den Vereinigten Staaten längst in eine Show, oder genauer gesagt, in einen Zirkus verwandelt hat. Einige Beobachter verwenden andere Begriffe, um dies zu beschreiben:

»Es ist verrückt. Es ist irre. Es ist eine wahnsinnige Seifenoper.«[221] Es ist ein Dritte-Welt-Land, das Selbstzerstörungs-Derby einer Bananenrepublik oder eine Wiederholung der langwierigen Explosionsszene aus Antonionis Gegenkultur-Kultfilm *Zabriskie Point*, in der die Zerstörung zum einzigen Weg für diejenigen wird, die sich als Teil einer amerikanischen intellektuellen Elite sehen. Auch Diskussionen über die Vorzüge ihrer »fortschrittlichen« Wirtschaftskonzepte oder geopolitischen oder geoökonomischen Doktrinen haben nichts Intellektuelles an sich, wenn keine von ihnen funktioniert und nie funktioniert hat. Abgesehen davon, dass diese Intellektuellen – westliche im Allgemeinen und amerikanische im Besonderen – einen undurchsichtigen Strom weit hergeholter und radikal unwissenschaftlicher Theorien zu Themen wie Geopolitik, Wirtschaft und Kriegsführung hervorbringen, präsentieren sie sich jetzt einerseits als Befürworter von Critical-Race- und Queer-Theorien (mit fragwürdigen Gründen, warum dies gefördert wurde, und weiteren Fragen zum Modus Operandi, der es ermöglichte, sich durchzusetzen), während auf der anderen Seite die wirtschaftliche Laissez-faire-Grausamkeit mit ihren finanziellen und unternehmerischen Nutznießern, die sich als Menschen ohne Prinzipien oder Moral präsentieren, unhinterfragt bestehen bleibt, wobei das Phänomen der Wahrheit nur dann auftritt, wenn angemessene Dividenden gesichert sind.

Moralische Entartung

Was in den 1960er Jahren mit Unschuld und guten Absichten begann, hat sich in moralische Entartung und Anmaßung verwandelt. Die reale Pädophilie der westlichen Oberschicht ist inzwischen ein etabliertes Phänomen, wie die Jeffrey-Epstein-Saga auf dramatische Weise bewiesen hat, die beweist, dass die Tradition des Strebens westlicher Intellektueller und Mächtiger nach dem Beischlaf mit Minderjährigen nie verschwunden ist. Der 1977 in *Le Monde* erschienene Brief französischer Intellektueller über das Alter der Zustimmung (zum Sex) war einer der ersten Versuche, die Sichtweise auf Pädophilie zu ändern, indem man davon ausging, dass der Sex zwischen einem Minderjährigen (13-Jährigen) und einem Erwachsenen zulässig sei, solange der 13-Jährige zugestimmt habe. Dass sich unter den intellektuellen Unterzeichnern und Befürwortern solcher sexuellen Beziehungen viele Personen wie Jacques Derrida, einer der Väter der Postmoderne, befinden, sollte niemanden mehr überraschen. Wie *The Guardian* 2001 über die französische »Revolution« von 1968 schrieb, als in Frankreich eine Reihe von Dokumenten über die »sexuellen Praktiken« von 1968 mit Kindern auftauchte:

> *Libération*, die linke französische Zeitung, die aus den Barrikaden der 68er hervorgegangen ist, widmete dem Thema gestern vier Seiten. Sie wies darauf hin, dass die französische Linke in den 70er Jahren »eine sehr ernsthafte Debatte darüber führte, ob Eltern ihre Schlafzimmertür offenlassen sollten, wenn sie Sex haben.« Im Mai 68 hätten die westlichen Eliten die Pädophilie nicht erfunden, sagte

> *Libération*-Redakteur Serge July. »Die bestehende moralische Ordnung war der Feind«, sagte er. »Die Kulturrevolution, die auf den Mai 68 folgte, war in vielerlei Hinsicht ein sozialer Triumph. Aber ihr Diskurs über die Sexualität von Kindern hat dazu gedient, Praktiken zu legitimieren, die manchmal kriminell sind«[222].

Die Tatsache, dass die Gegenkultur der 1960er Jahre ein ernsthaftes pädophiles Element in sich trug, wird in der Regel ausgeklammert, wenn es um die moderne westliche Macht und ihre intellektuelle Elite geht, aber das ist vom modernen Europa zu erwarten, das in Sodomie ertrinkt und langsame Fortschritte in Richtung einer eventuellen Legitimierung der Pädophilie macht. Der amerikanische Zweig von Epsteins Geschäften wurde schließlich aufgedeckt, und schließlich wurde Epstein auf amerikanischem Boden verhaftet. Doch nachdem Epstein Selbstmord begangen hatte, wird das ganze Ausmaß seiner Operation und die Tiefe und Weite seines Eindringens in das amerikanische Establishment vielleicht nie bekannt werden. Wie Paul Brian von *The American Conservative* feststellte:

> Jeffrey Epstein war der talentierte Mr. Ripley der schattenhaften Sexualstraftäter. Mit einer überwältigenden Kontaktliste, die von Henry Kissinger und Bill Clinton bis hin zu Prinz Andrew und Mohammad bin Salman reicht, entging der lüsterne Milliardär und angebliche Eugenik-Enthusiast fast sein ganzes Leben lang einer wirklichen Bestrafung. … Die Medien und Hollywood – trotz der jüngsten Äußerungen von Ricky Gervais bei den Golden Globes – sind an dieser gewaltigen Geschichte weitgehend uninteressiert. Epsteins Hollywood-Verbindungen sind zahlreich, darunter der in Ungnade gefallene Schauspieler Kevin Spacey, der mehrmals in Epsteins Jet zu seiner Pädophilen-Insel flog, und Harvey Weinstein, der derzeit wegen angeblichen sexuellen Missbrauchs vor Gericht steht.[223]

Explizite Sexualität oder der Mangel an Zurückhaltung bei dem, was man heute als Pornografie bezeichnen würde, begleitet die Menschheit seit Jahrtausenden, sei es durch das Kamasutra oder die expliziten Sexszenen, die zusammen mit phallischen Symbolen als Anspruch auf Glück und Vitalität im antiken Pompeji gezeigt wurden. Dies geht so weit, dass einige explizite Fresken von den Wänden der Häuser wohlhabender Pompejaner in den Museen, die sie besitzen, auch heute noch nicht öffentlich ausgestellt werden. Das moderne Wachstum der Pornographie, einschließlich einiger der perversesten Formen, ist jedoch dank der Entwicklung der modernen Medien beispiellos. Die Nachrichten über die Zerschlagung riesiger Pädophilenringe in der ganzen Welt sind eine regelmäßige Erscheinung. Aber man muss sich nur die Verbreitung von Nabokovs *Lolita*-Thema unter den »künstlerisch Begabten« und Mächtigen im Westen ansehen, um zu erkennen, dass Pädophilie, als Kunst serviert, ein äußerst spannendes Thema ist, sowohl für Hollywood und die künstlerischen Typen, die sich selbst als Intellektuelle bezeichnen, als auch für die politische Elite, die sie durch finanzielle Unterstützung kauft, um sie zu bedienen. Sowohl in den USA als auch in Europa. Und unter den Privilegierten, wie James Pinkerton sie definiert:

> Was den Fall Epstein betrifft, der unser kollektives Gewissen so sehr verletzt hat, können wir unsere Reformbemühungen mit einer gründlichen Untersuchung dessen beginnen, was am 10. August falsch gelaufen ist – nicht nur im Metropolitan Correctional Center, sondern auch auf breiter gesellschaftlicher Ebene. … Wenn wir es nicht schaffen, diese herrschende Straflosigkeit der Privilegien zu durchbrechen, wissen wir, was passieren wird: mehr Verschwörungstheorien, mehr wütendes Misstrauen und vielleicht, auf dem weiteren Weg, ein noch schlimmerer nationaler Zusammenbruch.[224]

Es wäre höchst ungerecht, alle so genannten Privilegierten des modernen Westens mit einem breiten Pinsel der sexuellen Perversität oder offener Pädophilie zu zeichnen. Aber es ist erwähnenswert, dass viele Leute, die sich für befugt halten, im Namen Amerikas zu sprechen – die amerikanischen Mainstream-Nachrichten –, nicht nur keine Vorbehalte gegen das haben, was sie als Lüge erkennen müssen, wie die lange gescheiterte Russiagate-Erzählung so anschaulich gezeigt hat, sondern auch erwiesene und verurteilte Pädophile wie Yuri Dmitriev – einen Mann ohne akademische Ausbildung, den sie als »Historiker« bezeichnen – als Opfer von Putins »Repressionen« unterstützen.[225] Pinkerton mag sich Illusionen darüber machen, »diese herrschende Straflosigkeit zu durchbrechen«, aber im modernen Amerika, das sich von der Illusion einer freien Presse und wissenschaftlichen Forschung verabschiedet hat und im Sumpf seiner eigenen Verschwörungstheorien und Massenhysterien ertrinkt, ist das Durchbrechen der »Straflosigkeit des Privilegs« kein realistisches Vorhaben. Von trivialen und erfundenen geopolitischen Theorien über degenerierte Kunst und Kultur bis hin zu einer neuartigen PC-»Wissenschaft« gleicht das gesamte zeitgenössische kulturelle und intellektuelle Milieu des Westens einer Warhol-Dose Campbell's Soup, die nichts weiter ist als eine »Schule des Scheins«, deren fünfzehn Minuten Ruhm, gemessen an der Zeitskala der Geschichte, vorbei sind.

Die moralische und intellektuelle Degeneration der westlichen Eliten ist kein Zufall, sondern systemisch, so wie die Krise des Liberalismus systemisch ist. Ein »Durchstechen« der Straffreiheit wird nicht helfen, es ist zu spät, und der »nationale Zusammenbruch«, von dem Pinkerton mit Schrecken schreibt, ist nicht mehr in Sicht, er ist da. Man kann sich immer auf das marxistische Argument der aufkommenden historischen Kräfte berufen, die unsere Realität formen, und dieses Argument ist in vielerlei Hinsicht richtig, aber es ist nicht die ganze Wahrheit. Von allen Eigenschaften, die die menschliche Natur ausmachen, haben die amerikanische und allgemein die westliche Macht und die selbsternannten intellektuellen Klassen die verabscheuungswürdigsten und abscheulichsten bevorzugt. Damit lehnten sie den gesamten Begriff der Wahrheit ab und verrieten die Mehrheit der Menschen, denen sie eigentlich dienen sollten. Sie prostituierten sich für den Meistbietenden, eine globalistische Oligarchie, die die Korridore der Macht in Washington D.C. beherrscht, und damit haben sie nicht nur ihre eigene Entwicklung aufgehalten, sondern sich zu einem regelrechten Verrat an der Mehrheit des amerikanischen Volkes herabgelassen, auf dessen Arbeit und Bestrebungen eine einst stolze Republik beruhte. Das ist nun vorbei. Hinzu kommt, dass die amerikanischen Intellektuellen heute, dank der modernen globalen Kommunikation, im Vergleich zu den besten Köpfen aus Russland, China, dem Iran oder vielen anderen Regionen der Welt als schwach und wenig überzeugend, wenn nicht gar als lächerlich inkompetent und banal erscheinen. Darüber hinaus haben sie sich selbst als überheblich dargestellt, und da hilft kein noch so großes Durchstechen.

Damit die Vereinigten Staaten als geeintes Land überleben können, bedarf es eines völlig neuen, auf der Realität beruhenden Narrativs, und die gegenwärtigen amerikanischen politischen Eliten, seien es die angeblich linksradikalen und die sie unterstützenden Kräfte oder die nominell konservativen, nicht minder grob indoktrinierten Kräfte auf der Rechten, sind völlig unfähig, die wirklichen amerikanischen nationalen Interessen zu formulieren oder ein neues Narrativ zu schaffen, denn die Vereinigten Staaten befinden sich im Prozess der Zersplitterung dessen, was einmal eine amerikanische Proto-Nation war, aber letztlich nie ganz zu einer wirklichen geworden ist. Politische Glaubensbekenntnisse oder abstrakte, oft völlig falsche Ideen reichen einfach nicht aus, um eine Nation zu inspirieren und, was noch wichtiger ist, ihr Wachstum zu fördern. Die modernen amerikanischen Eliten und ihre europäischen Gefolgsleute haben dies zweifelsfrei bewiesen und sollten die historische Bühne als diejenigen verlassen, die geglaubt haben, dass sie entgegen dem Diktum Lenins frei von der Gesellschaft sein können, insbesondere von der, die sie verraten haben.

Es geht hier nicht mehr nur um Marxismus, Liberalismus, Konservatismus oder andere Ismen, die westliche Intellektuelle so gerne produzieren – es geht um das physische Überleben des Westens, der sich in einem Zustand der klinischen Extreme befindet.

7. DAS WETTRÜSTEN VERLIEREN

»Die Kanonenboote kommen in Ihren Wirtschaftslehrbüchern nicht vor. Ich wette, in Ihrer Preistheorie kamen weder Kanonenboote noch der Kriminalitätssektor vor. Und wahrscheinlich gibt es in ihnen auch keine Schulden.«
– Michael Hudson[226]

Geoökonomie als Doktrinenreiterei

Edward Luttwak und andere geoökonomische Theoretiker mögen die Geoökonomie als »Kriegsführung mit anderen Mitteln« definiert haben, aber dabei haben sie Überlegungen zur tatsächlichen Rolle der Kriegsführung, der realen und physischen, buchstäblich ausgeblendet. Das Meinungsspektrum der meisten westlichen Ökonomen und Politik-»Wissenschaftler«, wenn sie über die moderne Weltwirtschaft sprechen, beschränkt sich auf Monetarismus, Wall-Street-Indizes und einige »Tech«-Modeerscheinungen, vor allem in den Bereichen »grüne« Energie, Elektromobilität und Öl. Für praktisch jeden amerikanischen Mainstream-Ökonomen mag die Tatsache, dass die Hegemonie des US-Dollars in erster Linie auf der realen und wahrgenommenen amerikanischen Militärmacht beruht und nicht auf irgendwelchen mythischen Wettbewerbs- und Produktionsmerkmalen der US-Wirtschaft, die angeblich die größte der Welt ist, ein Kulturschock sein. Amerikas militärische Überlegenheit wird entweder als gegeben hingenommen oder gänzlich ignoriert.

Doch dieser Standpunkt weist entscheidende Lücken auf. Erstens ist die amerikanische Wirtschaft viel kleiner und weniger fortschrittlich, als viele von ihnen glauben. Zweitens ist das wichtigste amerikanische Exportgut heute die Inflation, und um die Inflation zu exportieren und den Status des Dollars als Weltreservewährung aufrechtzuerhalten, brauchen die USA nicht viele wettbewerbsfähige Produkte. Tatsächlich brauchen sie so gut wie keine Produkte, solange sie den Mythos ihrer militärischen Allmacht aufrechterhalten, den Schlüsselfaktor, der die Druckerpresse des Dollars aufrechterhält. Wenn man den Mythos von der militärischen Allmacht der USA abschafft, bricht die Wirtschaft der USA praktisch zusammen.

Das ist genau der Prozess, der jetzt im Gange ist. Natürlich sind sich Ökonomen, Politologen und Politiker der Rolle der militärischen Macht der USA bewusst, aber dieses Bewusstsein ist nur oberflächlich und wird nach Meinung von General Latiff und anderen Fachleuten in erster Linie von der Unterhaltungsindustrie geprägt, angefangen bei Hollywood-Filmen bis hin zu den Mainstream-Medien.[227] Wie Professor Roger Thompson feststellte, als er über die militärischen Romane und sogar Sachbücher des verstorbenen Tom Clancy sprach, die dazu beitrugen, den Mythos der militärischen Allmacht der USA zu stärken:

> Die Amerikaner haben zu viel Vertrauen in Clancys Bücher gesetzt, und das ist vielleicht besonders schädlich, seit Clancy von Romanen zu Sachbüchern übergegangen ist. Das Ergebnis … ist, dass Millionen und Abermillionen von Menschen das meiste, was sie über Kriegsführung und das US-Militär wissen, von einem ehemaligen Versicherungsvertreter erhalten haben, der nicht einen Tag im aktiven Dienst gedient hat.[228]

Das Primat des US-Dollars ist die Kehrseite der Flugzeugträger-Geschwader der US-Navy, die durch die US-Air Force ergänzt wird, und umgekehrt. Beide sind durch eine Nabelschnur miteinander verbunden, die nicht durchtrennt werden kann, ohne beide zu töten – eine symbiotische Beziehung, die sich aus den Zeiten des klassischen Imperialismus und der Kanonenbootdiplomatie entwickelt und erhalten hat. Das eine kann ohne das andere nicht existieren; diese Kanonen halfen und helfen der Metropole.

Der Irrtum, die Geoökonomie als die Verklärung eines militärischen Konflikts in einen wirtschaftlichen zu betrachten, wurde spätestens mit dem Beginn des »Tankerkriegs« im Persischen Golf 1984–1988 deutlich, also etwa ein paar Jahre vor Luttwaks Versuch, die moderne Geopolitik von der Geoökonomie zu trennen. In den 1990er Jahren hatte die Geopolitik jedoch ihren ursprünglichen »geografischen« Schwerpunkt aufgegeben und sich zu einer interdisziplinären Wissenschaft entwickelt, die so ziemlich alle Aspekte der nationalen Sicherheit im weiteren Sinne abdeckt, oder wie Michael Lind es beschrieb: »Debatten über nationale Sicherheit und die globale Wirtschaft … verschmelzen zu einer einzigen Debatte über relative nationale Macht.«[229] Eine vernünftige Debatte über Wirtschaft, Kultur und Sicherheit außerhalb des Rahmens der nationalen Macht, die auf dem Fundament militärischer Macht aufbaut, ist einfach nicht möglich. Und hier kommt der Tankerkrieg ins Spiel. Der Tankerkrieg war ein Nebenschauplatz des blutigen Irak-Iran-Krieges, in dem sowohl die sowjetische als auch die US-Navy gezwungen waren, Geleitschutzoperationen durchzuführen, um den Seeverkehr von Öltankern vor Angriffen sowohl des Irans als auch des Iraks zu schützen. Wie ein amerikanischer Marinebeobachter es ausdrückte:

> Der Iran-Irak-Krieg, einer der längsten zwischenstaatlichen Konflikte des 20. Jahrhunderts, wurde 1987 durch erbitterte religiöse und politische Feindseligkeiten angeheizt und weitete sich auf den Persischen Golf aus. Die Seestreitkräfte der NATO und der Sowjetunion, die gezwungen waren, lebenswichtige Erdöltanker zu schützen, sahen sich im Golf mit neuen und alten Herausforderungen konfrontiert, die sich aus einer Vielzahl iranischer und irakischer Bedrohungen ergaben.[230]

Daher setzten sie Geleitschutzoperationen ein – militärische Operationen, bei denen erhebliche Seestreitkräfte zum Einsatz kamen, darunter im Falle des Tankerkriegs auch ein umfassender Einsatz von Luftabwehrmitteln gegen eine Vielzahl von Bedrohungen, unter denen Flugzeuge und Marschflugkörper zur Schiffsabwehr eine herausragende Rolle spielten. Tatsächlich war die ganze Angelegenheit alles andere als eine banale Eskortierungs- und Abschreckungsoperation, sondern forderte auf beiden Seiten einige sehr reale Opfer, nicht zuletzt durch den Angriff irakischer Marschflugkörper auf die *USS Stark*, eine Fregatte der Oliver Hazard Perry-Klasse, am 17. Mai 1988 – einer der schlimmsten Fälle von Zielverfehlung. Neunundzwanzig US-Soldaten starben. Erhöhte Spannungen führten unweigerlich zu der noch größeren Tragödie, als die *USS Vincennes*, ein Kreuzer der Ticonderoga-Klasse, das Passagierflugzeug Iran Air Flight 655 abschoss und alle 290 Menschen an Bord tötete. Dies waren nur einige der Episoden des sehr realen Krieges, der sich im Persischen Golf abspielte. In jeder Hinsicht war der gesamte Krieg ein klassisches Beispiel für eine geoökonomische Angelegenheit im Sinne von Luttwaks Definition. Natürlich war er zwangsläufig auch eine geopolitische Angelegenheit.

Der Hauptgrund für die Beteiligung der Vereinigten Staaten an diesem Konflikt war ein zweifacher: Während Caspar Weinberger, der damalige Verteidigungsminister, die Beteiligung der USA vor allem als eine geopolitische Frage der Durchsetzung der »Freiheit und Sicherheit der Meere« und der »Minimierung des sowjetischen Einflusses in diesem Gebiet« sah, war der andere Teil eine rein geoökonomische Angelegenheit.[231] Wie Admiral William J. Crow, Jr., der Vorsitzende der Joint Chiefs of Staff, es ausdrückte, als er Kuwaits Ersuchen kommentierte, seine Tanker umzuflaggen und sie damit formell zu einem US-Besitz zu machen und Kuwaits früheres Leasing von drei sowjetischen Tankern zu kompensieren:

> Es scheint mir, dass die Umflaggung viel dazu beitragen würde, unsere Differenzen in der Region auszugleichen … Meine Schlussfolgerung war also, dass wir in den Persischen Golf gehen sollten, nicht wegen der Freiheit der Meere und nicht, weil wir die Sowjets dort nicht haben wollten, sondern weil es die beste Chance war, die wir hatten, um unsere arabische Politik zu ordnen und einige bedeutende Fortschritte in einem Gebiet zu machen, in dem es für uns absolut entscheidend war, die stärksten Beziehungen zu schmieden, die wir verwalten konnten – trotz der Untergrabung durch den Kongress.[232]

Wenn es jemals eine »geoökonomische« Kriegsführungslogik gab, sowohl im formalen Sinne als auch im klassischen Sinne eines »nicht mit anderen Mitteln«, dann war es Crowes klares Verständnis der wirtschaftlichen Interessen und Vorteile der Vereinigten Staaten in Bezug auf den Persischen Golf. Weinbergers Fraktion, die die Umflaggung befürwortete, erkannte damals jedoch, dass Geopolitik und Kampffähigkeit untrennbar miteinander verbunden sind. Vor dem Ausschuss für auswärtige Beziehungen des Senats sprach Unterstaatssekretär Michael Armacost 1987 in der leicht erkennbaren Sprache der klassischen Geopolitik und des Gleichgewichts der Mächte, die sich letztlich um die guten alten vitalen wirtschaftlichen Interessen drehten, wobei die Kampffähigkeit zu deren Verteidigung bereitstand:

> Vieles deutet darauf hin, dass die Sowjets die durch den iranisch-irakischen Krieg geschaffene Gelegenheit nutzen wollen, um sich im Golf einzumischen – eine Region, in der ihre Präsenz traditionell recht begrenzt war. Die strategische Bedeutung dieser Region, die für das wirtschaftliche Gedeihen der westlichen Welt und Japans von entscheidender Bedeutung ist, ist den Sowjets ebenso klar wie uns. Die meisten Regierungen in den Golfstaaten betrach-

> ten die UdSSR und ihre Politik mit tiefem Misstrauen und haben ihr traditionell jede bedeutende Rolle in der Region verweigert. Die Fortsetzung und Eskalation des Krieges hat den Sowjets jedoch die Möglichkeit gegeben, die Ängste der GCC-Länder [Golfkooperationsrat] auszunutzen und auf eine Intensivierung der diplomatischen, kommerziellen und militärischen Beziehungen zu drängen. Sie waren bereit, eine viel größere Verantwortung für den Schutz des kuwaitischen Ölhandels zu übernehmen, als ihnen letztlich angeboten wurde; wir müssen davon ausgehen, dass sie bereitwillig an unsere Stelle treten würden, wenn wir uns zurückziehen würden.[233]

Wenn es sich um eine Kriegsführung handelte, dann mit Sicherheit um eine traditionelle, bei der es nicht darum ging, »militärische Methoden zu verdrängen«, sondern genau das Gegenteil zu tun – sie zu verstärken. Auf dem Höhepunkt von *Earnest Will*, so der Titel der Operation zur Eskortierung kuwaitischer Öltanker durch die US-Navy, umfasste die US-Navy im Persischen Golf dreißig Kriegsschiffe, zu denen andere westliche Nationen ebenso viele beitrugen.[234]

Spulen Sie fünfundzwanzig Jahre vor. Die kurzlebige Illusion der Geoökonomie als eigenständige Kriegsführung mit anderen Mitteln hat sich verflüchtigt, und der wohlbekannte Wettbewerb der Großmächte über ein ganzes Spektrum von Aktivitäten der Nationalstaaten ist zurückgekehrt, und dieser Konflikt wütet nun in einem ganzen Spektrum von Bereichen – wirtschaftlich, psychologisch, kulturell und militärisch – einschließlich einer Reihe sehr heißer und sehr realer militärischer Konflikte, die die Vereinigten Staaten entweder direkt oder über Stellvertreter in der Welt entfesselt haben. Was war also »Geoökonomie« anderes als ein modischer und historisch stumpfsinniger Begriff, den Amerikas Chefs geprägt haben, um ein traditionelles Instrumentarium von Konflikten aufzupolieren, das seit Anbeginn der Menschheit eingesetzt wird und sowohl reguläre als auch irreguläre Mittel umfasst, die von massiven Militäroperationen bis zu wirtschaftlicher Sabotage und psychologischer Kriegsführung reichen, um nur einige zu nennen.

Die Neigung amerikanischer Theoretiker, die Dinge zu komplizieren und Substanzen jenseits jeglicher Vernunft und Notwendigkeit zu vermehren, ist hinlänglich bekannt. Der Chefredakteur der populären russischen militäranalytischen Zweimonatszeitschrift *Arsenal des Vaterlandes (Arsenal Otechestva)*, der ehemalige russische Luftwaffenoffizier Alexej Leonkow, stellt unmissverständlich fest, dass die Amerikaner bei einer Reihe von entwickelten Strategien weltweit führend sind, aber es gibt nur ein Problem mit ihnen allen – sie sind nicht überlebensfähig, wenn sie mit der Realität konfrontiert werden.[235]

Meine Wenigkeit gibt seit Jahren zu Protokoll, dass die Doktrinen der amerikanischen Führungsriege und der selbsternannten intellektuellen Klasse einer der Hauptfaktoren sind, der die ohnehin schwachen amerikanischen Eliten daran hindert, sich der strategischen Realität zu stellen, die für die Vereinigten Staaten immer bedrohlicher wird. Die Geoökonomie mag ein auffallender Blickwinkel sein, um den Wettbewerb oder die Rivalität der Großmächte zu betrachten, aber sie ist absolut irrelevant für die Fragen, die die globale Dynamik im 21. Jahrhundert. Diese Dynamik hat alles damit zu tun, welche Zerstörungsmittel die Vereinigten Staaten, China oder Russland auf den Verhandlungstisch legen, wenn es darum geht, ob die sich rasch verändernde Welt überhaupt überlebt, und wenn ja, wie sie aussehen wird, wenn die globalen Stürme und Turbulenzen hoffentlich vorüber sind. Diese Debatte, die sowohl am eigentlichen Verhandlungstisch als auch auf den verschiedenen Schlachtfeldern geführt wird, hängt davon ab, wer mehr Macht und Entschlossenheit besitzt. Diese Macht wird nicht an Wall-Street-Indizes oder an der Höhe der Militärausgaben gemessen – sie hängt davon ab, wie wahrscheinlich es ist, dass jeder der Kontrahenten nicht nur sein eigenes Überleben, sondern auch die Niederlage der anderen in einem konventionellen, d. h. nicht-nuklearen, Krieg sichern kann.

Die Rolle der Waffen und der physischen Macht

Die wirkliche Revolution in militärischen Angelegenheiten – wie ich in einem früheren Buch mit diesem Titel schrieb, im Gegensatz zu der Reihe von Hypothesen, die so oft als solche vorgeschlagen wurden – hat dafür gesorgt, dass das Fundament der amerikanischen Hegemonie nach dem Zweiten Weltkrieg zerstört wurde – der Glaube an Amerikas Fähigkeit, diejenigen zu bestrafen, die an Amerikas militärischer Allmacht zweifelten oder alternative Visionen von der finanziellen und wirtschaftlichen Zukunft der Welt hatten, in der der US-Dollar nicht mehr das einzige Maß für den Wert der menschlichen Arbeit war. Das Fazit der gegenwärtigen amerikanischen Krise – und es gibt nur wenige, die die Existenz einer solchen Krise leugnen – ist die Tatsache, dass die amerikanische globalistische Agenda zerbröckelt, weil die Vereinigten Staaten keine Kriege gewinnen können. Das soll nicht heißen, dass die Vereinigten Staaten es nicht versuchen, das tun sie ganz sicher, und zwar mit allen ihnen zur Verfügung stehenden Mitteln, von Wirtschaftssanktionen über Strafverfolgung und Sabotage bis hin zu Bombardierungen und sogar Invasionen. Aber die Erfolgsbilanz dieser Operationen ist eher bescheiden. Ein Beispiel dafür sind die US-Wirtschaftssanktionen gegen den Iran, die aus verschiedenen Gründen verhängt wurden, angefangen von der Kampagne der Pro-Israel-Lobby bis hin zu einer allgemeinen Iran-Besessenheit der US-Machteliten, die sich immer noch nicht mit ihrer Unfähigkeit abfinden können, den Iran zu unterwerfen. Die Weltbank berichtete über die Auswirkungen der US-Wirtschaftssanktionen auf den Iran im Jahr 2019:

> Die Inflation war bei Lebensmitteln besonders hoch (z.B. 116 Prozent im Jahresvergleich bei Fleischprodukten im April) und betraf unverhältnismäßig stark die Landbevölkerung (z.B., im August 2019, 46 Prozent im Jahresvergleich in ländlichen Gebieten gegenüber 41 Prozent im Jahresvergleich in städtischen Gebieten).[236]

Das Aushungern von Nationen, die Ermordung von politischen und militärischen Führern wie General Soleimani, der blutige Umsturz rechtmäßiger Regierungen – all das sind Werkzeuge aus Amerikas Arsenal der »Verbreitung von Demokratie« und der Aufrechterhaltung der »regelbasierten Ordnung«. Diese Mittel haben keinerlei Bezug zu pseudointellektuellen Konstrukten wie der Geoökonomie, aber haben alles mit rohen Machtspielen zu tun, die darauf abzielen, das wichtigste Kriegsziel nach Clausewitz zu erreichen – »unseren Feind zu zwingen, unseren Willen zu tun.«[237] Je unabhängiger und mächtiger eine Nation ist, desto mehr wird sie von den amerikanischen Eliten als feindlich betrachtet. Rein wirtschaftliche Erwägungen, wie z.B. die Tatsache, dass diese unabhängigen Nationen wirtschaftliche Konkurrenten auf den globalen Märkten sind, sind nur eines der vielen Beispiele für unerträgliche Beleidigungen des modernen Amerikas, Beleidigungen aufgrund seiner Selbsttäuschung, die mächtigste Nation der Geschichte zu sein. Wenn ein paar Millionen Menschen getötet und vertrieben werden und verhungern, um das Verlangen der US-Eliten zu befriedigen, sich an der Spitze der Welt zu fühlen, dann ist das für die US-Eliten so, nicht für die Durchschnittsamerikaner, die konsequent für die zurückhaltende Außenpolitik stimmen, die ihnen in jedem Wahlkampf versprochen und nie eingehalten wird. Wie Daniel Larison es ausdrückte, als er die Unmenschlichkeit des von den USA bevorzugten Instruments »Maximaler Druck« in Bezug auf Venezuela beschrieb:

> Umfassende Sanktionen schaden in der Regel den Schwächsten, schwächen die politische Opposition und stärken den Machterhalt der Regierung. Dies ist bereits mehrfach geschehen und wird auch weiterhin geschehen, wo immer diese unmenschlichen Taktiken angewandt werden. Die Gründe dafür sind nicht schwer zu verstehen, aber die politischen Entscheidungsträger scheinen entschlossen zu sein, sie nicht verstehen zu wollen.[238]

Diese Ignoranz und Unfähigkeit zu lernen sind die Grundlage und der Hauptgrund für Amerikas Vorgehensweise nach dem Zweiten Weltkrieg. Völlig falsche Lehren wurden gezogen und angewandt, was zu einem dramatischen Niedergang der amerikanischen Gesellschaft unter den günstigsten Bedingungen in einem historisch gesehen sehr kurzen Zeitraum von 70 bis 75 Jahren führte – der Lebensspanne einer einzigen Generation.

Die Vereinigten Staaten sind nicht nur im Bereich der Realwirtschaft weltweit zunehmend nicht mehr wettbewerbsfähig, insbesondere in einem so scheinbar banalen Bereich wie der Konsumgüterindustrie, sondern sie haben auch ihren Wettbewerbsvorteil und ihre Kompetenzen in einigen entscheidenden Bereichen wie dem Bau komplexer Maschinen, der kommerziellen Luft- und Raumfahrt und dem Schiffbau verloren. Und die Vereinigten Staaten wurden durch den Ölkrieg 2020, der angeblich zwischen Saudi-Arabien und Russland ausgetragen wird, wieder in die Position eines Netto-Energieimporteurs versetzt. Unter diesen Umständen ist das einzige Instrument, das den Vereinigten Staaten noch zur Verfügung steht, abgesehen von ihrer traditionellen direkten Erpressung und dem Verdrehen der Hände ihrer »Partner«, ihre militärische Macht.

Und genau hier liegt heute das Hauptproblem der Vereinigten Staaten: Sie haben das Wettrüsten verloren. Nicht in der traditionellen Art und Weise, wie es von der Öffentlichkeit wahrgenommen werden könnte – wenn ein Land einfach ein anderes auf dem Schlachtfeld übertrifft und die Sache damit erledigt ist, wie zum Beispiel, als die Sowjets im Zweiten Weltkrieg nicht nur Nazideutschland in der Produktion übertrafen, sondern auch die Wehrmacht und Deutschlands Verbündete auf dem Schlachtfeld besiegten und den Krieg beendeten, indem sie eine rote Flagge über dem Reichstag hissten. Dies war eine sichtbare und sehr greifbare Demonstration des Sieges. Im Nuklearzeitalter ist das Wettrüsten jedoch eine ganz andere Angelegenheit, denn die modernen Waffen auf dem Schlachtfeld können sowohl konventionell als auch nuklear eingesetzt werden, wenn es sein muss. Und sie werden hoffentlich nie zum Einsatz kommen.

Die amerikanische Tomahawk Land Attack Missile (*TLAM*) ist eine Waffe mit doppeltem Verwendungszweck; sie kann konventionelle und nukleare Sprengköpfe tragen. Der russische Landangriffsflugkörper *3M14 Kalibr* kann dasselbe. Beide Raketen wurden bereits häufig im Kampf mit konventionellen Sprengköpfen eingesetzt. Die amerikanische TLAM hat jedoch ein Problem mit ihrem nuklearen Hauptgefechtskopf. Der *W-80*-Atomsprengkopf wurde ausgemustert und die Rakete selbst wurde weniger zu einer nuklearen Bedrohung als vielmehr zu einem Objekt für Zielübungen durch eine fremde mehr oder weniger funktionierende und mäßig gut ausgebildete Luftabwehr, wie am 14. April 2018 in Syrien, als 70 % der TLAMs von den Syrern abgeschossen wurden.[239] Es war ein Ereignis, das von der amerikanischen Öffentlichkeit weitgehend unbemerkt blieb, deren Aufmerksamkeit sofort durch eine massive Propagandakampagne abgelenkt wurde, die darauf abzielte, einen Strom eher peinlicher Nachrichten aus Syrien über die Verwundbarkeit von Amerikas wichtigster Distanzwaffe zu verhindern.

Tatsächlich war diese Tatsache ein Indikator für ein viel tiefgreifenderes Ereignis:[240] den Niedergang und anschließenden Bankrott des gesamten amerikanischen Ansatzes zur Kriegsführung und damit eine dramatische Verschiebung des globalen Kräfteverhältnisses. Generell war das Jahr 2018 weder kurz- noch langfristig ein gutes Jahr für die amerikanische Macht. Auf die Tatsache, dass vieles in der amerikanischen Auffassung von Kriegsführung nicht wirklich auf den Wettbewerb unter Gleichen anwendbar war, wurde schon seit mindestens zwei Jahrzehnten bei vielen Gelegenheiten hingewiesen. Aber der zweite Versuch, Saddam Husseins grob unvorbereitete, demoralisierte und bestochene Armee im Irak im Jahr 2003 anzugreifen, war zwar nicht so effektiv, um den Amerikanern ein emotionales Hochgefühl und ein Gefühl der ultimativen Zuversicht zu vermitteln, wie es das Ergebnis von *Desert Storm* im Jahr 1991 gewesen war, spielte aber dennoch eine wichtige, wenn auch trügerische Rolle dabei, die Anerkennung des sich schnell verändernden technologischen und operativen Paradigmas der Kriegsführung zu verhindern, das viele amerikanische Konzepte der Kriegsführung inzwischen obsolet gemacht hatte. Schon vor der bahnbrechenden Rede des russischen Präsidenten Wladimir Putin vor der Föderalversammlung Anfang März 2018 und seiner Enthüllung des neuen russischen Arsenals – von Hyperschallraketen zur Schiffsabwehr bis hin zu strategischen Waffen mit unbegrenzter Reichweite wie dem nuklear angetriebenen Marschflugkörper *Burevestnik (Sturmvogel)* – wurde absolut klar, dass das Zeitalter des »American Way of War« für jeden, der sich die Mühe machte, die technologische Entwicklung der Kriegsführung in den letzten fünfzig Jahren zu verfolgen, so gut wie vorbei war.

Diese 2011 von Rose Lopez Keravuori, Oberstleutnant der U.S. Army Reserve, formulierte Feststellung ist typisch für das historisch fortlaufende Muster ähnlicher Schlussfolgerungen wie die von Richard Pipes aus dem Jahr 1978 in Bezug auf das, was unter Militärexperten in der ganzen Welt seit dem Vietnamkrieg als »American Way of War« bekannt ist:

> Aus strategischer Sicht strebt die amerikanische Art des Krieges einen schnellen militärischen Sieg an, unabhängig von strategisch-politischem Erfolg; die gewünschten politischen und militärischen Ergebnisse stimmen nicht immer überein. Bei der Analyse dieses Stils der Kriegsführung zeigt sich, dass die Amerikaner die historischen Lehren und kulturellen Unterschiede nicht ausreichend würdigen, was häufig zu einer Trennung zwischen dem Frieden und den ihm vorausgegangenen militärischen Aktivitäten führt. Die strategische Art der Kriegsführung umfasst auch alternative nationale Strategien wie Abschreckung und einen Krieg mit begrenzten Zielen. Aus diesem Modell geht hervor, dass es keine einheitliche amerikanische Art des Krieges gibt. Vielmehr ist die amerikanische Art des Krieges eine doppelte: zum einen eine taktische »Art des Kampfes«, die einen Stil der Kriegsführung beinhaltet, bei dem bestimmte amerikanische Attribute den Einsatz von Gewalt bestimmen; zum anderen eine strategische »Art des Krieges«, die auf die Launen eines vierjährigen politischen Systems abgestimmt ist, ein Prozess, der nicht immer dazu beiträgt, taktische Siege in strategische Erfolge umzuwandeln.[241]

Die Tatsache, dass Amerika nicht weiß, was ein Krieg mit einem anderen Nationalstaat ist und welche Folgen er hat, wird bei der Kritik an Amerikas Überlegungen zur Kriegsführung irgendwie immer ausgeblendet – das Wettrüsten zu verlieren ist eine organische und natürliche Eigenschaft eines Landes, das seinen letzten richtigen Krieg in den 1860er Jahren erlebte. Wie der verstorbene Richard Pipes richtig bemerkte:

> Die Vereinigten Staaten wollen ihre Kriege schnell und mit den geringsten Verlusten an amerikanischen Menschenleben gewinnen … Das extreme Vertrauen in die technologische Überlegenheit, das für die amerikanische Kriegsführung charakteristisch ist, ist die Kehrsei-

> te der extremen Sensibilität Amerikas für die eigenen Verluste; ebenso wie die Gleichgültigkeit gegenüber den Verlusten, die dem Feind zugefügt werden.[242]

Keravuori ist großzügig, wenn sie von der »mangelnden Wertschätzung historischer Lektionen und kultureller Unterschiede« in den USA spricht. Wenn man von der amerikanischen Art des Krieges spricht, kommt man unweigerlich zu dem Schluss, dass genau das die amerikanische Art des Krieges ist – zusammen mit dem Ignorieren der technologischen, taktischen, operativen und strategischen Realität. Die technologische Überlegenheit Amerikas war zumindest in den letzten fünfzig Jahren aufgrund des Zusammenbruchs der Sowjetunion gesichert, und zwar in erster Linie aufgrund interner Dynamiken und Probleme des Landes, die nichts mit den Problemen des Kalten Krieges zu tun hatten. Dadurch wurde Amerika in den 1990er Jahren vor einer düsteren militärisch-technologischen Realität bewahrt und eine Abrechnung aufgeschoben.

Doch diese Realität kehrte in den 2010er Jahren mit voller Wucht zurück. Die Vereinigten Staaten hatten zwanzig Jahre lang freie Hand und haben ihr politisches Kapital vergeudet und die Grenzen ihrer militärischen und technologischen Macht demonstriert. Dies war ein strategischer Fehler, denn eine Supermacht muss ihr erklärtes Potenzial (oder ihre militärische Macht) mit entsprechenden Ergebnissen unterlegen. Wie Patrick Armstrong, ein langjähriger Analyst des kanadischen Verteidigungsministeriums, feststellte: »Die meisten amerikanischen Gegner waren kleine Fische«.[243] Armstrong ging noch weiter und stellte eine prägnante und sarkastische Definition der amerikanischen Art des Krieges vor, wie sie der Vietnamkriegsveteran Fred Reed formulierte: »Die normale Vorgehensweise des amerikanischen Militärs besteht darin, die amerikanische Macht zu überschätzen, den Feind zu unterschätzen und die Art des Krieges, in den es sich begibt, falsch zu verstehen.«[244]

Die Militärtheorie ist nur insofern gut, als sie einen Weg zu praktischen Ergebnissen aufzeigt, die dazu führen, den Krieg zu gewinnen, oder – um es in einer professionelleren Sprache auszudrücken – die politischen Ziele dieses Krieges zu erreichen. Das war bei den Vereinigten Staaten seit dem Zweiten Weltkrieg nicht mehr der Fall. Als im Jahr 2015 die damals akute Frage nach einer praktischen Plattform für die US-Navy und insbesondere die Rolle der Flugzeugträger – ein Fundament der amerikanischen Seemacht – diskutiert wurde, zitierte der pensionierte Kommandant Jim Griffin die Meinung des pensionierten Kapitäns Robert C. Rubel über Flugzeugträger: »Sie sind groß und imposant … sie bieten einen hervorragenden Anblick.«[245] Zwar ist nicht zu leugnen, dass moderne Flugzeugträger prächtige und imposante Schiffe sind, doch muss man die Stichhaltigkeit, wenn nicht gar die Vernunft, eines Arguments in Frage stellen, das dafür plädiert, astronomische Summen für den Anblick auszugeben, wenn diese Schiffe schon in den 1980er Jahren nicht einmal einen echten, konventionellen Krieg mit der Sowjetunion überstehen konnten. Heute sind sie auf dem modernen Schlachtfeld aufgrund der wirklichen Revolution in militärischen Angelegenheiten nicht mehr überlebensfähig.

Keine noch so teure Eskorte mit den modernsten Luft- und Raketenabwehrsystemen kann verhindern, dass eine ganze Trägerkampfgruppe zu einem prestigeträchtigen Ziel wird. Im Jahr 2019 hatte Rubel, der früher am U.S. Naval War College lehrte, immer noch ein emotional verständliches Faible für Flugzeugträger und setzte sich weiterhin für die Beibehaltung dieser Schiffe aus anderen Gründen als ihrer Kampfkraft ein:

> In Friedenszeiten und bei begrenzter Kriegsführung haben sie sich als äußerst nützlich erwiesen, weshalb sie von den Geographic Combatant Commanders (Kommandeure in globalen Regionen) so stark nachgefragt werden. Sie können wie Schachfiguren um

> den Globus bewegt werden, um auf Katastrophen und kleinere Aggressionen zu reagieren und entweder bei Bedrohungen oder zur Unterstützung Flagge zu zeigen. Sie sind groß, beeindruckend und prestigeträchtig, weshalb die Länder, die dazu in der Lage sind, sie trotz ihrer Kosten und ihrer mutmaßlichen Verwundbarkeit entweder bauen oder kaufen. In der Arena der globalen Präsenz dreht sich die Frage der Rechtfertigung um die Kosten gegenüber der politischen Wirkung. Flugzeugträger können auch einen hohen Kriegsführungsnutzen behalten.[246]

Die Beibehaltung einer hochwertigen Kriegsführung aus »politischer Wirkung« ist bestenfalls ein zweifelhafter Grund, wenn man die revolutionäre Verbesserung der Verteidigungsfähigkeiten der so genannten »Green Water Navies« (Küstengewässer-Marine) betrachtet. Diese Seestreitkräfte operieren und werden auch in Zukunft unter dem Schutz ihrer Luftstreitkräfte und Luftabwehr operieren, was die Effektivität moderner amerikanischer Flugzeugträger bei Operationen zur Machtprojektion und Seekontrolle, d. h. ihre politische Wirkung, verringern wird. Wenn es darum geht, gegen fast gleich starke oder gleich starke Staaten vorzugehen, ändert sich das Bild dramatisch. Der US-Flugzeugträger ist heute ein Waffensystem, das ein Tor zur Eskalation, möglicherweise bis zur nuklearen Schwelle sein kann, denn in einem konventionellen Krieg würden sie entdeckt, aufgespürt und zerstört werden, bevor sie ernsthafte Auswirkungen auf Operationen gegen Nationen wie Russland oder China hätten. Über das Ausmaß der innenpolitischen Krise in den USA nach Bekanntwerden der Zerstörung einer ganzen CBG (*carrier battle group*, Flugzeugträger-Geschwader), kann man nur spekulieren.

Dies ist kein neues Problem. Der frühere Chef der Marineoperationen, Admiral Elmo Zumwalt, zog dieses Schreckensszenario bereits Anfang der 1970er Jahre in Erwägung. Selbst Rubel, selbst ein ehemaliger Marinepilot, musste dies zähneknirschend zugeben:

> Raketen werden mehr und mehr zur wichtigsten Angriffswaffe aller Streitkräfte der Welt. Die Flottenplanung der Marine sollte sich an dieser Annahme orientieren, vor allem, wenn sich die Hyperschalltechnik durchsetzt. Wenn sie von der Last befreit sind, die »Hauptbatterie« der Marine zu sein, könnten Flugzeugträger innovativer eingesetzt werden, und die tatsächliche Anzahl und der Typ, der benötigt wird, würde auf anderen Kriterien basieren, was zu einer anderen Anzahl führen würde. Dies wiederum würde es der Marine ermöglichen, ein Flottenkonzept zu wählen, das besser mit den voraussichtlichen technologischen, geopolitischen und budgetären Bedingungen vereinbar ist. In der abschließenden Bewertung sollte dies auch die vergebliche Kontroverse darüber verhindern, ob Flugzeugträger verwundbar sind oder nicht.[247]

Der amerikanische Super-Träger starb als lebensfähiges Waffensystem für den modernen Krieg mit dem Aufkommen von Überschall-Langstreckenraketen zur Schiffsabwehr. Wie ich seit Jahren zu Protokoll gegeben habe, hat die Einführung von Überschallraketen die Kriegsführung für immer verändert und die 100.000-Tonnen-Verdrängungs-Dinosaurier der US-Navy in jedem echten Krieg zu veralteten und sehr teuren Opferlämmern gemacht. Moderne russische Hyperschallwaffen wie die Mach-9-fähige aeroballistische *Kinzhal* haben eine Reichweite von 2000 Kilometern und sind von den bestehenden US-Raketenabwehrsystemen nicht abfangbar. Selbst einfache Berechnungen geben einen Einblick in die gewaltige Aufgabe, die jede Kombination von Abwehrwaffen beim Versuch haben wird, auch nur eine einzige Rakete dieser Klasse abzufangen. Es ist praktisch unmöglich, eine Salve von vier bis sechs solcher Waffen abzufangen, selbst wenn das gesamte Spektrum von Hard- bis Soft-Kill-Abwehrmitteln einer ganzen Trägerkampfgruppe zum Einsatz kommt.[248] Die *Kinzhal*, eine an sich schon furchterregende Waffe, wurde bereits Ende 2017 eingesetzt.

Das nun gesicherte Kommen der *3M22 Zircon*, deren Teststarts am 7. Oktober 2020 erstmals öffentlich gemacht wurden, und die Vielfalt der Plattformen, von denen aus diese Rakete abgefeuert werden kann, verändert das Kalkül sowohl der See- als auch der Bodenkriegsführung völlig. Bei den meisten russischen Schiffsabwehrraketen, von denen einige über einen Landangriffsmodus verfügen, übersteigt die Reichweite des Abschusses dieser Waffen die Reichweite der Trägerluftwaffe, einschließlich ihrer luftgestützten Frühwarnflugzeuge wie der *E-2C/D Hawkeyes*, erheblich oder sogar dramatisch. Auch wenn man theoretisch davon ausgehen kann, dass einige der älteren Schiffsabwehrraketen mit Hilfe der Cooperative Engagement Capability (CEC) abgefangen werden können, die es beispielsweise dem neuen, auf den *Hawkeyes* installierten AN/APY9-Radar ermöglicht, Luftabwehrraketen wie die SM-6 über die Reichweite der Plattform (z.B. eines Zerstörers) hinaus zu lenken, die sie abfeuert, macht dies bei Hyperschallsystemen überhaupt keinen Unterschied, da M-3.5 SM-6-Raketen einfach nicht dafür ausgelegt sind, Ziele abzufangen, deren Geschwindigkeit fast dreimal so hoch ist und die während ihres gesamten Fluges, einschließlich des Endanflugs, manövrieren. Es ist zweifelhaft, dass ein Radar solche Hyperschallwaffen überhaupt sehen oder verfolgen kann, geschweige denn eine zuverlässige Zielerfassung ermöglicht.

Der russische Verteidigungsminister Sergej Schoigu hat die Rolle der Flugzeugträger klar definiert: »Wir brauchen keine Flugzeugträger, wir brauchen Waffen, mit denen wir sie versenken können«.[249] Dies ist ein Vorgeschmack auf den Verlust des Wettrüstens und die Entfernung der Flugzeugträger-Geschwader der US-Navy aus den Küstengebieten und abgelegenen Seegebieten von Staaten, die Besitzer fortschrittlicher Luftverteidigungssysteme, Kampfflugzeuge und Langstreckenraketen zur Schiffsabwehr sein werden oder bereits sind. Derzeit ist die Reichweite von Anti-Schiffs-Raketen aufgrund des Raketentechnologie-Kontrollregimes (Missile Technology Control Regime, MTCR), einer informellen politischen Übereinkunft zwischen Staaten, die die Verbreitung von Raketen und Raketentechnologie begrenzen soll, auf 300 Kilometer begrenzt.[250] Diese Vereinbarung wurde jedoch in vielerlei Hinsicht durch die Aktionen der Vereinigten Staaten und der NATO seit Mitte der 1990er Jahre grob untergraben und hat die Frage der Verbreitung von Raketentechnologien in den Vordergrund der globalen Sicherheitsagenda gerückt, weil viele Länder, die die Vereinigten Staaten als Bedrohung ihrer nationalen Sicherheit ansehen, nach Waffen suchen, die das ermöglichen, was in den Vereinigten Staaten A2/AD (Anti-Access/Area Denial) getauft wurde. Kapitän Rubel hat Recht, wenn er davon ausgeht, dass sich Hyperschallwaffen irgendwann verbreiten werden. Überschall-Schiffsabwehrraketen wie die in Russland hergestellten *P-800 Oniks* sind bereits ein heißer Artikel auf dem internationalen Waffenmarkt, und die Nachfrage wird weiter steigen. Syrien hat Berichten zufolge 2009 72 *Yakhont*-Raketen (eine Exportversion der *Oniks* mit 300 km Reichweite) von Russland gekauft, und 2016 wurden einige dieser Raketen gegen Landziele der ISIS eingesetzt.[251]

Selbst diese Systeme können, wenn sie richtig eingesetzt werden, das Machtgleichgewicht an so wichtigen geografischen Orten wie dem Persischen Golf völlig verändern und die traditionellen amerikanischen Instrumente der Machtprojektion – ein Euphemismus für die Bombardierung wehrloser Feinde in die Steinzeit – extrem angreifbar machen.

Der Iran ist jedoch kein wehrloser Staat, sondern hat selbst unter den strengsten wirtschaftlichen und sonstigen Sanktionen eine ablehnende Haltung eingenommen, wie die NATO-Streitkräfte nach der sinnlosen Ermordung des iranischen Generals Soleimani durch die USA aus erster Hand erfahren mussten, was zu einer iranischen Reaktion führte, die US- und NATO-Stützpunkte in der Region angriff. Die Auswirkungen des Beschusses durch ein so ernst zu nehmendes Waffensystem wie ballistische Mittelstreckenraketen waren so verheerend, dass NATO-Kontingente wie das dänische im Irak, auf das die Vergeltungsschläge abzielten, nach den Angriffen in die Sicherheit Kuwaits verlegt wurden.[252] Der iranische Vergeltungsschlag war in vielerlei Hinsicht lehrreich, da er die Ohnmacht der US-amerikanischen Raketenabwehrtechnologie deutlich machte, die keine einzige iranische ballistische Rakete abfangen konnte. Zuvor, am 14. September 2019, hatte die amerikanische (und saudische) Luftabwehr peinlich versagt, als es darum ging, Houthi-Drohnenangriffe auf Aramco-Raffinerien zu verhindern, die dadurch erheblichen Schaden erlitten. Auch wenn die geringe militärische Kompetenz der Saudis bekannt ist, bleibt die Tatsache bestehen, dass während des Angriffs amerikanische Luftabwehrmannschaften anwesend waren, was den Schaden noch vergrößerte. Wie die *Washington Post* feststellen musste:

> Saudi-Arabien ist seit Jahren ein wichtiger Abnehmer von in den USA hergestellten Waffen. Diese Beziehung intensivierte sich nach dem Amtsantritt von Präsident Trump. Der amerikanische Staatschef drängte das ölreiche Riad, mehr Waffen zu kaufen, und Saudi-Arabien sagte nur wenige Monate nach seinem Amtsantritt den Kauf von US-Waffen im Wert von 110 Milliarden Dollar zu. Nach diesem Wochenende, als ein verheerender Angriff auf saudische Öleinrichtungen das Königreich überrumpelte, fragten sich einige Beobachter, welchen Schutz sich Riad durch seine Annäherung an die USA verschafft hat.[253]

Der Vergleich zwischen amerikanischen und russischen Luftverteidigungssystemen wurde damit nicht nur gerechtfertigt, er wurde unvermeidlich. Während des fast fünfjährigen Betriebs ihres Militärstützpunkts in Khmeimim in Syrien haben sich die russischen Luftabwehrsysteme, sowohl die Raketenkomplexe als auch die Maßnahmen zur elektronischen Kriegsführung, als außerordentlich effizient gegen die unaufhörlichen Angriffe auf den Stützpunkt erwiesen, indem sie die überwältigende Mehrheit der auf ihn gerichteten Drohnen, Raketen und Flugkörper abgeschossen haben. In demselben Artikel der *Washington Post* heißt es:

> Der russische Präsident Wladimir Putin reagierte auf den Angriff vom Samstag mit Spott. Bei einer Veranstaltung am Montag in der Türkei schlug Putin vor, Saudi-Arabien solle das russische Raketenabwehrsystem S-300 oder S-400 kaufen, wie es der Iran und die Türkei getan hätten. »Sie werden zuverlässig alle Infrastrukturobjekte Saudi-Arabiens schützen«, sagte Putin. Der iranische Präsident Hassan Rouhani, der ebenfalls an der Veranstaltung teilnahm, wurde bei diesen Äußerungen grinsend gesehen. Das S-400-System ist noch nicht in der Praxis erprobt, aber es kostet weniger als das Patriot-System und verfügt über technische Merkmale, die zumindest auf dem Papier eine Verbesserung gegenüber dem US-System darstellen, darunter eine größere Reichweite und die Fähigkeit, in jede Richtung zu operieren.[254]

Militärischer Analphabetismus und saure Trauben wurden hier in vollem Umfang zur Schau gestellt, denn das Bewusstsein, dass die Luftverteidigung mit einer Vielzahl von Luftverteidigungssystemen mit unterschiedlichen Reichweiten und Höhenlagen überlagert werden kann, scheint sich dem Autor zu entziehen, der ebenso falsch liegt, wenn er behauptet, dass die S-400 »in realen Situationen nicht getestet wurden«, da die sowjetisch/russischen AD-Komplexe im Kampf eingesetzt werden, was alles in den Schatten stellt, was die Vereinigten Staaten in dieser Hinsicht je erlebt haben. In Saudi-Arabien wurde ein dramatischer Unterschied zwischen den beiden technologischen und operativen Konzepten deutlich, und der Vergleich fiel nicht zu Gunsten des amerikanischen Ansatzes zur Luftverteidigung oder zur Kriegsführung insgesamt aus. Bemerkenswerterweise hatte eine der größten arabischen Monarchien, die Vereinigten Arabischen Emirate, keine Probleme damit, Anfang der 2000er Jahre rund 50 *Pantsir S-1*-Luftabwehrsysteme aus Russland zu kaufen und sie vor kurzem überholen zu lassen.[255] Saudi-Arabien, das ein Hauptumschlagplatz für US-Dollars und ein Hauptabnehmer für US-Militärtechnologie ist, hat keine solche Freiheit bei der Wahl eines anderen Lieferanten als die Vereinigten Staaten oder im besten Fall das Vereinigte Königreich oder Frankreich.

Generell ist der Rückstand der USA gegenüber Russland im Bereich der Luftverteidigungssysteme massiv, und zwar sowohl in qualitativer als auch in quantitativer Hinsicht – Russland produziert eine unübertroffene Vielfalt von Luftverteidigungs-waffensystemen, die ein integriertes Luftverteidigungssystem bilden, das zur Bekämpfung jedes einzelnen möglichen Luftziels konzipiert ist. Die Bilanz der US-Waffensysteme im Allgemeinen und der Luftabwehrsysteme im Besonderen wirft jedoch viele berechtigte Fragen hinsichtlich ihrer Wirksamkeit auf, insbesondere gegenüber einer Nation, die wie Syrien zu den Nutznießern der »Verbreitung« moderner Raketentechnologie gehören könnte. Obwohl Iran behauptet hat, dass seine neuesten ballistischen Raketen nicht nur stationäre, sondern auch bewegliche Ziele wie Flugzeugträger treffen können, bleibt abzuwarten, ob diese Behauptungen zutreffen. In diesem Stadium ist es schwierig, ihren Wahrheitsgehalt zu bestätigen oder zu widerlegen. Was jedoch unbestreitbar ist, ist die Tatsache, dass Iran über genügend moderne ballistische Mittel verfügt, um den USA und der NATO in der Region massive Verluste und Zerstörungen zuzufügen, und dass die meisten dieser Raketen nicht abgefangen werden können und ihr Ziel treffen werden. Das Auftauchen des *Bastion*-Komplexes (ein Küstensystem mit P-800 *Oniks*) zusammen mit modernen Luftabwehrsystemen wie dem S-400 sowie modernen Kampfflugzeugen wie der SU-30SM(2) oder der SU-35 verändert das Kräfteverhältnis in der Region völlig und macht jeden Versuch der USA, ihre Flotte in der Nähe der iranischen Küste einzusetzen, sowohl im Persischen Golf als auch im Indischen Ozean, zu einer äußerst gefährlichen Angelegenheit.

Die Anschaffung solcher Systeme durch den Iran ist keine Spekulation mehr, da das internationale Waffenembargo gegen den Iran am 18. Oktober 2020 ausgelaufen ist. Es folgte eine fieberhafte Aktivität auf saudischer und amerikanischer Seite, wobei US-Außenminister Mike Pompeo pauschale Drohungen an jeden aussprach, der es wagte, die militärische Zusammenarbeit mit dem Iran wieder aufzunehmen. Doch selbst die *Washington Times* musste zugeben:

> … Washingtons Einfluss auf die Haltung der Weltgemeinschaft gegenüber dem Iran schwindet und wirft die Frage auf, ob andere Länder die Warnungen der Regierung beherzigen werden. Die Bemühungen der USA zu Beginn dieses Jahres, das Waffenembargo zu verlängern, scheiterten in der UNO. Ein anschließender amerikanischer Vorstoß, alle internationalen Wirtschaftssanktionen gegen den Iran wieder in Kraft zu setzen, wurde vom Rest der Welt ebenfalls abgeschmettert. Diese Sanktionen waren im Rahmen eines bahnbrechenden Abkommens aus dem Jahr 2015 aufgehoben worden, das wirtschaftliche Erleichterungen im Gegenzug für den Verzicht des Irans auf wichtige Aspekte seines Atomwaffenprogramms vorsah.«[256]

Das bedeutet nicht automatisch, dass Russland oder Indien, das einen als Brahmos bekannten P-800 Oniks-Klon betreibt, oder China es zwangsläufig mit einer Wiederbewaffnung des Irans eilig haben. Obwohl Russland und der Iran de facto militärische Verbündete vor Ort in Syrien sind und der Iran ein massives 400-Milliarden-Dollar-Investitionsabkommen mit China abgeschlossen hat, wird die Frage der nationalen Interessen und der Politik nicht verschwinden. Es ist jedoch klar, dass sowohl Russland als auch China den Iran nicht nur als befreundetes Land, sondern auch als Markt betrachten. Außerdem will der Iran Russlands Waffen haben. Zwar hat der Iran bestritten, Waffen zu kaufen, doch spricht vieles dafür, dass der Iran seine Gespräche mit Russland über die Einzelheiten eines solchen Kaufs fortgesetzt hat.[257] Bereits im November 2019 warnte das Pentagon davor, dass der Iran sich nach fortschrittlichen russischen Waffensystemen umschaut, die er nach dem Auslaufen des Embargos kaufen könnte.[258] Es ist also völlig logisch und zu erwarten, dass Russland und China dem Iran Kreditlinien für Waffensysteme anbieten, die in der Lage sind, jeden Angriffsversuch der USA auf den Iran zu neutralisieren und den Persischen Golf und die Straße von Hormuz vollständig zu sperren und möglicherweise sogar eine der Flugzeugträger-Geschwader der US-Navy dort einzuschließen, falls die USA beschließen sollten, durch einen Angriff auf den Iran nationalen Selbstmord zu begehen – ein langjähriges Ziel der korruptesten und ignorantesten neokonservativen Kriegstreiber und Israel-Freunde in den obersten Rängen der Macht in Washington D.C.

Am Tag nach dem Auslaufen des Embargos bestätigte der iranische Verteidigungsminister Amir Hatami, dass der Iran mit Russland und China bereits eine Vereinbarung über die militärische Zusammenarbeit nach dem Auslaufen des Embargos getroffen hat, und in der Tat gibt es eine »sehr wichtige« Vereinbarung zwischen Moskau und Teheran über die »Entwicklung einer iranischen Luftwaffe.«[259] Für jeden Militärexperten bedeutet dies, dass das Erscheinen von SU-35 oder SU-30SM(2) vor dem Hintergrund der begrenzten Ressourcen Teherans wahrscheinlicher ist als das Erscheinen von S-400, auf die Hatami bei seinem Besuch der Ausstellung »Army-2020« in Moskau ebenfalls aufmerksam gemacht hat.[260] Dies ist das Worst-Case-Szenario für das Pentagon, Israel und Saudi-Arabien, da beide Flugzeuge in der Lage sind, den Luftraum der gesamten Region zu kontrollieren, und abgesehen davon, dass sie Netzwerk-zentriert eingesetzt werden können, auch eine Reihe von Anti-Schiffs-Raketen mit sich führen, darunter die neuesten Versionen der Überschall-, M-3,5, Anti-Strahlungs- und Anti-Schiffs-Rakete X-31.

Wie auch immer das Ergebnis in Bezug auf die spezielle Militärtechnologie, die der Iran kaufen möchte, oder die Art der Zahlungen zur Finanzierung des bereits abgeschlossenen Abkommens aussehen wird, eine Tatsache kann nicht mehr geleugnet werden: Das Fenster der Möglichkeiten, das letzte Land anzugreifen, in dem die Vereinigten Staaten theoretisch ihr Image einer allmächtigen Militärmacht »wiederherstellen« könnten, ohne die Art von katastrophalen Verlusten zu erleiden, die die USA andernfalls bei einem Angriff auf China, geschweige denn Russland, erleiden würden, schließt sich sehr schnell. Damit wird die Chance für die Vereinigten Staaten, den schnell schwindenden Eindruck einer Macht zu bewahren, die in der Lage ist, jedem ihren Willen zu diktieren, immer geringer.

Aber als ob das für eine überforderte »Supermacht« nicht schon schlimm genug wäre, kommt noch erschwerend hinzu, dass die Vereinigten Staaten ihre Kunden für ihr wichtigstes Exportgut – Waffen – nur durch Erpressung, Drohungen und die sprichwörtlichen Bilder der amerikanischen Militärpropagandamaschine behalten können, deren Effizienz mit jedem Monat rapide abnimmt – denn auch Propaganda muss auf einer gewissen Realität beruhen, in der die Waffen so funktionieren, wie sie angepriesen werden, in der militärische Siege, selbst gegen offensichtlich schwache Feinde, zu günstigen und ehrenhaften politischen Regelungen führen, den sprichwörtlichen politischen Zielen eines jeden Krieges, und in der das Clausewitzsche Diktum die Oberhand hat: »Es ist legitim, ein

Ereignis nach seinem Ergebnis zu beurteilen, denn es ist das beste Kriterium«.[261]

Die Vereinigten Staaten produzieren auch heute noch einige hochmoderne Waffen wie U-Boote, Satelliten, Computer und einige andere Systeme, die sie einsetzen, um das Schlachtfeld gegen drittklassige Gegner zu beherrschen. Dieses Konzept, die Ledeen-Doktrin – sich »irgendein kleines, beschissenes Land« auszusuchen und es »an die Wand zu werfen, nur um der Welt zu zeigen, dass wir es ernst meinen« – funktioniert nicht mehr.[262] Tatsächlich hat es von Anfang an nicht funktioniert – die Vereinigten Staaten haben alle ihre Kriege im 21. Jahrhundert verloren, was keine Frage der Überzeugung ist, sondern harte kalte Tatsache. Diese »kleinen, beschissenen Länder« wollten sich nicht zum Nutzen von Amerikas »Geschäfts«-Haltung »an die Wand fahren lassen«. Sie haben sich gewehrt.

Wenn man sich heute den Zustand des amerikanischen Militärs und seine zahlreichen Versäumnisse sowohl in technologischer als auch in operativer Hinsicht ansieht, kommt man unweigerlich zu dem Schluss, dass es keinen Ausweg aus diesem Dilemma gibt, weil den Vereinigten Staaten einfach die Mittel fehlen, um ihr stark geschöntes, wenn nicht gar gefälschtes Image der »besten militärischen Truppe der Geschichte« aufrechtzuerhalten. Zumindest die Russen, die Deutschen und die Franzosen werden Probleme mit einer solchen Behauptung haben, die weit in die Geschichte zurückreicht, während die Vietnamesen hier ebenfalls eine Erwähnung verlangen könnten. Ganz zu schweigen von den Italienern als direkte Erben der Römer, was wiederum dazu führen wird, dass die Griechen auf ihre glorreiche Antike verweisen werden.

Die ständigen Erklärungen über die eigene militärische Größe offenbaren einen langen und tief verborgenen Minderwertigkeitskomplex der USA, wenn es um die Kriegsführung geht. Es ist natürlich normal, dass die Propagandamaschinerie jeder Nation, sei es Russland, China oder Frankreich, sich selbst lobt und die anderen herabsetzt, denn das ist so ziemlich das, worum es in der Propaganda geht. Aber die Reaktionen in den Vereinigten Staaten, die manchmal ein Niveau unkontrollierter Hysterie erreichen, auf jede Demonstration der militärischen Macht Russlands seit der Rückholung der Krim, ganz zu schweigen von der erfolgreichen Operation in Syrien und natürlich von Wladimir Putins historischer Rede vor der Föderalversammlung im März 2018, haben sehr viele Russen dazu gebracht, die Rationalität, wenn nicht gar die Vernunft, der amerikanischen militärisch-politischen Führung in Frage zu stellen. Nach Putins Rede vom März 2018, die faktisch die Ankunft einer neuen Weltordnung ankündigte, und zwar nicht derjenigen, wie sie in Davos oder Washington D.C. erdacht wurde, war die Reaktion in den USA darauf so bizarr und infantil und folgte zuweilen den Stadien des Kübler-Ross-Trauer-Modells, dass Dmitri Simes noch im Oktober 2020 gezwungen war, sich zu diesem Thema zu äußern. In einer Rede vor dem wichtigsten russischen Nachrichtensender *News at First Channel* versicherte der Herausgeber des Magazins *The National Interest* und Präsident des Center for National Interest den russischen Zuschauern, dass er, der in letzter Zeit mehrfach bei hochrangigen Treffen der obersten amerikanischen Militärs und Politiker zugegen war, nie gehört habe, dass jemand davon ausgegangen sei, dass ein Angriff auf Russland nicht zu einer verheerenden Reaktion führen würde.[263]

Bemerkenswerterweise fasste Simes in wenigen Worten nicht nur den Kern der russischen Bedenken zusammen, die sich in einer Reihe von Doktrinen, Strategien, Technologien und tatsächlichen Streitkräften niedergeschlagen haben, sondern erklärte auch, warum sich die Vereinigten Staaten militärisch dort befinden, wo sie heute sind – die anderen großen geopolitischen Akteure wollen und werden nicht versuchen, die Vereinigten Staaten zu eliminieren, im Gegensatz zu

Amerika, das seine weitgehend übertriebene militärische Macht in eine Maschine verwandelt hat, die unter anderem Millionen unschuldiger Kinder ermordet und damit der offiziellen Bezeichnung des Pentagons als Verteidigungsministerium Hohn spricht, das noch nie zur Verteidigung seines Landes gekämpft hat, geschweige denn gegen einen echten Feind.

Dieser Zustand des amerikanischen Militärs war lange im Entstehen und ist das Ergebnis einer verfehlten Politik, sowohl auf Regierungs- als auch auf DoD (Verteidigungsministerium)-Ebene, und von Korruption. Er ist das Ergebnis einer Kultur, in der der Krieg zu einem Geschäft geworden ist, oder, um es mit den Worten von General Smedley D. Butler zu sagen, zu einem Schwindel, und in der Profitgier und Habsucht jegliche Rücksicht auf das tatsächliche nationale Interesse und realistische Verteidigungserfordernisse verdrängen. Professionalität und Kompetenz werden in einem solchen Umfeld der Politik und der Habgier untergeordnet und schaffen letztendlich eine Nachfrage nach Leuten wie Douglas J. Feith – einem Anwalt, einem Politiker, einem Mann, der nie einen Tag in einer Funktion bei den Streitkräften gedient hat, und der zum Architekten des Irak-Kriegsdebakels wurde. Ein Mann, der aufgrund seiner moralischen und intellektuellen Qualitäten perfekt in die politische Elite der USA passte, oder, wie General Tommy Franks ihn charakterisierte: »Der verdammt dümmste Typ auf Erden.«[264]

*

Die Publikationen des U.S. Naval War College *NWCR (Naval War College Review)* sind seit Jahrzehnten dafür bekannt, dass sie wunderbare Hintergrundartikel, die so genannten *Newport Papers* (Newport, Rhode Island, ist ein Standort des Naval War College), in das amerikanische militärische Denken einbringt. Darin wurden und werden faszinierende Sammlungen von Gedanken und Berichten über Kriegsspiele veröffentlicht. Eine davon, Newport Paper 20, wurde 2004 vorgelegt und trägt den Titel *Global War Game. Zweite Serie 1984–1988*. Es ist eine Monographie über globale Kriegsspiele zwischen der NATO und dem Warschauer Pakt, und im Vorwort zu diesem Papier heißt es:

> … erzählt von einer einzigartig interessanten und herausfordernden Periode in der Auseinandersetzung des Naval War College mit maritimen und nationalen Strategien durch den Prozess der Kriegsspiele. Die Spiele untersuchten die Fähigkeit der Vereinigten Staaten, die konventionelle Kriegsführung gegen die Sowjetunion aufrechtzuerhalten, bis eine vollständige Mobilisierung der Ressourcen der Nation erreicht werden kann. Durch eine Reihe aufeinander folgender und ineinandergreifender Spiele kam der Global-Prozess zu einer Reihe wichtiger und kontroverser Erkenntnisse. … diese Spiele wiesen auf die Bedeutung offensiver Maßnahmen hin, einschließlich maritimer Operationen; die Fähigkeit von »Blau« (dem Westen, im weitesten Sinne), ohne den Einsatz von Atomwaffen zu gewinnen, und die umfangreiche Planung, die notwendig ist, um einen Kampf mit hoher Intensität über einen langen Zeitraum zu führen.[265]

Die Monographie ist in vielerlei Hinsicht lehrreich, unter anderem aufgrund der Tatsache, dass versucht wurde, einen so massiven Konflikt nur im konventionellen, nicht-nuklearen Rahmen zu betrachten. Sie ist auch lehrreich im Hinblick auf die ziemlich starken Einschränkungen, die die Zentrierung auf Flugzeugträger der US-Navy der Vorstellungskraft der amerikanischen Planer auferlegte, die noch immer nicht erkennen konnten, dass sich ein neues Paradigma abzeichnete, das die Träger obsolet machen würde. Der merkwürdigste Satz in dem Bericht über die gegenseitigen Kriegsverluste findet sich auf Seite 134:

> D+38 Red OSCAR SSGN launches only successful ASCM attack of war.[266]

Dies ist eine äußerst wichtige Notiz, die voraussagt, dass am 38. Tag des simulierten Krieges zwischen der UdSSR und dem Westen im Jahr 1984 ein Raketen-U-Boot der Projekt 949 Oscar-Klasse den einzigen Treffer durch die Anti-Schiffs-Raketen P-700 Granit (NATO: SS-N-21 Shipwreck) auf ein NATO-Ziel von Bedeutung erzielte.

Dieser kurze Rückblick auf die beiderseitigen Verluste beweist keineswegs die »technologische Überlegenheit« des Westens, die seit den Anfängen des Kalten Krieges zum geflügelten Wort geworden war und ist. Im eigentlichen Kriegsspiel wurde der wichtigste Aktivposten der US-Navy, ihre Flugzeugträger, links und rechts torpediert und sogar durch die Salven von Marschflugkörpern von sowjetischen *Langstreckenraketen tragenden Flugzeugen* (MRA) schwer beschädigt. Es ist eigenartig, die D+38 Red OSCAR SSGN als den einzigen erfolgreichen ASCM-Angriff des Kriegsspiels zu betrachten, denn im Gegensatz zu den sowjetischen MRA, die zu dieser Zeit in den 1980er Jahren sehr hohe Überschallgeschwindigkeiten (Mach-4,6) aufweisende Anti-Schiffsrakete *Kh-22* mit aktivem Radarzielsuchkopf hatte, deren Reichweite bei etwa 600 Kilometern lag, was den Einsatz der sowjetischen Träger dieser Rakete – Tupolew TU-22 – zu einer sehr verhängnisvollen Angelegenheit gegen jede Trägerkampfgruppe machte, wenn diese in Alarmbereitschaft war und über E-2 Hawkeyes und ihre F-14 Tomcats verfügte, die bereit waren, es mit diesen TU-22-Schwärmen aufzunehmen. Die Sowjets erkannten, dass die frühen Versionen der Zielsuchgeräte der Kh-22 störanfällig waren und dass mit schweren Verlusten bei den TU-22 zu rechnen war. Mit anderen Worten: Die US-Trägerkampfgruppen hatten bessere Chancen, sowjetische Langstreckenflugzeuge abzufangen, zumindest einige von ihnen, als die Salven von Überschall-

Langstrecken-Schiffsabwehrraketen, die von den getarnten Oscar-II SSGNs mitgeführt wurden.

Die ersten mit Aegis ausgerüsteten Kreuzer der *Ticonderoga-Klasse* wurden 1983 in Dienst gestellt und waren nicht mit MK41 Vertical Launch System *(VLS)*, sondern mit veralteten und langsamen MK-26 Dual-Rail-Raketenwerfern für ihre Standard-MR SM-2-Luftabwehrraketen ausgerüstet – Systeme, die für eine massive Salve von Schiffsabwehrraketen einfach nicht ausgelegt waren. Erst Ende 1986 wurden die neuen »verbesserten« Kreuzer der *Ticonderoga-Klasse*, angefangen mit der *USS Bunker Hill* (CG 52), in die Flotte aufgenommen. Diese Schiffe trugen wesentlich »produktivere», d.h. feuerfreudigere MK 41 VLS.[267] Die Zerstörer der Arleigh Burke-Klasse wurden erst 1991 in die US Navy aufgenommen. Darüber hinaus blieben die Probleme mit dem viel gepriesenen *Aegis*-Kampfkontrollsystem, das auf dem SPY-1-Radar aufbaute, nicht nur in der Anfangsphase bestehen, sondern das gesamte System versagte auch beim Abfangen von langsamen Raketen, die »eine nach der anderen« abgeschossen wurden – ein Szenario, das bei realen Kampfhandlungen ausgeschlossen ist. Von sechzehn Raketen, die »nacheinander« abgeschossen wurden, wurden nur fünf abgeschossen – ein kläglicher und im Falle eines echten Krieges tödlicher Misserfolg.[268]

Im militärisch-technologischen Kriegsspielparadigma von 1984 ging das U.S. Naval War College zwar davon aus, dass einige seiner Flugzeugträger durch Torpedosalven sowjetischer U-Boote beschädigt werden würden, blieb aber weitgehend unempfindlich gegenüber den wahrscheinlichen Auswirkungen der neuesten Überschallrakete der sowjetischen, einer hochmodernen M-2,5 fähigen Rakete, die äußerst störungsresistent und für den Betrieb in einem Netzwerk künstlicher Intelligenz ausgelegt war, das in der Lage war, eine große Salve abzugeben, wobei die Raketen während der Salve miteinander kommunizieren und die Ziele je nach ihrer Bedeutung neu zuordnen und über das weitere Vorgehen entscheiden konnten. Die ganze Vorstellung, dass Torpedoangriffe auf einen Flugzeugträger aus einer Entfernung von maximal 30–40 Kilometern (in Wirklichkeit viel näher) effektiver und für das angreifende U-Boot weniger gefährlich wären als eine Salve von 10–12 Überschall-P-700 aus einer Entfernung von maximal 300–650 Kilometern, erscheint bestenfalls erfunden, schlimmstenfalls aber illusorisch.

Es gibt zahlreiche Berichte über ausländische und einheimische U-Boote, die den ASW-Schutzschirm der amerikanischen Flugzeugträger durchbrochen und einen Torpedotreffer erzielt haben[269] – und zwar unter den Bedingungen eines simulierten Kampfes, wie intensiv auch immer. Damals war man sich jedoch darüber im Klaren, dass ein solcher Torpedoangriff in einem realen Gefecht für den Angreifer äußerst gefährlich wäre, da er sich dann einer intensiven Suchaktion sowohl seitens der Begleitschiffe als auch der mit der Trägerkampfgruppe operierenden US-U-Boote gegenübersehen würde. Als jedoch Marschflugkörper zur Schiffsabwehr erfunden und speziell als Abstandswaffen weiterentwickelt wurden, boten sich dem Angreifer wesentlich bessere Überlebenschancen. Eine beliebte und falsche Prämisse der amerikanischen Strategen, dass moderne Kriege mit traditionellen Waffen geführt werden, offenbart eine sehr amerikanische Eigenart – den fehlenden Willen zur Anpassung.

Der Mangel an Anpassungswillen hinderte die Vereinigten Staaten daran, die leicht vorhersehbare Entwicklung der Raketen und ihrer Hilfsmittel zu erkennen und zu verfolgen, wie z. B. das äußerst erfolgreiche weltraumgestützte Aufklärungs- und Zielsystem *MKRC Legenda*, das die UdSSR bereits 1978 eingesetzt hatte, um eine Vielzahl sowjetischer Anti-Schiffs-Raketen zielgenau zu steuern. Während des Falklandkriegs lieferte *Legenda* eine kontinuierliche Überwachung des Konflikts und gleichzeitig eine zuverlässige Zielerfassung für sowjetische U-Boote und Schiffe im Meer. Kürzlich veröffentlichte Daten des russischen Generalstabs über den Einsatz der *Legenda* widerlegten die im Westen weit verbreitete, aber falsche These, dass sowjetische Schiffsabwehrraketen trotz ihrer großen Reichweite und der Schwierigkeit, sie abzuschießen, kein zuverlässiges Zielsystem darstellten.[270] Wie praktische Starts in den 1980er Jahren zeigten, lieferte die *Legenda* genaue Zieldaten. Diese Tatsache hätte den amerikanischen Kriegsplanern bei ihren Anpassungen an die operative Realität noch in den 1980er Jahren zu denken geben müssen. Die Tatsache, dass dies in den 1980er Jahren nicht der Fall war, geschweige denn in den 1990er Jahren, als der amerikanische »Sieg im Kalten Krieg« fälschlicherweise als Triumph der amerikanischen Kriegsführung angesehen wurde. Dieser Fehler war nicht nur strategisch, sondern auch idiosynkratisch, und er markierte den Beginn einer schiefen Ebene, auf der sich die Vereinigten Staaten auf dem Weg zum Niedergang befanden.

Heute, mit der revolutionären Entwicklung der Rechenleistung und der Signalverarbeitung, ist ein moderner Zusammenschluss von see-, boden-, luft- und weltraumgestützten, vernetzten Sensoren in der Lage, auf jede Art von modernen Überschall- und Hyperschallwaffen zuverlässig zu zielen und überall auf der Welt zu treffen. Dies ist für die Vereinigten Staaten in allen Bereichen eine völlig neue Realität, die mit den derzeitigen Fähigkeiten und der Struktur der militärisch-politischen und wirtschaftlichen Institutionen Amerikas nicht wirksam bewältigt werden kann. Dies sind alles Indikatoren, die darauf hindeuten, dass das Fehlen von Bewusstsein der Situation in den USA in Bezug auf eine sehr schnelle Verschiebung des globalen militärischen Gleichgewichts in den 2010er Jahren viel drastischer war, als zuvor vermutet wurde.

Ich warne seit langem vor den dramatischen und gefährlichen Diskrepanzen in der amerikanischen Einschätzung von Russlands Wirtschaft und Militär und bin in erster Linie besorgt, dass die feststehende Tatsache der Unkenntnis des Westens über Russlands Fähigkeiten zu einer katastrophalen Fehlkalkulation des Westens führen könnte, die die Vereinigten Staaten versehentlich in einen zunächst als konventionellen Schießkrieg mit Russland geplanten Krieg stolpern lässt, nur um dann festzustellen, dass ihre Stützpunkte und Flotte angegriffen und besiegt werden. Unter diesen Umständen würden die garantierten schweren Verluste an Menschenleben und Material auf amerikanischer (und NATO-) Seite zu einer Situation führen, in der die Vereinigten Staaten keine andere Wahl hätten, als bis zur nuklearen Schwelle zu eskalieren, um auf diese militärische und damit auch politische Demütigung zu reagieren. Dies war und ist keine eitle oder müßige Sorge. Allein die Rhetorik, dass die USA das Wettrüsten verlieren, hat bei »Experten« schon ausgereicht, um die Alarmglocken zu läuten. Der verstorbene und geachtete Stephen Cohen, einer der wenigen echten Russland-Forscher in den USA, veröffentlichte seine Warnung sogar in einem Buch mit dem symptomatischen Titel *War with Russia? From Putin & Ukraine to Trump und Russiagate.* (2019) Cohens Bedenken waren richtig. In seinem Buch warnt er:

> Die Verschlechterung der Berichterstattung der amerikanischen Mainstream-Presse über Russland, ein Land, das für die nationale Sicherheit der USA immer noch von entscheidender Bedeutung ist, ist seit vielen Jahren im Gange. Wenn der jüngste Tsunami beschämend unprofessioneller und politisch hetzerischer Artikel in führenden Zeitungen und Zeitschriften – zuletzt über die Olympischen Spiele in Sotschi, die Ukraine und, wie üblich, den russischen Präsidenten Wladimir Putin – ein Hinweis darauf ist, dann ist dieses Fehlverhalten der Medien inzwischen allgegenwärtig und zur neuen Norm geworden.[271]

Cohen stellte auch fest, dass die gegenwärtigen Ansichten über Russland eine größere ideologische Komponente aufweisen als noch während des Kalten Krieges 1.0.[272] Aber es gibt auch einen wesentlichen, wenn nicht gar entscheidenden Unterschied: Wenn die Vereinigten Staaten während des ersten Kalten Krieges dazu neigten, sowohl die Absichten als auch die Fähigkeiten der Sowjetunion zu überschätzen, was an sich schon als robuste Abschreckung für US-Aktionen diente, so hat diesmal eine grobe, wenn nicht groteske Unterschätzung stattgefunden.

Jeder Versuch, auf diese gefährliche Torheit hinzuweisen, stieß unweigerlich entweder auf den Widerstand amerikanischer Sonderlinge und russischer Dissidenten, die noch eine Rechnung offen hatten und sich in den unprofessionellen US-Medien als Experten ausgaben, oder auf das Schweigen derjenigen, die es besser wussten, aber weder ihre Karriere noch ihre Stellung riskieren wollten, wenn sie auf den völligen Wahnsinn hinwiesen, der darin bestand, einen Krieg mit dem einzigen Land der Welt zu erwägen, das in der Lage war, die Vereinigten Staaten von der Landkarte zu tilgen. Und so wurden die Rufe, mit echten Zahlen zu operieren, endlich gehört.

Im Oktober 2019 unternahm eine der amerikanischen Denkfabriken, das *Center for Naval Analysis (CNA)*, einen ersten Versuch, die abstrakten und grob ungenauen westlichen Wirtschaftszahlen zu Russland mit der Realität eines russischen militärisch-industriellen Komplexes in Einklang zu bringen, der eine beispiellose Revitalisierung des russischen Militärs vorantreibt, ohne die russische Bevölkerung zu bedrängen, die sich nicht nur nicht beklagte, sondern ihr revolutionäres Aufrüstungsprogramm von ganzem Herzen unterstützte, was schließlich zu einer echten Revolution im Militärwesen führte. Das Geheimnis für die immer noch ungenauen, aber viel realistischeren Projektionen der Größe der russischen Wirtschaft und der Militärausgaben lag darin, dass das CNA beim Vergleich der beiden Volkswirtschaften und Militärhaushalte die mehr oder weniger realistische

Kaufkraftparität verwendete. Das Papier mit dem Titel »Russian Military Expenditure in Comparative Perspective: A Purchasing Power Parity Estimate« (Russische Militärausgaben in vergleichender Sicht: eine Schätzung aufgrund der Kaufkraft), das von der britischen Universität Birmingham und Chatham House stammt, kommt zu einigen recht vernünftigen Schlussfolgerungen, die in den Büros des *Wall Street Journal* oder der *New York Times* und vieler anderer amerikanischer Zeitungen, die vorgeben, fundierte geopolitische und wirtschaftliche Analysen zu erstellen, die Wirkung eines explodierenden Nuklearsprengsatzes hätten haben müssen. Wie der Autor des Papiers feststellte: »Während die russischen Militärausgaben im Jahr 2018 auf der Grundlage von Marktwechselkursen 61 Milliarden Dollar betrugen, legt eine auf Kaufkraftparität basierende Schätzung nahe, dass die Ausgaben im selben Jahr 159 Milliarden Dollar betrugen.«[273] Später im selben Jahr gingen weitere Pressekommentare noch weiter:

> Das russische Beschaffungswesen stellt das der meisten europäischen Mächte zusammengenommen in den Schatten. Russlands Wissenschaftler und Forschungsinstitute liefern nicht nur große Mengen an Waffen für die heutigen Streitkräfte, sondern sind auch bei der Entwicklung von Hyperschallwaffen wie *Zirkon* und *Avangard* sowie von Luftabwehrsystemen der nächsten Generation wie S-500 weit fortgeschritten. Dieser Umfang an Beschaffung, Forschung und Entwicklung dürfte mit einem Militärhaushalt, der angeblich so groß ist wie der des Vereinigten Königreichs, nicht möglich sein. Wenn man die Theorie mit der Praxis abgleicht, ist das Problem mit den Ansätzen, die solche Antworten liefern, für jedermann klar erkennbar.[274]

Die Realität war natürlich offensichtlich. Russlands reales Bruttoinlandsprodukt, oder im weiteren Sinne seine reale Wirtschaft, war viel größer als die des Vereinigten Königreichs oder Frankreichs und war gleich groß oder größer als die Deutschlands. Länder mit einer Wirtschaft »kleiner als Texas« sind nicht in der Lage, ein hochmodernes Militär wie das russische aufrechtzuerhalten, geschweige denn einen entscheidenden Vorteil bei Waffen zu erlangen, die die Kriegsführung für mindestens 20–30 Jahre bestimmen werden. Die Tatsache, dass die Größe der russischen Wirtschaft in der US-Presse und in der akademischen Welt routinemäßig heruntergespielt wird, ist nur ein weiterer Indikator für die Qualität der dort oft durchgeführten Untersuchungen.

Die endgültige Schlussfolgerung in dieser Angelegenheit würde den Befürwortern des amerikanischen Exzeptionalismus und der amerikanischen Art des Krieges sicherlich einen Schauer über den Rücken jagen.

> Die russischen Militärausgaben und damit das Potenzial Russlands, seine Militärmacht aufrechtzuerhalten, sind weitaus beständiger und weniger schwankungsanfällig, als es den Anschein haben mag. Daraus ergibt sich, dass Russland selbst bei seinem derzeitigen schwachen Wirtschaftswachstum wahrscheinlich in der Lage sein wird, ein beträchtliches Niveau an Militärausgaben aufrechtzuerhalten, das die Vereinigten Staaten auf absehbare Zeit vor eine Herausforderung stellen wird. Obwohl es sich bei unserer Analyse um eine Sondierung handelt, deutet sie darauf hin, dass die russischen Verteidigungsausgaben nicht zu wilden Schwankungen neigen und auch nicht durch Veränderungen der Ölpreise oder US-Sanktionen dramatisch beeinflusst wurden. In Anbetracht der Ungleichheit der nationalen Haushaltszuweisungen wird Moskau, selbst wenn die europäischen Verbündeten ihre Verteidigungsausgaben erhöhen, keine Schwierigkeiten haben, Schritt zu halten.[275]

Die Frage, wie viel eine Nation für ihr Geld bekommt, war nie deutlicher als für die Vereinigten Staaten unter den gegenwärtigen Umständen, die nicht nur von Russland oder China oder beiden herausgefordert werden, wie uns viele Experten glauben machen wollen, sondern tatsächlich einen ernsthaften Rückstand in der Militärtechnologie haben. Der Begriff »Hyperschall« ist heute in Washington D.C. ein heißes Schlagwort. Was vor fünf Jahren in den Vereinigten Staaten noch als unsinniges technologisches und operatives Konzept belächelt wurde, steht heute im Mittelpunkt der Aufmerksamkeit von Amerikas Politikern, Fachleuten und Militärs. Plötzlich wollen die Vereinigten Staaten ihre eigenen Hyperschallwaffen haben. Angesichts des nach wie vor beeindruckenden technologischen und industriellen Know-hows der USA besteht wenig Zweifel daran, dass die Vereinigten Staaten irgendwann in der Lage sein werden, eine Art Hyperschallwaffe zu entwickeln und einzusetzen, wahrscheinlich in Form eines Gleiters. Wie die Medien Anfang 2020 berichteten, testete das Pentagon erfolgreich das Common-Hypersonic Glide Body (C-HGB), das angeblich ab 2023 in den Einsatz gehen soll.[276]

Es gibt jedoch viele Gründe für die Annahme, dass dies kein realistisches Datum ist, wenn man den allgemeinen und ausgeprägten Trend in der amerikanischen Beschaffung berücksichtigt, dem Zeitplan um Jahre, manchmal sogar um ein Jahrzehnt oder mehr, hinterherzuhinken. Darüber hinaus sind Amerikas Aussichten auf die Entwicklung eines modernen, voll steuerbaren, Überschall-Anti-Schiffs- und Landangriffsrakete wie der russischen 3M22 Zirkon (Tsirkon) nicht sehr rosig, wenn man bedenkt, dass es den Vereinigten Staaten nicht gelungen ist, auch nur eine Überschall-Anti-Schiffs-Rakete mit einer respektablen Reichweite zu entwickeln und zu beschaffen, wie etwa die sowjetisch-russische P-700 Granit, ganz zu schweigen von der P-800 Oniks.

Diese Tatsache hinderte den Nationalen Sicherheitsberater Robert O'Brien jedoch nicht daran, zu erklären, dass alle Zerstörer der US-Navy mit Überschallraketen ausgerüstet werden sollen. Irgendwann.

Diese Erklärung sorgte selbst bei denjenigen für Verwirrung, die eine solche Entscheidung ansonsten begrüßen würden. Wie Defence News bemerkte:

> Die Marine hat die Nachrüstung einiger älterer Zerstörer der Burke-Klasse erörtert, aber die Ausrüstung aller drei Flotten, einschließlich der Schiffe aus den frühen 1990er Jahren, würde eine massive Erweiterung der Fähigkeiten der Überwasserflotte bedeuten. Die derzeitigen Abschussvorrichtungen sind nicht groß genug, um die Raketen mit dem größeren Durchmesser aufzunehmen. Der Austausch der Abschussvorrichtungen auf allen Zerstörern wäre mit erheblichen Kosten verbunden und würde die Werften wahrscheinlich auf Jahre hinaus binden. Eine Alternative zur Nachrüstung der älteren Zerstörer wäre es, auf die Entwicklung eines kleineren Überschallflugkörpers zu warten, z. B. eines jetgetriebenen Modells, im Gegensatz zum manövrierbaren Gleiter.[277]

Ein jetgetriebener Überschallflugkörper bleibt vorerst nur ein Konzept zur Demonstration entscheidender Technologien und wird von der DARPA für Machbarkeitsstudien unter dem Titel Hypersonic Airbreathing Weapon Concept (HAWC) (Überschall-jetgetriebene Waffenentwicklung) entwickelt, das noch viele Jahre davon entfernt ist, eine Waffe zu werden, geschweige denn beschafft zu werden.[278] NSA-Berater O'Brien, der von Haus aus Jurist ist, beließ es jedoch nicht bei dieser verwirrenden Ankündigung. In einer Rede vor dem Hudson Institute am 28. Oktober 2020 drohte er Russland sogar mit dem Einsatz von Hyperschallwaffen in Europa – über die die Vereinigten Staaten jedoch nicht verfügen, und wer weiß, wann sie darüber verfügen werden.[279] In den USA hat sich der Ton in der Diskussion über Hyperschallwaffen jedoch dramatisch geändert: Von Unglauben und sogar Spott ist man dazu übergegangen, dass Hyperschallwaffen an jeder Ecke in den Medien und sogar auf höchster politischer Ebene erwähnt werden. Die Russen zeigten sich davon unbeeindruckt und veröffentlichten Videos ihrer Luftverteidigungs- und Raketenabwehrsysteme, die Angriffe durch mögliche Hyperschallwaffen abwehren sollen.[280] Diese wirklichen Neuigkeiten wurden jedoch durch das Rauschen des amerikanischen Wahlkampfes überdeckt.

Während der Kavkaz-2020-Manöver, die im September 2020 in Russland stattfanden, startete das U-Boot *SSK Kolpino* den Landangriffs-Marschflugkörper 3M14M Kalibr-M. Bei diesem Marschflugkörper handelt es sich um eine tiefgreifende Verbesserung der inzwischen berühmten 3M14, die durch ihre Angriffe auf ISIS-Ziele in Syrien bekannt wurde. Im Gegensatz zu seinem Vorgänger hat diese Version von Kalibr eine Reichweite von 4500 Kilometern und einen Ein-Tonnen-Sprengkopf. Dieser Start kündigte auch die Ankunft der neuen Anti-Schiffsrakete (M-2,9) 3M54 Kalibr M mit einem Ein-Tonnen-Sprengkopf und einer Reichweite von 1500 Kilometern an.[281] Die Auswirkungen sind enorm. Für die Verfechter amerikanischer Seemacht mag die Vorstellung unerträglich sein, dass ein 900-Tonnen-Verdrängungsraketenschiff der Buyan- oder Karakurt-Klasse jeden modernen Zerstörer der US-Navy, der im östlichen Mittelmeer eingesetzt wird, abschießen und versenken kann, ohne auch nur seinen Marinestützpunkt in Sewastopol oder Noworossijsk zu verlassen, aber genau das war und ist der Punkt – die Spielregeln haben sich geändert. Die Tatsache, dass jede Korvette der russischen Pazifikflotte, die im Beringmeer unter dem Schutz der eigenen Luftstreitkräfte stationiert ist, Kalibr-M-Landraketen starten und Seattle treffen kann, ist eine Realität, die nur wenige im US-Militärapparat noch vor zehn Jahren vorausgesehen hätten.

Es gab Warnungen – aber sie wurden als unwichtig abgetan, obwohl bereits Mitte der 2000er Jahre klar war, dass die Fortschritte in den Bereichen Elektronik, Werkstoffe, Treibstoffe und Triebwerkskonstruktion die heutige Realität herbeiführen würden. Die Zeit kann nicht zurückgedreht werden, egal wie viele amerikanische Experten und Ideologen versuchen, das völlig falsche Narrativ der amerikanischen militärischen Überlegenheit zu verbreiten. Da es sich bei den Streitkräften der USA nicht um die Streitkräfte der Nation, sondern um die Streitkräfte supranationaler wirtschaftlicher und globalistischer ideologischer Interessen handelt, dient das US-Militär heute ausschließlich einem einzigen Zweck: der kolonialen Überwachung. Das US-Militär und sein militärisch-industrieller Komplex haben völlig vergessen, dass die Expeditionskriegsführung nur sehr wenig mit einer tatsächlichen Verteidigung zu tun hat. Infolgedessen verfügen die Vereinigten Staaten über keine brauchbare Luftverteidigung, abgesehen von dem viel gepriesenen und gegen moderne Waffen zweifelhaft wirksamen THAAD. Der tatsächliche Zustand der US-Air Force ist nicht bekannt, außer dass ein großer Teil davon für Ersatzteile ausgeschlachtet wird, während rund um den Globus gelacht wird, auch innerhalb der USA selbst, dass, wie ein Beobachter sagt, der F-35 (Lockheed Martin) »nur noch eine Null ist«.[282] Der militärisch-industrielle Komplex der USA produziert weiterhin einige lächerlich teure und ineffektive Waffensysteme, die veraltet sind, bevor sie überhaupt die Produktionsstätte verlassen. Amerikas Rückstand in der fortschrittlichen Raketentechnologie ist nicht nur enorm, sondern wächst sogar noch.

Die schwachen Versuche, sich von der trägerzentrierten Marine durch eine zaghafte Doktrin der »verteilten Tödlichkeit« zu lösen, die auf langsamen Unterschallraketen basiert, die von modernen Luftabwehrsystemen leicht entdeckt und abgeschossen werden können, waren von Anfang an zweifelhaft. Die altehrwürdige *Harpoon*-Schiffsabwehrrakete ist längst überholt, da sie langsam ist (M-0,71) und eine relativ geringe Reichweite hat. Die neue Anschaffung der norwegischen *Kongsberg Naval Strike Missile* (NSM) durch die U.S. Navy verschafft der U.S. Navy im Vergleich zu *Harpoon* eine etwas bessere Reichweite, die jedoch bei weitem nicht an die Reichweite der russischen Gegenstücke heranreicht. Darüber hinaus bleibt NSM die gleiche Wiederholung der leichten Unterschallraketen, die nicht für den modernen, fortschrittlichen und netzzentrierten Kampf gegen Gleiche oder Fast-Gleiche konzipiert ist. Die Tatsache, dass die Vereinigten Staaten nach jahrelangen fruchtlosen Diskussionen über das Schicksal des katastrophalen *Littoral Combat Ship* (LCS)-Konzepts gezwungen waren, auf das europäische FREMM-Fregattenkonzept des italienischen Unternehmens *Fincantieri* zurückzugreifen, das in den USA gebaut wird, ist ein weiteres Anzeichen für eine schwerwiegende Fäulnis im amerikanischen Beschaffungssystem.[283] Wenn die erste dieser Fregatten 2026 in Dienst gestellt werden soll, wird die gesamte Klasse gegen moderne Waffen praktisch wehrlos sein. Es war unvermeidlich, dass das System, das nie das eigene Vaterland verteidigt hat, ins Stottern geriet und im Grunde genommen zum Stillstand kam. Irgendwann sollte das Glück zu Ende gehen, und es ging zu Ende.

Neben der doktrinären Fäulnis und der institutionellen Fäulnis, die das US-Militär heimsuchte, erreichten Demoralisierung und intellektueller Zusammenbruch unter den militärischen Eliten, den Offizieren, ein alarmierendes Ausmaß. Der Brief des ehemaligen Professors der Militärakademie der Vereinigten Staaten in West Point, Oberstleutnant Heffington, selbst Absolvent der West-Point-Klasse von 1997, kam einer nuklearen Explosion gleich, als er 2017 in den American Military News veröffentlicht wurde. Jede Offiziersschule der Welt hat hin und wieder ihre Probleme, auch mit der Disziplin. Das gilt für jede militärische Organisation in Russland, den Vereinigten Staaten, China oder Frankreich. Es liegt in der Natur der Sache, Übertretungen sind ein ebenso normaler Bestandteil jeder hochrangigen Offiziersschule des Militärs wie Disziplin. Doch was Heffington beschrieb, war geradezu beunruhigend. Abgesehen von ideologischen und disziplinarischen Fragen waren die Enthüllungen über die Akademiker verblüffend:

> Auch die akademischen Standards sind nicht existent. Ich glaube, dieser Trend begann vor etwa zehn Jahren, und er hat sich weiter verschlimmert. West Point hat zwar Standards für akademische Erwartungen und Leistungen festgelegt, aber diese werden ignoriert. Kadetten fallen routinemäßig in mehreren Klassen durch, und sie werden bei den akademischen Prüfungen am Ende des Semesters nicht relegiert. Ihre Professoren empfehlen »Definitive Separate« (endgültiger Ausschluss), aber diese Empfehlungen werden völlig ignoriert. Kürzlich habe ich eine Kadettin unterrichtet, die in einem Semester vier Kurse nicht bestanden hat (darunter auch meinen), zusätzlich zu den Kursen, die sie in den vorangegangenen Semestern nicht bestanden hatte, und sie wurde an der Akademie behalten. Infolgedessen haben die Professoren die Hoffnung und das Vertrauen in das gesamte Verfahren des Akademischen Rates verloren. Es wurde klargestellt, dass Kadetten eine Vielzahl von Kursen nicht bestehen können und trotzdem nicht von der Akademie relegiert werden. Stattdessen wirft der Dekan sie, wenn sie durchfallen (und das tun sie in einem erschütternden Ausmaß), einfach zurück in den Mix und erwartet, dass die Fakultät sie irgendwie durch das akademische Programm schleppt, bis sie es schaffen, eine bestandene Note zu erreichen.[284]

Man hätte diese Vorwürfe auf Zweifel zurückführen können, die von Loyalität angetrieben werden, aber Tim Bakken, selbst Professor an der West Point, zerstreute alle Zweifel über den akademischen Zusammenbruch an der Akademie, als er 2020 sein Buch *The Cost of Loyalty: Dishonesty, Hubris, and Failure in the U.S. Military* veröffentlichte, in dem er erschreckende Fakten präsentierte. Er schreibt: »Das Heeresministerium war so besorgt über die sinkende Qualität der Offiziersanwärter, dass es sogar in Erwägung zog, die USMA [West Point] von einer vierjährigen in eine dreijährige Einrichtung umzuwandeln.«[285] Dies ist kein Umfeld, das lebensformende akademische und dienstliche Erfahrungen ermöglicht, die den Übergang von einer taktischen zu einer operativen Ebene mit einer weiteren Entwicklung hin zu strategischem Denken ermöglichen, einschließlich der Vielfalt der Disziplinen, die von der Technologie über die Kriegsführung und die Wirtschaft bis hin zur Geopolitik reichen. Nicht nur diese erschreckenden Fakten sind der Beweis für das katastrophale Niveau der amerikanischen öffentlichen Bildung. West Point nahm sogar Studenten auf, die im ASVAB-Test [Armed Services Vocational Aptitude Battery / Eignungstest der Streitkräfte] »im Bereich der Kategorie IV« lagen, was bei der Rekrutierung von Soldaten die niedrigste zulässige Punktzahl ist.[286]

Vor ein paar Jahren, als ich mich mit einem ehemaligen Kampfpiloten der russischen Luftwaffe unterhielt, beklagte er sich darüber, dass er während seiner gesamten Laufbahn nicht ein einziges Mal den Kurs in Differentialgleichungen benötigte, den er während der Akademie belegen musste. Die Antwort der Gruppe war einhellig: Sie lehrten einen nicht, Differentialgleichungen jeden Tag anzuwenden, sondern komplexe synaptische Verbindungen zu entwickeln, die im täglichen Leben, einschließlich der Kampffliegerei, anwendbar sind. Zähneknirschend gab er zu, dass dies wahr ist. Aus der Sicht eines alten Kalten Kriegers wussten wir im Kalten Krieg 1.0 alle, dass unsere Gegner große Profis waren, sehr fähige und kluge, akademisch gut ausgebildete Offiziere, was sich im Kalten Krieg 1.0 in allen Bereichen als weitgehend zutreffend erwies. Wenn man heute beobachtet, was im so genannten »Verteidigungs«-Bereich in den Vereinigten Staaten geschieht, wird man das Gefühl eines völligen Surrealismus nicht los: von amerikanischen Soldaten, die gezwungen werden, Stöckelschuhe und Schwangerschaftssimulatoren zu tragen, »um zu erleben, was Frauen erleben«, über die Förderung der radikalsten rassistischen und sexuellen Theorien bis hin zum politischen Extremismus – das ist nicht das amerikanische Militär, das ich früher kannte. Zweifellos gibt es dort immer noch viele erstklassige Fachleute und wirklich talentierte und engagierte Menschen, aber das Umfeld selbst wird zunehmend toxisch und ist nicht förderlich für die Akzeptanz der militärisch-technologischen und geopolitischen Realität. Keine noch so große Predigt wird diese zunehmend beunruhigenden Probleme lösen, solange Amerika sich nicht als Nation begreift und formt und seine Streitkräfte zur Verteidigung des Mutterlandes aufbaut, und nicht zur Bereicherung der Klasse der Globalisten, die Amerika lediglich als Vehikel auf ihrem Weg in eine Orwellsche Realität betrachten, zu der sich Amerika mit einer alarmierenden Geschwindigkeit entwickelt.

8. DAS IMPERIUM ÜBER ALLES – INKLUSIVE AMERIKANER

Amerikas korporatistisches Militär

Das Wesen der amerikanischen Nation oder vielmehr deren historisches Versagen, zu einer echten Nation zusammenzuwachsen, in Verbindung mit ihrer außergewöhnlichen geografischen Lage, die Amerika unempfindlich gegenüber den Waffen des frühen Industriezeitalters machte, hat der amerikanischen »Art des Krieges« und seinem militärischen Denken in seiner Geschichte einen grausamen Streich gespielt. Vor fast vier Jahren schrieb ich:

> Das Geheimnis der amerikanischen Waffen des 21. Jahrhunderts ist nicht wirklich ein Geheimnis – amerikanische Waffen werden für den Verkauf hergestellt. Sie werden aus Profitgründen als kommerzielle Artikel hergestellt, sei es für den Handel innerhalb der USA oder international. Das war unvermeidlich in einer Nation, die in ihrer Geschichte nie gegen einen fremden Eindringling gekämpft hat und aufgrund ihrer geografischen Lage auch nicht viel zu befürchten hatte. Es ist sehr bezeichnend, dass eine kleine militärtechnologische Eigenheit der Amerikaner, die bei der Beurteilung der Qualität ihrer Waffensysteme den Begriff »hochentwickelt« anstelle von »effektiv« verwenden, sich in der amerikanischen Militärkultur so tiefgreifend durchgesetzt hat.[287]

Diese Vorstellung, dass mit der amerikanischen Sichtweise der Kriegsführung und damit auch der Geopolitik etwas nicht stimmt, ist nicht neu.

Im Jahr 2016 kamen Benjamin H. Friedman und Justin Logan zu dem richtigen Schluss, dass:

> Die große Mehrheit der US-amerikanischen Außenpolitiker Anhänger der Dominanz Amerikas sind, einer großen Strategie, die globale US-Militäreinsätze – Bündnisse, ausländische Stützpunkte, Patrouillen, militärische Ausbildung, regelmäßige Kriege und ständige Luftangriffe – als einzige Garantie für nationale Sicherheit, globale Stabilität und freien Handel ansieht. Die außenpolitische Debatte in Washington, wenn es sie denn gibt, dreht sich zumeist um die Durchsetzung der Dominanz Primats und nicht um alternative große Strategien.[288]

Die Antwort auf diese Frage ist recht einfach: Um in der zweiten Hälfte des 20. und erst recht im 21. Jahrhundert irgendeine große Strategie zu diskutieren, ist es nicht genug die Qualifikationen zu besitzen, die Friedman und Logan als die ihrigen bezeichnen:

> Das außenpolitische Establishment der USA – die Gruppe von Leuten, die typischerweise in Sicherheitsposten der Bundesregierung berufen werden, für die großen Meinungsseiten schreiben und bei den meisten prominenten Think Tanks angestellt sind – debattiert kaum über große Strategie.[289]

Weit davon entfernt, über »große Strategie« zu diskutieren, wie die überwältigenden empirischen Beweise zeigen, ist dies genau die Gruppe von Leuten, die völlig unqualifiziert ist, um ernsthafte Urteile über das zu fällen, was für eine große Strategie erforderlich ist – ein Gleichgewicht der realen Macht und ihrer Dynamik. In der Tat gibt es heute eine Reihe von überwältigenden empirischen Beweisen, die zeigen, dass das amerikanische Establishment nicht nur unfähig ist, über dieses Thema zu diskutieren, geschweige denn eine große Strategie zu entwickeln, sondern dass es sich der Situation absolut nicht bewusst ist. Schlimmer noch, es ist schlichtweg unfähig, ein globales Situationsbewusstsein zu entwickeln, zumindest in der Öffentlichkeit, und ist daher gezwungen, pseudo-scholastische semantische Spielereien als »Strategie« auszugeben, die ein Feigenblatt sind, um das Fehlen der einzigen Voraussetzung zu verbergen, durch die dieses Establishment operieren kann – der wirtschaftlichen, militärischen und politischen Vormachtstellung Amerikas. Das soll nicht heißen, dass es in diesem Establishment keine Leute gibt, die den dramatischen und sehr gefährlichen Irrtum eines solchen Ansatzes verstehen – in erster Linie Leute mit echtem militärischen Hintergrund und entsprechenden Erfahrungen. Es ist absolut legitim festzustellen, dass die Überreste der amerikanischen geopolitischen Kompetenz heute in erster Linie beim US-Militär liegen, und selbst dort schwinden diese Überreste weiterhin mit in sehr hohem Tempo oder werden durch Verbindungen zum militärisch-industriellen Komplex kompromittiert. Das sollte uns alle innehalten lassen.

Das US-Militär ist seit der Zeit nach dem Zweiten Weltkrieg nicht mehr so wie die klassischen Militärs der Nationalstaaten. Der Grund dafür ist, dass es nicht als Nation agiert, um damit zu beginnen. Die Vereinigten Staaten haben als mächtiges und großes Land sicherlich lebenswichtige Interessen, aber wie viele dieser Interessen sind wirklich national – zum Wohle der Nation, einschließlich des Wohlergehens ihrer Bevölkerung, ihrer Infrastruktur usw.? Auf diese Frage gibt es keine eindeutige Antwort. Bonnie Kristian ist völlig zu Recht verärgert:

> Seit fast zwei Jahrzehnten und über drei Regierungen hinweg hat die US-Außenpolitik amerikanische Soldaten mit rücksichtslosen, kontraproduktiven, miserablen und sogar unmöglichen Aufgaben betraut. Sie hat von ihnen verlangt, weit außerhalb ihrer rechtmäßigen Aufgabe und ihres Eides zu handeln. Sie hat sie mit Kämpfen betraut, die nichts mit den Interessen der USA zu tun haben, und

> hat die verfassungsmäßigen Garantien vernachlässigt. Sie hat von unseren Truppen verlangt, zu töten und getötet zu werden, und zwar als Instrumente der Aggression und nicht der Verteidigung.[290]

Aber sie irrt sich: Die Vereinigten Staaten waren seit dem Koreakrieg und sogar schon vor den beiden Weltkriegen in Aggressionskriege verwickelt. Das ist mehr als ein Jahrhundert, in dem sie alles andere als nationale Interessen verteidigt haben. Und wessen Interessen waren das eigentlich? Annahmen sind keine guten Werkzeuge für eine solide Außenpolitik und die Führung eines Krieges. Die US-Eliten haben sich als unfähig erwiesen, dies zu lernen, und zwar weit länger als »fast zwei Jahrzehnte«. Aber vertritt das US-Militär die amerikanische Nation oder ist es lediglich ein Werkzeug transnationaler Konzerne und globaler Finanzinstitutionen zur Durchsetzung ihrer Ziele?

Heute liegt die Antwort auf diese Frage auf der Hand: Es ist letzteres. Amerikanische Kriege sind nicht nur eine Masche, sie sind Kriege, die gegen die wirklichen nationalen Interessen der Amerikaner geführt werden, wenn man davon ausgeht, dass es noch eine amerikanische Proto-Nation gibt und dass ihre vorrangigen proto-nationalen legitimen Interessen Sicherheit, d.h. garantiertes Überleben, und Wohlstand sind.

Hier ergibt sich ein Rätsel: Die offizielle Bezeichnung des Pentagons lautet Verteidigungsministerium. Wie von vielen im Laufe der Jahre sarkastisch angemerkt wurde, ist der Begriff »Verteidigung« eine seltsame Bezeichnung für ein Ministerium, das in seiner Geschichte nicht ein einziges Mal sein Heimatland verteidigt hat und sich in erster Linie durch Kämpfe in fernen Ländern auszeichnet, die die Vereinigten Staaten nicht bedrohen konnten. Es scheint absoluter Wahnsinn zu sein, die ständige und rücksichtslose Verschwendung nationaler Ressourcen durch die Kriege, die Amerika führt, als irgendeine Art von nationalem Interesse zu betrachten, es sei denn, diese Kriege werden im Namen supranationaler Interessen geführt, die die Vereinigten Staaten mit ihrer schrumpfenden Wirtschaft und ihrem sozialen Zerfall lediglich als Vehikel benutzen, denn die Streitkräfte der Vereinigten Staaten sind ohnehin nicht für die Verteidigung des Mutterlandes konzipiert oder strukturiert. Der einzige Grund für ihre Existenz besteht darin, die bekannte Maschine der Bedrohungsinflation zu bedienen, wie Daniel Larison sie definiert.[291]

Es ist genau diese nicht enden wollende Bedrohungsinflation, die in Washington D.C. als Debatte über eine große Strategie durchgeht: »Amerika existiert heute, um Krieg zu führen«.[292] Bemerkenswerterweise führt Amerika Kriege, die es auf keiner höheren als der taktischen Ebene kompetent führen, geschweige denn gewinnen kann, und selbst dort geht es lediglich um die überwältigende technologische Überlegenheit Amerikas gegenüber seinen Gegnern. Krieg zu führen kommt im Falle Amerikas einer Selbstzerstörung gleich, um einem bewaffneten Räuber die Arbeit zu erleichtern, anstatt sich zu wehren oder zumindest wegzulaufen. Dwight Eisenhowers Warnung aus dem Jahr 1961 vor den mächtigen Interessen des militärisch-industriellen Komplexes ist selbst denjenigen bekannt, die nur sehr kurz mit der Geschichte Amerikas vertraut sind. Sie ist eine der wichtigsten politischen Reden in der amerikanischen Geschichte. Nur wenige würden bezweifeln, dass eine Nation von solcher Größe und Leistungsfähigkeit wie die Vereinigten Staaten ihren eigenen militärisch-industriellen Komplex braucht. Russland hat seinen eigenen, ebenso wie China oder Frankreich, das unter den westlichen Nationen nur von den Vereinigten Staaten übertroffen wird, wenn es darum geht, eine unabhängige nukleare Abschreckung zu produzieren und aufrechtzuerhalten und einen großen Teil seiner Militärtechnologie auf der Grundlage französischen Know-hows aufzubauen.

Frankreich ist zwar kein Musterbeispiel für eine erfolgreiche Sozial-, Kultur- oder Wirtschaftspolitik, verfügt aber dennoch über eine militärische Kapazität, die eine zuverlässige Landesverteidigung im Falle eines Angriffs auf französisches Territorium, auch durch eine Weltmacht, gewährleistet, da Frankreich über eine robuste nukleare Abschreckung auf See verfügt, die auch als Strategische Ozeanische Streitmacht bezeichnet wird und insgesamt von den strategischen Atom-U-Booten bis hin zu den seegestützten ballistischen Raketen aus Frankreich stammt. Die britische Royal Navy verfügt zwar über eine eigene nukleare Abschreckung, verwendet aber Trident-SLBMs amerikanischer Bauart und darf diese nicht modifizieren, obwohl der britische Premierminister die Befugnis zum Abschuss hat.[293]

Sowohl das Vereinigte Königreich als auch Frankreich haben regionale und globale Ambitionen, wobei letzteres über militärische Mittel für eine gewisse eigene Machtausübung im Mittelmeer verfügt. Im Gegensatz zur Royal Navy, die zwei Flugzeugträger der Queen-Elizabeth-Klasse in Auftrag gegeben hat, die ohne die in den USA entwickelten und produzierten F-35B-Kampfflugzeuge nutzlos sind, betreibt die französische Marine, auch bekannt als *Marine Nationale*, nicht nur einen vollständig in Frankreich entwickelten und gebauten nuklear angetriebenen Flugzeugträger, die Charles de Gaulle, sondern das Luftgeschwader der Charles de Gaulle besteht mit Ausnahme von zwei US-amerikanischen E-2 Hawkeye-Frühwarnflugzeugen aus in Frankreich entwickelten und gebauten Kampfflugzeugen des Typs Dassault Rafale M. Damit verfügt Frankreich über ein Maß an Flexibilität und Unabhängigkeit, das kein anderes NATO-Mitglied, einschließlich des Vereinigten Königreichs, besitzt. Wenn man jedoch die aggressiven Versuche Frankreichs, in Libyen und Syrien Regimewechsel herbeizuführen, aus der Betrachtung der Streitkräftestruktur herausnimmt, ist es wichtig, dass Frankreich in Bezug auf die Verteidigung wie eine Nation im Gleichgewicht aussieht. Der Begriff »Nation« ist hier von entscheidender Bedeutung, da sich das französische

Militär als das einer unabhängigen Nation sah, die in der Lage ist, ihre nationalen Interessen zu formulieren, wozu auch gehörte, dass sie nach einem blutigen Krieg der Unabhängigkeit Algeriens zustimmte, die französischen Kolonialbesitzungen aufgab und die Fünfte Republik gründete. Der de facto-Austritt aus der NATO, unter anderem durch den Abzug aller US-Truppen aus dem französischen Hoheitsgebiet im Jahr 1966, war eine der herausragendsten Bemühungen um ein nationales Interesse, die de Gaulle unternahm, der auch klar erkannte, dass ein einheimischer und umfassender militärisch-industrieller Komplex und die Fähigkeit zur Abschreckung des Feindes die Grundlage der nationalen Souveränität bildeten. Frankreich, das im Gegensatz zu den Vereinigten Staaten eine echte Kontinentalmacht war, hatte sicherlich seine eigene Geschichte von Kriegen und Invasionen, sowohl als Aggressor als auch als Opfer, und war in der Lage, zu solchen Schlussfolgerungen zu gelangen. Mit der Entwicklung eines umfassenden militärisch-industriellen Komplexes in Frankreich handelte de Gaulle als echter nationaler Führer.[294]

Eisenhower, der vor »der Aneignung von ungerechtfertigtem Einfluss durch den militärisch-industriellen Komplex« warnte, handelte ebenfalls als wahrer nationaler Führer.

Heute sind weder Frankreich noch die Vereinigten Staaten Nationen im vollen Sinne dieses Wortes, wobei Frankreich im Chaos der globalistischen multikulturellen Ideologie versinkt, während die Vereinigten Staaten vollständig von ethnisch-religiösen und unternehmerischen Interessen unterwandert sind, die den militärisch-industriellen Komplex der USA wie eine Milchkuh betreiben, die Gewinnmargen liefern muss, und nicht die effektive Beseitigung eines Feindes, der sich tatsächlich wehrt. Solche Umstände erfordern kein anstrengendes Studium der Geschichte, keine Einsatzplanungen und keine Entwicklung eines Lagebewusstseins. Solange ein relativ wehrloses Land für eine Aggression ins Visier genommen werden kann und offen falsche, aufgeblähte Begründungen für die Lieferung von Munition und Plattformen aus amerikanischer Produktion vorgebracht werden können, sollte es wirklich gut laufen.

Welches nationale Interesse?

Dies ist alles andere als die Verfolgung nationaler Interessen. Es ist Korporatismus im großen Stil. Charles Erwin Wilson, Präsident Eisenhowers Kandidat für das Amt des Verteidigungsministers und damaliger Vorstandsvorsitzender von General Motors, erklärte sich 1953 vor dem Streitkräfteausschuss des Senats widerwillig bereit, seine GM-Aktien zu verkaufen, um einen Interessenkonflikt zu vermeiden. Wilson erklärte, dass er ehrlich gesagt kein Problem darin sah, seine Aktien zu behalten, »weil ich jahrelang dachte, dass das, was gut für unser Land ist, auch gut für General Motors ist und umgekehrt«.[295] Wilson hatte zumindest ein wenig Recht, denn General Motors stellte 1953 ein greifbares Produkt her, das gefragt war, und zwar in Amerika. Heute exportieren die Vereinigten Staaten nicht nur Inflation und stopfen den »Verbündeten« der USA in der NATO und anderswo zunehmend minderwertige amerikanische Militärtechnologie in den Rachen, sondern agieren auch nicht als Nation, sondern als Unternehmen, finanzielles Schneeballsystem und Geldwaschorganisation. Die moderne amerikanische Militärdoktrin wurde am Morgen, nachdem Donald Trump am 7. April 2017 Raketenangriffe auf den Militärstützpunkt Shayrat in Syrien angeordnet hatte, in den Schlagzeilen festgehalten:

> Investoren scheinen darauf zu wetten, dass die Entscheidung von Präsident Trump, nach dem chemischen Angriff auf syrische Bürger Anfang dieser Woche Vergeltung an Syrien zu üben, bedeutet,

> dass das Pentagon mehr Tomahawks benötigt. Das Verteidigungsministerium hat in seinem Haushalt für das Haushaltsjahr 2017 im vergangenen Februar 2 Milliarden Dollar für fünf Jahre beantragt, um 4000 Tomahawks für die US-Navy zu kaufen. Fast fünf Dutzend Tomahawk-Marschflugkörper wurden am späten Donnerstag von US-Kriegsschiffen im Mittelmeer auf Militärbasen in Syrien abgeschossen. Raytheon (RTN) war auch nicht der einzige Rüstungswert, der am Freitag stieg. Lockheed Martin (LMT), das mit Raytheon beim Javelin-Raketenwerfersystem zusammenarbeitet und auch Hellfire-Raketen herstellt, legte um fast 1 % zu.[296]

Das Hauptziel dieser »Doktrin« besteht nicht darin, Kriege zu gewinnen, sondern darin, sie zu beginnen. Je länger diese Kriege andauern, desto besser ist es für die Gewinne der Rüstungsunternehmen und ihrer Zulieferer. Für ein Land, dessen Offiziere und Soldaten nie gegen einen Feind gekämpft haben, um ihr Heimatland direkt zu verteidigen, ist die ganze Surrealität der Situation vielleicht nicht so offensichtlich, aber die chronisch lähmende Wirkung auf das militärische Denken kann nicht geleugnet werden, wenn man sich einmal mit den Einzelheiten der Entwicklung der amerikanischen Ansichten zur Kriegsführung in den letzten 30–40 Jahren beschäftigt. Wie der verstorbene Richard Pipes 1977 über die amerikanische Herangehensweise an den Krieg bemerkte: »Wir haben keinen Generalstab, wir vergeben keine höheren Abschlüsse in Militärwissenschaft, und mit Ausnahme von Admiral Mahan haben wir keinen Strategen von internationalem Ruf hervorgebracht«.[297] Pipes mag Hintergedanken haben, um zu dieser Schlussfolgerung zu gelangen: die Flammen des Kalten Krieges zu schüren, da er einer der unverblümtesten Antikommunisten und Russophobiker war. Dennoch beschrieb Pipes ziemlich genau den Zustand des amerikanischen strategischen Denkens, das seither dramatisch, wenn nicht gar überstürzt, zurückgegangen ist, und verpasste fast vollständig, was sich damals bereits als Hauptträger der wirklichen Revolution in militärischen Angelegenheiten abzeichnete, die durch den Zusammenbruch der Sowjetunion und das daraus resultierende Chaos in Russland in den 1990er Jahren lediglich verzögert wurde. Als sie schließlich in den 2010er Jahren eintrat, stellte sie die amerikanische Sicht auf Krieg und strategisches Gleichgewicht völlig auf den Kopf.

Es ist erwähnenswert, dass Imperien – und die Vereinigten Staaten sind ein Imperium – ihrem Wesen nach supranationale Konstrukte sind, die die Nation im Herzen der Metropole keineswegs von den Einflüssen der Kolonien isolieren. Das Britische Empire war ein Beweis für den multinationalen Charakter des Imperiums, ebenso wie das römische und das russische Reich sowie die anderen europäischen Kolonialreiche. Die Vereinigten Staaten, die für sich in Anspruch nehmen, globale Interessen zu verfolgen, bilden hier keine Ausnahme. Offensichtlich ist die Tatsache, dass multinationale Imperien keinen Bestand haben und in der Agonie des Zusammenbruchs enden, keine geopolitische Binsenweisheit, die viele in den Vereinigten Staaten im Kopf behalten wollen. Doch wie der Niedergang der Metropolen ehemaliger Imperien wie Großbritannien oder Frankreich zeigt, war Enoch Powells Warnung prophetisch. Wie die jüngsten Ereignisse in Frankreich, z. B. die arabisch-tschetschenischen Ausschreitungen in der französischen Stadt Dijon, zeigen, sind die westlichen Nationen nicht in der Lage, andere Völker zu assimilieren.[298] Dabei ist die ethnische Mehrheit in der Nation, die ein Imperium aufbaut, ob Franzosen, Engländer oder die so genannten »Weißen« (Menschen europäischer Abstammung) in den USA, dem ausgesetzt, was sie als umgekehrte Diskriminierung und erstickende politische Korrektheit und Zensur betrachten und ablehnen.

Steve Sailers berühmtes Diktum, das im Titel seines 2005 erschienenen Buches *Invade-the-world-Invite-the-World* (Die Welt erobern – die

Welt einladen) zum Ausdruck kommt, hat sich im Westen bewahrheitet, der keine Hemmungen hat, Nationen im Ausland zu zerstören, indem er in sie einmarschiert und dann diejenigen als Flüchtlinge aufnimmt, die vor der Zerstörung, die er angerichtet hat, fliehen, und so gleichzeitig die kulturelle Homogenität und das Gefühl der nationalen Zugehörigkeit der einheimischen Mehrheiten zerstört, die zunehmend ablehnen, was sie als selbstmörderische Einwanderungs- und Multikulti-Politik betrachten.[299] Diese Degradierung des Westens nicht in relativen, sondern in absoluten Zahlen ist das Endergebnis der globalistischen Agenda des Neoliberalismus, die eine Nation als »nicht mehr als so viele menschliche Atome, die zufällig unter denselben Gesetzen leben«[300] betrachtet. Der vereinte Westen will seine imperialistische Haltung aufrechterhalten und gleichzeitig seine eigene Bevölkerung zu einer grauen Masse von Konsumenten machen, ohne die Leidenschaften und Bindungen, die kulturelle Zugehörigkeiten bieten. Das Uhrwerk des Globalismus ist prinzipiell antinational und in der Tat antimultinational, wenn es um andere Staaten geht.

Es kann nicht anders sein im Rahmen der Freihandelsorthodoxie und der vollständigen Durchdringung anderer Volkswirtschaften zum Vorteil der Gewinne der herrschenden Konzerne. Eines der unangenehmen Dinge, die weiße Amerikaner heutzutage zu lernen beginnen, ist die Tatsache, dass für viele Unternehmen ihre Gewinne bei weitem wichtiger sind als die Aufrechterhaltung einer kohärenten amerikanischen Kultur dessen, was heute als amerikanische Nation gilt, oder gar das Wohlergehen derer, die sie bilden. John Derbyshire, ehemals bei *The National Review*, mag zwar einige gut geschriebene Schaumblasen über die Prinzipienlosigkeit der amerikanischen politischen Klasse produzieren, aber nichts kann den Trend ändern, der zwar nicht in den politischen Mechanismus der Vereinigten Staaten eingewoben ist, der in erster Linie ein Derivat ist, sondern in die wirtschaftliche DNA des amerikanischen Korporatismus – die Nation spielt keine Rolle, solange die Gewinnspanne wächst, während die Kosten sinken. Wie Derbyshire schreibt:

> Der Skandal der Woche war sicherlich, dass der Senator von Utah, Mike Lee, seinen Gesetzentwurf S. 386 durch den US-Senat gebracht hat. S. 386 bedeutet eine massive Lockerung der Regeln für ausländische Arbeitskräfte, die in den USA Angestelltenjobs annehmen wollen … Lee musste nicht viel Schweiß vergießen, um sein Gesetz durchzubringen. Er nutzte eine Senatsregel namens »Einstimmige Zustimmung«, die es der Kammer erlaubt, Gesetze ohne Anhörung oder Debatte zu verabschieden, solange kein Senator Einwände erhebt. Kein Senator erhob Einwände – kein einziger.[301]

S. 386 ist nur die jüngste von vielen anderen Maßnahmen, nicht zuletzt NAFTA, die darauf abzielen, die Bedürfnisse und Rechte der amerikanischen Arbeiter, von denen die Mehrheit weißer europäischer Abstammung ist, bei der Verwaltung der amerikanischen Wirtschaft völlig außer Acht zu lassen. Mit der fortschreitenden Verwässerung der sichtbaren und zahlenmäßigen Rolle der weißen Mehrheit, die historisch als Repräsentant der amerikanischen nationalen Identität bekannt und anerkannt ist, verschwindet diese einfach. In Abwägung der Schattenseiten und Verbrechen, von denen so viele jetzt in Wellen der Geschichtsrevision ans Licht kommen, verdient die weiße europäische Bevölkerung Amerikas immer noch die Anerkennung, dass sie einen entscheidenden Beitrag zu Amerikas legitimer Größe und zu den Werten der Freiheit und des Rechts geleistet hat, die Amerika für so viele Menschen attraktiv gemacht haben.

In seiner wichtigen Abhandlung über die Islamisierung Europas aus dem Jahr 2009 kam Christopher Caldwell beim Vergleich der Einwanderungspolitik Europas und der Vereinigten Staaten etwas voreilig und anmaßend zu dem Schluss, dass:

> Einwanderung *ist* Amerikanisierung. … Amerika mag in der Theorie offen sein, aber in der Praxis übt es einen prokrustesartigen Druck auf seine Einwanderer aus, sich anzupassen, und es ist dieser Druck, nicht seine Offenheit, der die unterschiedlichen Bürger Amerikas zu einem Volk zusammengeschweißt hat. Ja, man kann eine »Bindestrich-Identität« haben, wenn man darauf besteht – aber man sollte besser wissen, auf welcher Seite des Bindestrichs man sein Brot gebacken bekommt.[302]

Caldwells Schlussfolgerungen, dass der Konformitätsdruck ein Volk schaffen könnte, scheinen im Laufe der Zeit entlarvt und durch die Extreme der ursprünglichen Beziehungen zunichte gemacht zu werden. Als Staat von Siedlern gegründet, dessen Südstaaten die Sklavenhaltung und dann die Apartheid praktizierten, waren die Amerikaner in der Vergangenheit nie ein Volk, und da 2020 eine Welle rassistisch und politisch motivierter Gewalt über die Städte der USA rollte, scheint es wahrscheinlich, dass es in Amerika auch in Zukunft nie »ein Volk« geben wird. In der Tat scheinen sich sogar die Weißen ideologisch zu spalten, da die Anhänger der globalistischen Eliten Amerikas sich gegen die verachtete weiße »bedauernswerte« Mehrheit stellen. Könnte die Gewalt in der aktuellen und bevorstehenden Wirtschaftskrise eine kritische Schwelle erreichen, die einen ausgewachsenen Rassen- und Wirtschaftskrieg auslöst?

Unter solchen Umständen muss man sich fragen, ob die Vereinigten Staaten überhaupt in der Lage sind, ein nationales Interesse zu formulieren, wenn sie sich bereits aus mehreren Nationen zusammensetzen, ganz gleich, wie sehr man darauf besteht, deren Existenz zu leugnen. Wessen Interessen, die der Afroamerikaner, der WASP, der Latinos oder vielleicht die der Juden, werden durch die militärischen Operationen der USA im Irak vertreten? Der Einfluss der israelischen Lobby in den Vereinigten Staaten ist eine bekannte Tatsache, und es waren und sind in erster Linie, wenn auch nicht ausschließlich, israelische Interessen, denen das amerikanische Engagement im Nahen Osten dient. Wie John Mearsheimer und Steven Walt anmerken:

> Die Gesamtausrichtung der US-Politik in der Region ist fast ausschließlich auf die amerikanische Innenpolitik und insbesondere auf die Aktivitäten der »Israel-Lobby« zurückzuführen. Andere spezielle Interessengruppen haben es geschafft, die US-Außenpolitik in eine von ihnen bevorzugte Richtung zu lenken, aber keine Lobby hat es geschafft, die US-Außenpolitik so weit von dem abzulenken, was das amerikanische nationale Interesse andernfalls nahelegen würde, und gleichzeitig die Amerikaner davon zu überzeugen, dass die Interessen der USA und Israels im Wesentlichen identisch sind.[303]

Sowohl Mearsheimer als auch Walt räumen zwar ein, dass sowohl Israel als auch andere ethnische Lobbys die US-Außenpolitik effektiv untergraben haben, beziehen sich aber dennoch auf ein »amerikanisches nationales Interesse«, definieren es aber nicht. Niemand versucht es. Zumindest spricht niemand innerhalb der politischen und regierenden Eliten die Interessen der Durchschnittsbürger an, der durch eine Politik, die nicht der schrumpfenden amerikanischen, hauptsächlich, aber nicht ausschließlich weißen Mittel- und Arbeiterklasse dient, ausgeraubt und in den Boden gestampft wird. Sie wird als Opferlamm auf dem Altar des Globalismus und des Multikulturalismus geschlachtet, dessen einzige Nutznießer transnationale Konzerne sind, die sich nicht um Recht oder Unrecht, um Ethik oder Moral scheren, solange der Mechanismus der militärischen und wirtschaftlichen Aggression für ihre Gewinne sorgt. Die amerikanische Außenpolitik und der Militärapparat sind auf dieser Idee aufgebaut. Wie Bronislaw Malinowski 1941 feststellte: »Ein weiterer interessanter Punkt bei der Untersuchung der Aggression ist, dass sie, wie die Nächstenliebe, zu Hause beginnt«[304]

Amerika ist heute ein zerrissenes Land, das dabei ist, sich in einen existenziellen und höchstwahrscheinlich tödlichen und verlustreichen Kampf um die Überwindung der historischen, psychologischen und anthropologischen Zentrifugalkräfte der Desintegration zu verwickeln. Unter diesen Umständen ist jedes Gerede über das nationale Interesse der Vereinigten Staaten, geschweige denn über ihre Interessen, eine Übung in Vergeblichkeit. Das amerikanische Interesse ist heute, wie schon in den letzten hundert Jahren, das Interesse von Konzernen, ausländischen und inländischen ethnischen und religiösen Lobbys und anderen Sonderinteressen, von denen sich keiner wirklich um die amerikanische Nation kümmert, ob sie existiert oder untergeht, wobei letzteres das wahrscheinlichste Ergebnis ist.

Niemand kümmert sich um den Laden.

9. SEIN ODER NICHTSEIN

Interne Spaltungen

Die Vereinigten Staaten sind heute keine Nation mehr, schon gar nicht im traditionellen Sinne einer dominierenden ethnischen Nationalität, und der amerikanische Gründungsmythos vom »Melting Pot« hat sich als genau das erwiesen – als Mythos. Amerikas viele Ethnien sind nicht zu einer einzigen Nation assimiliert worden, sondern werden eher als eine Salatschüssel betrachtet, die sich aus den Nachkommen der mehrheitlich »weißen« europäischen Siedler und den »farbigen« Minderheiten (amerikanische Ureinwohner, Afroamerikaner, lateinamerikanische und asiatische Einwanderer) zusammensetzt, die alle in unterschiedlichem Maße ihre ursprüngliche kulturelle Identität beibehalten haben.[305] Aber selbst die Analogie der Salatschüssel ist zu schwach, um das multikulturelle Desaster widerzuspiegeln, zu dem die Vereinigten Staaten geworden sind. Das Land ist völlig gespalten, und zwar nicht nur durch politische Ansichten. Spaltungen entlang politischer und ideologischer Linien sind in der Geschichte der Menschheit nichts Neues. Die Vereinigten Staaten haben wegen dieser Spaltungen einen Bürgerkrieg geführt, aber es war ein Bürgerkrieg aus einem bestimmten Grund – Menschen derselben Kultur und weitgehend derselben Abstammung (Europäer, Angelsachsen) bekämpften einander wegen der Rechte der Bundesstaaten, der Strukturierung der Wirtschaftstätigkeit und, neben anderen Spaltungen, wegen der Sklaverei. Zu dieser Zeit schien Amerika auf dem besten Weg zu sein, eine Nation zu werden. Doch dazu ist es nie gekommen.

Es gibt keine ausgeprägte amerikanische Identität mehr, denn was auch immer das gewesen sein mag, es hat sich nicht festsetzen können. Ein Hinweis auf eine mögliche Lösung für diese merkwürdige amerikanische Selbstverbrennung, die derzeit stattfindet, kam paradoxerweise aus Russland. Während die westlichen Medien vorhersehbar das Narrativ »Putin, der Autokrat« verbreiteten, während Russland sich auf die Abstimmung über die Verfassungsänderungen im Jahr 2020 vorbereitete, würde eine Änderung von Artikel 68 der praktisch neuen russischen Verfassung dem modernen amerikanischen Gemeinwesen einen Gehirnschlag bescheren. Artikel 68 der russischen Verfassung, Absatz 1, lautet wie folgt: »Die Staatssprache auf dem gesamten Territorium der Russischen Föderation ist die russische Sprache (Russkii), *die Sprache des staatsgründenden Volkes.*«[306] In der Tat wäre heutzutage in Amerika alles, was auch nur im Entferntesten damit vergleichbar wäre, anzuerkennen, dass die Euro-Amerikaner die Kernnationalität der Vereinigten Staaten darstellen, ein Bannfluch für das hauptsächlich globalistische Establishment – nicht für die Minderheitengruppen, die legitimerweise die Anerkennung als zu den Gründungsvölkern gehörend anstreben, sondern für die Mehrheit der euro-amerikanischen Medien bis hin zu den mehrheitsdominierten politischen Parteien –, die Amerika heute regieren.

Die Bedeutung von Artikel 68 liegt nicht darin, die russische Sprache zur offiziellen Staatssprache zu erklären, sondern darin, die Rolle des russischen Volkes anzuerkennen – nicht in der englischsprachigen politischen Tradition, jeden, der auf dem Territorium des Staates geboren ist, als Bürger zu bezeichnen, sondern indem die ethnisch-kulturellen Merkmale dieser Gründergruppe, die von Rasse, Blut, Sprache und gemeinsamem Erbe neben vielen anderen Dingen reichen, als Kern der Nation bezeichnet werden. Die Reaktion der internen tschetschenischen Nationalität Russlands kam in der Reaktion des tschetschenischen Kommunikationsministers Dschambulat Umarow auf das russische Sprachgesetz 2018 zum Ausdruck:

> »Ich zweifle nicht daran, dass die Völker der Russischen Föderation das Recht und den Wunsch hatten und haben, ihre eigenen Sprachen zu lernen. Es ist verständlich, warum die Menschen die Sprache nicht lernen wollen, denn unsere Subjekte sind multinational, und die Vertreter anderer Nationalitäten wollen keine zusätzlichen Sprachen der einheimischen Völker des Subjekts lernen. Das ist ihr gutes Recht. Das Gesetz verstößt nicht gegen die Rechte der Völker der Russischen Föderation. Sie bekräftigen lediglich ihr Bekenntnis zur Führung der Russischen Föderation nach demokratischen Grundsätzen«, so Umarow.[307]

Eine solche Orientierung ist in den Vereinigten Staaten derzeit unbeliebt und unmöglich vorzuschlagen – auch wenn sie den Weg aus diesem amerikanischen Dilemma weist. Eine solche Anerkennung der Mehrheit würde notwendigerweise die Anerkennung der anderen Gründungsvölker auf dem Territorium der Vereinigten Staaten voraussetzen, als diese als Staat entstanden – der Afroamerikaner, der amerikanischen Ureinwohner und der Chicanos –, unabhängig von ihrem Status im Rechtssystem der USA zu jener Zeit. Und ähnlich wie die Anpassungen, die in Russland vorgenommen wurden, um den extremen Zwiespalt mit der tschetschenischen Nationalität zu lösen, würde dies auch systemische Anpassungen beinhalten, die erforderlich sein könnten, um Amerikas nationalen Minderheiten und internen Völkern zu ermöglichen, ihre unterschiedlichen ethnischen Identitäten im Kontext des Amerikanisch-Seins zu bewahren und dabei alle Bürgerrechte amerikanischer Bürger zu genießen.

Nachdem Russland sein Imperium im Zuge des Zusammenbruchs der Sowjetunion abgestoßen und losgelassen hatte, erkannte es, dass ein friedliches Leben in einem multikulturellen Land nur möglich ist, wenn es die Bedeutung der Mehrheit seiner Bevölkerung anerkennt. Im Falle der Russischen Föderation sind die überwältigende Mehrheit der verschiedenen Nationalitäten, die Russland bevölkern, ethnische Russen, die 81 Prozent der russischen Bevölkerung ausmachen.[308] Die Rechte aller anderen Ethnien, die Russland bevölkern, sind geschützt, und niemand wird in Russland verfolgt oder geächtet, wenn er sagt, dass es ohne das russische Volk kein Russland gegeben hätte.

Aber in Amerika würde es heute als rassistisch und unzulässig gelten, in westlichen Medien zu behaupten, dass es ohne die überwiegend weißen christlichen Siedler europäischer Abstammung, die Euroamerikaner, kein modernes Amerika gegeben hätte – genau die Medien, die sich anmaßend als Interessenvertreter der afroamerikanischen Minderheit in Amerika verstehen. David Norths Analyse der jüngsten Berichterstattung der *New York Times* bietet einen kritischen Einblick in die Art und Weise, wie und warum sie nicht nur so spaltend für Amerika war, sondern auch so sehr aus dem Rahmen fiel:

> Die »Finanzialisierung« der *Times* ging einher mit einem anderen entscheidenden Faktor bei der Auswahl der Themen, die die Zeitung veröffentlicht und fördert: nämlich ihrer zentralen Rolle bei der Formulierung und aggressiven Vermarktung der Politik der Demokratischen Partei. Dieser Prozess hat dazu beigetragen, dass die stets dünne Grenze zwischen objektiver Berichterstattung und reiner Propaganda verwischt wurde. Die Folgen der finanziellen und politischen Entwicklung der Times haben einen besonders reaktionären Ausdruck im 1619-Projekt gefunden. Unter der Leitung von Nikole Hannah-Jones und dem Redakteur des *New York Times Magazine*, Jake Silverstein, wurde das Projekt 1619 mit dem Ziel entwickelt, der Demokratischen Partei ein historisches Narrativ zu liefern, das ihre Bemühungen legitimiert, eine Wählerschaft aufzubauen, die sich auf die Förderung der Rassenpolitik stützt. Das Projekt 1619 unterstützt die jahrzehntelangen Bemühungen der Demokratischen Partei, sich von ihrer Identifikation mit dem Wohlfahrtsliberalismus der Ära des New Deal und der Great So-

> ciety zu distanzieren, indem es den Rassenkonflikt in den Vordergrund stellt und damit den Klassenkonflikt als bemerkenswerten Faktor in Geschichte und Politik an den Rand drängt oder sogar eliminiert.
>
> Die Verlagerung vom Klassenkampf zum Rassenkonflikt hat sich nicht in einem Vakuum entwickelt. Wie wir noch erläutern werden, stützt sich die *New York Times* auf reaktionäre intellektuelle Tendenzen, die seit mehreren Jahrzehnten in wesentlichen Teilen der akademischen Mittelschicht gären, und nutzt diese aus.
>
> Die politischen Interessen und die damit zusammenhängenden ideologischen Erwägungen, die das Projekt 1619 motivierten, bestimmten die prinzipienlosen und unehrlichen Methoden, die die *Times* bei seiner Erstellung anwandte. Die *New York Times* war sich sehr wohl der Tatsache bewusst, dass sie eine rassenbasierte Darstellung der amerikanischen Geschichte propagierte, die einer kritischen Bewertung durch führende Forscher der Revolution und des Bürgerkriegs nicht standhalten konnte. Der Herausgeber des *New York Times Magazine* lehnte es bewusst ab, sich mit den angesehensten und maßgeblichen Historikern zu beraten.[309]

Wie die jüngsten Ausschreitungen der globalistischen Braunhemden – der weißen, aber radikal anti-weißen einheimischen Terrororganisation ANTIFA und der hochgradig stiftungsfinanzierten antiwestlichen Black Lives Matter (BLM), deren Anhänger offenbar hauptsächlich weiß sind – gezeigt haben, hat der Angriff auf das weiße euro-amerikanische Erbe ernsthaft begonnen und könnte sich mit unterschiedlicher Intensität bis weit in die Zukunft Amerikas fortsetzen, unabhängig von der Niederlage Trumps bei der Präsidentschaftswahl, bis die Vereinigten Staaten vollständig balkanisiert sind.

Die verbliebenen Reste der Meinungsfreiheit in Amerika könnten nicht nur den Einschüchterungen der »Cancel Culture« weichen, sondern tatsächlich durch einen starken Vorstoß zugunsten von Gesetzen zum Verbot von Hassreden ausgelöscht werden, die – auch wenn sie vorgeben, der schmerzhaften historischen Erfahrung der enteigneten Ureinwohner und versklavten afrikanischen Völker eine Stimme geben zu wollen – in Wirklichkeit darauf abzielen, die Rolle der Weißen und die tatsächlichen historischen und statistischen Daten, die diese belegen, zu dekonstruieren und in den Hintergrund zu stellen. Wie Amerikas Medien, Universitäten und Hochschulen bereits gezeigt haben, ist dieser Prozess in vollem Gange. Dieser Prozess nimmt groteske Formen an, wie z. B. die Erklärung von Mathematik als »rassistisch« durch das Seattle Public Schools Ethnic Studies Advisory Committee (ESAC), das Ende September einen groben Entwurf von Notizen für sein Math Ethnic Studies Framework veröffentlichte, in dem versucht wird, Mathematik mit einer Geschichte der Unterdrückung zu verbinden. »Das Komitee glaubt, dass Mathematik subjektiv und rassistisch ist, indem es in einem Abschnitt fragt: Wer darf sagen, ob eine Antwort richtig ist? und in einem anderen: Wie wird Mathematik manipuliert, um Ungleichheit und Unterdrückung aufrechtzuerhalten?«[310] Ein kürzlich in der Zeitschrift *The Nation* erschienener Artikel, der vorschlug, die Stimmen schwarzer Amerikaner doppelt zu zählen, was als »Wiedergutmachung durch Stimmen« bezeichnet wurde, stand der Rassenhetze in nichts nach.«[311] Die Tatsache, dass diese lächerliche, um nicht zu sagen offen diskriminierende Idee gegenüber der weißen und anderen Minderheiten angehörenden Bevölkerung der Vereinigten Staaten es überhaupt wert war, in einem Magazin vorgestellt zu werden, das so etwas wie der Vorbote des linken Flügels der Demokratischen Partei ist, ist ein beunruhigendes Zeichen, das das Ausmaß der zerstörerischen rassistischen Radikalisierung dessen zeigt, was in den Vereinigten Staaten als der weitgehend weiße »linke Flügel« gilt.

Der Zerfall Amerikas steht auf dem Fundament der Postmoderne, deren Wirkung und vielleicht auch deren Ziel die unendliche kulturelle Zersplitterung und die Verbreitung des Hasses auf jene Traditionen ist, die in der Annahme wurzeln, dass die Wahrheit bekannt ist und man sich darauf einigen kann. Die Postmoderne lehnt die Vorstellung einer universellen Wahrheit als solche ab und ebnet den Weg für eine umfassende Zweiteilung der Gesellschaft, die ständig dem Druck ausgesetzt ist, jedes einzelne Narrativ zu befriedigen – solange dieser Prozess der Befriedigung dem grundlegenden Ziel der Globalisierung, der Zerstörung der Nation und des Grundpfeilers jeder Nation, der Familie, ob Kern- oder Großfamilie, dient.

Corelli Barnett sah im Liberalismus und seiner Rolle bei der Auflösung der Gemeinschaft die Hauptantriebskraft für den Niedergang der britischen Macht.[312] Aber Barnett sprach über den Liberalismus des 19. und frühen 20. Jahrhunderts. Dieser Liberalismus war nicht postmodern, im Gegenteil, er arbeitete, wenn auch unvollkommen und auf der Grundlage vieler falscher Annahmen, mit der Realität, oder er versuchte zumindest, sie zu erfassen. Es gab definitiv einen relativ freien Austausch von Ideen, und es war der industrielle Kapitalismus, der Kapitalismus, der im Schmelztiegel von Dampf, Stahl, Öl, Riesenbauten, Druckerpresse und Radio geboren wurde und dessen Ideen zu einigen der folgenreichsten politischen, wirtschaftlichen und wissenschaftlichen Offenbarungen für die Menschheit führten. Dies ist nicht der Fall bei der Postmoderne, die in der westlichen Welt massenhaft praktiziert wird und sich in sozialen Netzwerken mit sinkender Aufmerksamkeitsspanne, Massenexhibitionismus, Selbstbefangenheit und der sofortigen Verbreitung der bizarrsten und unnatürlichsten dopaminabhängigen sozialen Praktiken manifestiert. Es handelt sich um eine Doktrin, die eine gemeinsame Wahrnehmung der Realität als solche ablehnt und Fakten durch Gegennarrative überlagert. Sobald die Wahrheit durch einen Sturm von Perspektiven vernebelt wird, hört sie auf, in irgendeinem operativen Sinn zu existieren.

Die moderne Kultur ist diesem Umstand zum Opfer gefallen; sie kann nicht als Realität verwirklicht werden, ohne dass ihr allgemein akzeptierte Wahrheiten zugrunde liegen. Die moderne Realität ist zunehmend hässlich, weil es ihr in vielen Bereichen an Wahrheit mangelt, nicht nur in der Politik und Wirtschaft, sondern auch in der Kultur und Kunst. Zwar liegt die Schönheit im Auge des Betrachters, doch lässt sich nicht leugnen, dass diese potenziell ausgrenzende Binsenweisheit nur bis zu einem gewissen Grad funktioniert. Gäbe es keine gemeinsamen Auffassungen, gäbe es keine Klassiker, von der Kunst bis zur Architektur, die die Schönheit widerspiegeln, wie sie die Menschheit seit Jahrtausenden definiert hat. Über die Schönheit des Taj Mahal oder von Notre Dame, der europäischen klassischen Musik oder der zweiten großen, weltweit verbreiteten Musikrichtung, dem Jazz, gibt es, wenn überhaupt, nur sehr wenig Streit in der Welt – sie sind allgemein als Schönheitsstandards akzeptiert. Selbst einige wissenschaftliche Konzepte sind in einem fast ästhetischen, mathematischen und physikalischen Sinne schön. Allerdings nicht mehr in der angelsächsisch geprägten oder WASP-Welt. Die Haute Couture besteht heute größtenteils aus grotesken und hässlichen Ensembles, da sich die Industrie auf Merkwürdigkeiten stürzt, um etwas »Neues« zu erfinden. Das Einzige, was zählt, ist der neue Mensch – ein Konsument von »Inhalten«, die größtenteils virtuell, also nicht real sind, wobei die Gefühle dieses Konsumenten durch die Erzählungen bestimmt werden, die die Medien vorantreiben wollen. Eine mentale Entsorgung der bestehenden Bausteine des zivilisatorischen Gedächtnisses hat begonnen, gefolgt von der Zerstörung ihrer physischen Repräsentationen.

*

Der verstorbene John Lord, Keyboarder der legendären britischen Hardrockgruppe Deep Purple, sagte 1973 in einem Interview mit dem *New Musical Express:*

»Wir sind so gültig wie irgendetwas von Beethoven.«[313] Damals hätte man dies leicht als arrogante Prahlerei abtun können, die die Aufmerksamkeit der Öffentlichkeit erregen sollte, um mehr Platten zu verkaufen. Wie die Geschichte bewiesen hat, war John Lord nicht arrogant, sondern prophetisch. Heute ist die Musik von Deep Purple weltweit bekannt, und ein berühmtes Riff aus *Smoke on the Water* ist in der ganzen Welt bekannt, selbst in den rückständigsten Gegenden, sicherlich so bekannt wie die berühmten vier Anfangstöne von Beethovens fünfter Symphonie. Beethoven ist einer der Eckpfeiler der westlichen klassischen Kunst, aber Deep Purple ist auch einer der Eckpfeiler der westlichen Pop-Kunst, in einer Zeit, in der Pop-Musik nicht nur von musikalischen Virtuosen wie der legendären Besetzung von Deep Purple in den 1970er Jahren gespielt wurde, sondern auch eine einprägsame Musik und eine Melodie hatte, die einen Standard darstellte, mit dem Generationen von Menschen aufgewachsen sind. Mit anderen Worten: Sie war von echtem schöpferischen Talent geprägt.

Dies begann sich mit dem großen pseudointellektuellen Umbruch in den 1970er Jahren zu ändern und spitzte sich Anfang der 2000er Jahre zu, als sich die Dinge auf revolutionäre und beunruhigende Weise veränderten. So wie die Big-Band-Orchester der 30er Jahre in den darauffolgenden Jahrzehnten aus finanziellen Gründen kleineren Gruppen wichen, so wurden auch die letzteren unter der gleichen Prämisse auf einen Musiker plus Synthesizer und Disco reduziert. Es überrascht nicht, dass, wie eine Studie eines spanischen Forschers aus dem Jahr 2012 feststellte, die Musik in den letzten fünfzig Jahren anfing, immer gleich zu klingen.[314] Tatsächlich ist ein Großteil der heutigen Popmusik in erster Linie eine Ansammlung primitiver Progressionen, Beats und Geräusche ohne wirklich talentierte Komponisten. Und dann begann natürlich die »Musikindustrie« fast zusammenzubrechen.

Die moderne Kunst in der Malerei hat zu einer Palette hässlicher Exponate geführt, die als wertvolle Kunst angepriesen werden, wobei einige dieser Objekte auf Kunstauktionen astronomische Summen erzielen, wo die wohlhabende Klasse sich direkt an den ehrenwerten Investitionen beteiligt und Hunderte von Millionen Dollar für »Kunst«-Stücke bezahlt, die nichts anderes sind als eine Ansammlung von unzusammenhängenden Linien und Flecken und Pinselstrichen, wie man sie als abstrakte Heimkunst in jeder Ladenkette wie Ross oder T. J. Max. zu Preisen zwischen 19,99 und 49,99 Dollar verkauft werden – ein weitaus besseres Geschäft als die Zahlung von 87 Millionen Dollar für Malewitschs *Suprematistische Komposition* oder *Das schwarze Quadrat* oder die noch teureren »nummerierten« Gemälde von Pollock oder Rothko.

Natürlich ist es sehr naiv zu erwarten, dass die Fähigkeit, die menschliche oder natürliche Realität genau wiederzugeben – oder sogar ihre weniger gegenständlichen Darstellungen menschlicher emotionaler Realitäten – in dem, was im modernen Westen zum Kunstbetrieb geworden ist, Anerkennung findet, obwohl in Amerika noch eine lebendige realistische Kunstszene überlebt hat. Solche Werke würden nicht einmal von der von Hypes durchdrungenen, geschmacklosen und unkultivierten amerikanischen Oberschicht und ihrer großen Anhängerschaft unter den neuen westlichen jüngeren Generationen im Allgemeinen und den amerikanischen im Besonderen wahrgenommen werden, wo Forminnovationen die Oberhand haben und die Erklärung des Werks sein wichtigster Wert ist. Dies hindert sie daran, auch nur die Grundprinzipien der Schönheit und der echten Ästhetik zu begreifen, ganz zu schweigen von der Wertschätzung der Klassiker, die heute als Ausdruck der europäischen imperialen Kultur als bedrückend und nicht wert, studiert und bewahrt zu werden, angesehen werden. Repräsentative Kunst wird vom Kunst- und Kulturbetrieb, der der amerikanischen Kultur ästhetische Formen aufzwingt, die für unterentwickelte primitive Gesellschaften charakteristisch sind, nicht mehr als »Kunst« angesehen, auch wenn sie mit dem ganzen Hyper-Glanz der modernen elektronischen Kommunikationstechnologie geliefert wird. Der Hype, verstärkt durch Breitband, der kein echtes Talent erfordert, verkauft sich immer noch, während echtes Talent ohne das nicht verkauft wird.

Dieser Prozess ist schon seit langem im Gange. Er markiert den Tod der amerikanischen Meritokratie und zerstört die entscheidenden Filter und Sicherheitsmechanismen, die die Gesellschaft zur Wahrung ihrer Kohärenz geschaffen und eingeführt hat. In der Welt der Postmoderne und der unscharfen Abstraktionen kann es keine Leistungsgesellschaft geben, weil Talent, Ethik und Moral nicht definiert werden können. Es ist ein perfektes Umfeld für den Finanzkapitalismus, denn er degradiert die Menschheit zu einem Status menschlicher Konsum-Finanz-Energie-Einheiten, nicht unähnlich der Darstellung im Kultklassiker *Matrix*. In der Tat wird die Entmenschlichung zu einem ultimativen Ziel, solange ein bestimmtes Maß an Konsum und Geldfluss aufrechterhalten wird.

In einer solchen Gesellschaft braucht man keine Freiheiten und keine Verdienste in irgendeinem beruflichen Bereich, solange man sich an einen »Konsens« hält, der wiederum in erster Linie von den Medien geprägt wird – vorerst, bevor grundlegende Verfassungsänderungen angestrebt werden. Und wenn man sich anpasst, kann man sich höhere Aufstiegschancen ausrechnen. Wenn jemand denkt, dass diese Beschreibung unheimlich an die Realitäten aus »*1984*« von Orwell erinnert, hat er recht. In der Tat wird diese neue Realität gerade eingeführt, während ich schreibe. Drohungen gegen Menschen, allein wegen ihren politischen Ansichten, sind bereits die Norm. Ganz gleich, wie man zu Donald Trump oder seiner politischen Basis stehen mag, die ideologische Infrastruktur für die Erklärung und Identifizierung dieser Menschen als Fanatiker, Rassisten, Gedankenverbrecher und generell als Menschen, die nicht in das neue amerikanische Narrativ passen – »Bedauernswerte«, wie Hillary Clinton sie mit diesem dauerhaften, geschickten Epitheton herabsetzte – ist bereits vorhanden. Dies entspricht nicht nur den üblichen ekelerregenden und geschmacklosen Beschimpfungen, für die die »Demokratie« der Vereinigten Staaten in der ganzen Welt bekannt geworden ist; diesmal ist es anders. Den Menschen wird nicht nur mit dem Verlust ihrer derzeitigen Existenzgrundlage aufgrund ihrer politischen Ansichten gedroht, sondern auch mit einem Ausschluss, der in die Zukunft projiziert wird. Jennifer Rubin von der Washington Post gibt die Drohung zu Protokoll:

> Wer jetzt für die Ablehnung einer Wahl wirbt oder dazu aufruft, dem Willen der Wähler nicht zu folgen, oder unbegründete Betrugsvorwürfe erhebt, sollte niemals ein Amt bekleiden, in einen Unternehmensvorstand eintreten, eine Stelle an einer Fakultät finden oder in die »höfliche« Gesellschaft aufgenommen werden. Wir haben eine Liste.[315]

Rubin ist bei weitem keine Ausnahme, sondern wird von der Kongressabgeordneten Alexandria Ocasio-Cortez unterstützt, die zusammen mit einigen Verbündeten aus der Obama-Regierung eine tatsächliche politische Säuberung von Personen vorhersieht, die mit Donald Trump zusammengearbeitet haben. Cortez und andere schlagen vor, Listen von Personen zu erstellen, die in oder mit der Trump-Administration gearbeitet haben, um sicherzustellen, dass sie »für ihre Taten zur Rechenschaft gezogen werden«[316] – ein großer Unterschied zu der früheren amerikanischen Tradition, dass Amerikas Folterer oder Anstifter zu illegalen und ungerechtfertigten Kriegen im Ausland nie zur Rechenschaft gezogen werden.

Menschen auf schwarze Listen zu setzen, ist eine gute amerikanische Tradition, aber im Gegensatz zur Paranoia der McCarthy-Ära, in der sogar George C. Marshall beschuldigt wurde, mit »Feinden« zu verkehren, hat die moderne Variante der amerikanischen Paranoia, die durch Lügen und unbegründete Anschuldigungen der hauptsächlich von den Demokraten kontrollierten Medien über geheime Absprachen mit Russland angefacht wurde – die durch ihre eigene, viel gepriesene und langwierige Mueller-Untersuchung nicht bewiesen werden konnten –, eine viel schlimmere Kehrseite. Der Prozess ähnelt nicht mehr den kommunistischen Aktivitäten der 1950er Jahre, die als »antiamerikanisch« eingestuft wurden, um den heimischen Kapitalismus aufrechtzuerhalten. Jetzt geht es darum, die Vereinigten Staaten in eine Ein-Parteien-Diktatur umzugestalten und die Vereinigten Staaten als Hauptantriebskraft des laufenden Versuchs zu nutzen, die Welt auf der Grundlage wirtschaftlicher und kultureller »Werte« zu globalisieren, die dem größten Teil der übrigen Welt zuwiderlaufen und in keiner anderen Realität als der der intellektuell sterilen und wirtschaftlich rückläufigen großen Küstenstädte Amerikas überleben können – die allesamt Brutstätten der Postmoderne und ihres ersten Derivats, des Neoliberalismus, sind.

Der Glaube vieler, dass die Republikanische Partei eine Art Gegenmittel gegen den immer offensichtlicher werdenden Totalitarismus der Demokraten darstellt, ist naiv und absolut unbegründet. Beide amerikanischen politischen Parteien sind neoliberale, globalistische Gebilde, die eng mit verschiedenen Flügeln der amerikanischen Oligarchie verbunden sind. Beide sind zutiefst mitschuldig an den Ereignissen, die zu einem Zustand führen, in dem die Vereinigten Staaten wirtschaftlich implodieren und ihre politischen Institutionen mit einer erstaunlichen Geschwindigkeit zerfallen. Der einzige Unterschied zwischen den »Eliten« der Demokraten und der Republikaner besteht darin, dass einige Teile der GOP dazu neigen, mehr Schlagworte und

Buzzwords über die Größe Amerikas zu verwenden und einige sich sogar zaghaft an den amerikanischen Nationalismus heranwagen. Wie Seth Kaplan kürzlich versuchte, die amerikanische »Nation« zu definieren:

> Um die Nationalität zu verstehen, müssen wir »Nation« definieren. Ernest Renan liefert eine Definition in seiner klassischen Vorlesung zu diesem Thema: »eine Seele, ein geistiges Prinzip ... der Wunsch, zusammen zu leben und der Wunsch, weiterhin in das Erbe zu investieren, das wir gemeinsam erhalten haben ... eine große Solidarität, die aus dem Gefühl der Opfer besteht, die man gebracht hat und die man noch zu bringen bereit ist.« Dies kann »das Vergessen ... sogar historischer Fehler« erfordern. Als Produkt einer langen, gemeinsamen Geschichte, die sowohl eine organische Entwicklung von unten nach oben als auch eine staatlich gelenkte Sozialisierung von oben nach unten umfasst, schafft die Nationalität ein starkes Gefühl der Zusammengehörigkeit, des gemeinsamen Schicksals und der Identität – eine »imaginierte Gemeinschaft«, wie Benedict Anderson es ausdrückt. Dieses Gefühl der Zugehörigkeit zu einer Nation wird, wie Renan sagte, »durch ein tägliches Plebiszit aufrechterhalten, so wie die Existenz eines Individuums eine fortwährende Lebensbejahung ist«. Um seine Kraft aufrechtzuerhalten, muss es vor allem in großen Bevölkerungsgruppen ständig gestärkt werden. Dies gilt insbesondere, wenn der Staffelstab der Führung von Generation zu Generation weitergegeben wird.[317]

Danach ignoriert Kaplan die jahrhundertelange Erfahrung der Menschheit bei der Bildung von Nationen und verwechselt den territorial erzwungenen Zusammenhalt des Staates mit Nationalismus. Amerika kannte sicherlich einige Perioden natürlichen Zusammenhalts, aber die Warnungen vor der drohenden Balkanisierung Amerikas sind nicht neu. Robert Bork warnte 1996:

> Was gesagt werden muss, ist, dass die amerikanische Kultur eurozentrisch ist, und sie muss eurozentrisch bleiben oder in die Bedeutungslosigkeit stürzen. Standards europäischer und amerikanischer Herkunft sind die einzig möglichen Standards, die unsere Gesellschaft zusammenhalten und uns zu einer kompetenten Nation machen können. Wenn die Legitimität der eurozentrischen Normen geleugnet wird, gibt es nichts anderes. … Wir treten also in eine Periode von Stammesfehden ein. Zu den Dingen, die wir erwarten können, gehören ein Anstieg der interethnischen Gewalt, eine Verlangsamung der wirtschaftlichen Produktivität und eine Vulgarisierung der Wissenschaft (die bereits in vollem Gange ist).[318]

Bork war vorausschauend, aber nicht originell, als er davor warnte, dass die Ablehnung der amerikanischen Eurozentrik zu der ideellen Auflösung führen wird, die wir heute alle beobachten. In der Tat scheint die Politik des Demokratischen Nationalkomitees trotz ihrer flapsigen pro-europäischen Plattitüden und Ausdrücke über Demokratie nicht zu wissen, dass das moderne Europa selbst praktisch nichts von dem bewahrt hat, was die europäische Zivilisation zu einem bestimmten Zeitpunkt zu einem Zentrum wissenschaftlicher, künstlerischer und wirtschaftlicher Errungenschaften von historisch beispiellosem Ausmaß machte. Heute zerfällt Europa sogar noch schneller. Man kann sich nur vorstellen, was Äußerungen wie die des britischen Abgeordneten Enoch Powell in seiner Rede von 1968, in der er die Masseneinwanderung aus dem Commonwealth scharf kritisierte, heute in den modernen amerikanischen oder europäischen Mainstream-Medien hervorrufen würden. Die akademischen Sozialwissenschaften in Europa befinden sich heute in einem Zustand völliger kognitiver Blockade und bieten alles andere als Bildung, wie sie eigentlich sein sollte: Studenten zu Wissen und logischem Denken zu befähigen. Eine französisch-russische Wissenschaftlerin, die Chefredakteurin der in Paris erscheinenden Zeitschrift *Glagol*, Elena Kondratieva-Sagliero, nahm in einem Gespräch mit dem israelischen Fernsehsender *Iton* kein Blatt vor den Mund, als sie den Prozess der ununterbrochenen Auflösung der nationalen Identität Frankreichs beschrieb und die ständige Reproduktion von Schuldgefühlen feststellte, die dazu diente, jeden Rest des historischen Nationalbewusstseins und der akademischen und künstlerischen Standards zu beseitigen und gleichzeitig politisch korrekte und weitgehend antiwissenschaftliche Standpunkte zu Rasse, Geschlecht und Kultur im Allgemeinen zu fördern.[319]

In Anbetracht des Charakters der ideologiegesteuerten sozialwissenschaftlichen Fächer des modernen Westens ist es nicht überraschend, dass einige von vielen Universitäten und Hochschulen empfohlene Leselisten nichts anderes sind als Zusammenstellungen von Schriften, oft von wenig gebildeten »Schriftstellern«, von denen sehr viele Minderheiten angehören, die die Schrecken der Sklaverei oder des Imperialismus des Westens beschreiben, als ob diese Art von Verhalten dem Wesen des westlichen Menschen inhärent und spezifisch wäre.[320] Unter solchen Bedingungen wird jede Erwähnung der blutigen Expansion des Islam oder der Sklaverei, die von den Afrikanern selbst ermöglicht wurde, ganz zu schweigen von offenem Völkermord, wie 1994 in Ruanda, zum Tabu und könnte in vielen europäischen Ländern sogar als Hassrede ausgelegt werden. Letzten Endes werden die gleichen Gesetze den Vereinigten Staaten aufgezwungen werden, und der erste Verfassungszusatz zum Schutz der freien Meinungsäußerung wird entweder »modifiziert« oder ganz abgeschafft werden, wodurch die Vereinigten Staaten auf eine Stufe mit Europa gestellt werden, das immer mehr den Anschein erweckt, dass es sich auf dem Weg zu einer vollständigen kognitiven Blockade und dem Triumph einer totalitären Ideologie befindet, in der ein Gedankenverbrechen historisch gesehen recht bald Realität werden wird.

Bemerkenswerterweise sind die Medien die sichtbaren Haupttriebkräfte dieser Veränderungen. In den Vereinigten Staaten sind diese Medien in erster Linie mit dem DNC verbunden und mit Menschen besetzt, die nur über eine minimale Ausbildung und Erfahrung in praktisch allen Bereichen verfügen, die tatsächliche berufliche Fähigkeiten erfordern, wie z. B. Geopolitik, internationale Beziehungen, Militär oder Wissenschaft, die in den modernen Vereinigten Staaten durch die Notwendigkeit, sich einem ideologischen Konsens anzupassen, verzerrt werden. Sobald die Menschen auch nur die Frage der Verzerrung in Bezug auf Big Data und Algorithmen aufwerfen können, könnten die Gültigkeit und die Notwendigkeit der »Freiheit von Unterdrückung« für jeden Wissensbereich in Frage gestellt werden, sei es die Newtonsche Mechanik, die Chemie oder die Theorie der Gleichungen. Es ist daher nicht verwunderlich, dass bizarre Ideen sofort in die eher amorphen Bereiche der modernen Geistes- und Sozialwissenschaften im Westen eindringen und sich zu politischen Ideologien und Slogans verdichten, die ebenso »zuverlässig« oder realitätsbezogen sind wie die amerikanischen Wirtschafts- oder Umfragedaten, die unter dem Memo GIGO: Garbage In-Garbage Out (Abfall rein-Abfall raus) bekannt sind. Die Quintessenz dieses ganzen Prozesses liegt natürlich in der Tatsache, dass echte wissenschaftliche Bereiche und Disziplinen, seien sie theoretisch oder angewandt, viel komplexer sind als alles, was in den Sozialwissenschaften gelehrt wird, und eine völlig andere Denkweise und Anstrengung erfordern. Ein Abschluss in Luftfahrttechnik ist viel schwieriger zu erlangen als ein Abschluss in Journalismus oder in der zeitgenössischen westlichen politischen Pseudowissenschaft. Aber es sind die letzteren, nicht die ersteren, aus denen die amerikanischen politischen Eliten hervorgehen.

Wenn eine Nation die überwiegende Mehrheit ihres politischen Establishments aus den Disziplinen Recht oder Wirtschaft wählt, ist das ein Problem. Die Deindustrialisierung des Landes kann unter der

Aufsicht von Korporatisten stattfinden, und was dazu führt, Länder in vielen Regionen der Welt zu zerstören, kann von einheimischen Juristen als *nicht* international verbotene Kriegsverbrechen dargestellt werden. Der Jargon des politischen Diskurses wird durch die Notwendigkeit, zu verschleiern, was wirklich vor sich geht, so komplex und verwirrend, dass selbst gut ausgebildete Menschen nicht mehr in der Lage sind, sich über die Ereignisse im Land auf dem Laufenden zu halten. Darüber hinaus kann jedes Ereignis in einer völlig postmodernen Tradition von Parteien mit unterschiedlichen Ideologien interpretiert werden, so dass es auch hier an klaren Definitionen sowohl in rechtlicher als auch in ethischer Hinsicht mangelt. Die Welt beginnt sich zu drehen, und damit auch der Kopf eines Durchschnittsbürgers, der die Welt um sich herum nur anhand seines Geldbeutels begreifen kann, der mit einem Tsunami von Meinungen von Leuten konfrontiert wird, von denen sehr viele nicht einmal in der Lage wären, einen Lebensmittelladen zu führen, geschweige denn ihre Meinung zu Themen der Realwirtschaft oder der internationalen Beziehungen zu äußern.

Die Verdummung Amerikas schreitet nicht nur im Bildungswesen voran, einschließlich dessen, was als Elite gilt, sondern auch durch selbsternannte Intellektuelle, darunter Hollywood-Prominente, von denen die meisten ungebildet sind und nach den Worten von Ricki Gervais weniger Zeit in der Schule verbracht haben als Greta Thunberg.[321] Aber genau dieses Bildungsniveau wird von der modernen *Woke*- oder *Social-Justice-Warrior*-Kultur gefordert, denn Menschen mit ernsthaften intellektuellen Fähigkeiten, die sich durch gründliche Bildung und Lebenserfahrungen entwickelt haben, welche die ethischen Ansichten über das Leben stärken, werden immer ein ernsthaftes Hindernis für die globalistische Agenda darstellen, deren wichtigstes Mittel die umfassende Ignoranz der Massen ist, deren Duldung notwendig ist, um diese Ziele zu erreichen.

Viele Revolutionen hatten als eines ihrer Hauptziele die Erschaffung eines neuen Menschen. Nur selten gelang es ihnen, das zu schaffen, was sie sich vorgestellt hatten. Aber das, was im vereinigten Westen als *Woke*-Revolution bekannt geworden ist, hat einen erstaunlichen Erfolg in Bezug auf die Wirksamkeit der Indoktrination der jungen Generation, die zwar versucht, die Ungerechtigkeiten der Vergangenheit gegenüber den Schwarzen aufzuklären, aber die Unterdrückung und das Leiden der weißen Arbeiterklasse, die immer noch die Mehrheit der Nation ausmacht, nicht wahrnimmt. Der berühmte russisch-amerikanische Spezialist für den Zusammenbruch und die Implosion von Imperien, Dmitry Orlov, weist darauf hin, dass die amerikanische Generation der Millennials eine »Fleischgeneration« ist, die auf dem Altar des globalistischen Traums geopfert werden soll und als »Fleisch« kategorisiert wird, – eine Terminologie, die in der Viehwirtschaft verwendet wird, um Kühe in die Kategorien Milch und Fleisch zu unterteilen –, da sie keine Ressourcen hat, die zum Nutzen der globalistischen Eliten gemolken werden können.[322] Es ist eine erschreckende Analogie und ein Bild, das an die Szene aus Alan Parkers Verfilmung von Pink Floyds *The Wall* erinnert, in der Kinder als Fleischquelle für den Fleischwolf dienen, der als Inbegriff des britischen Bildungssystems dient.

Es besteht jedoch kaum ein Zweifel daran, dass die Umwandlung des amerikanischen Bildungssystems vom Wissensträger zur Indoktrinationsmaschine in den letzten mehr als zwanzig Jahren und bis heute bemerkenswert erfolgreich war. Mit Ausnahme einiger elitärer und vor allem privater Schulen sorgt es für eine äußerst effiziente Desensibilisierung der Reaktionen der zukünftigen Generation Amerikas auf Verbrechen, Lügen und moralischen Verfall. Dieses System ist seit mehr als zwanzig Jahren im Einsatz und steigert weiterhin seine »Produktivität« bei der Erziehung der »Fleischgeneration«, genauer gesagt, der Generationen.

Wer schmeißt die Show?

Eine der bemerkenswertesten Manifestationen des völligen Zusammenbruchs des Regierens in den Vereinigten Staaten kam mit dem *Defense One*-Interview von Präsident Trumps Gesandtem für Syrien, Jim Jeffrey, der nonchalant zugab, dass er den US-Oberbefehlshaber über die US-Streitkräfte in Syrien belogen hatte, indem er sagte: »Wir haben immer Hütchenspiele gespielt, um unserer Führung nicht klar zu machen, wie viele Truppen wir dort haben.« Die tatsächliche Zahl der Truppen im Nordosten Syriens ist »viel höher« als die rund zweihundert Mann, die Trump ursprünglich für 2019 zugesagt hatte.[323] Die Tatsache, dass der US-Präsident in einer so wichtigen Angelegenheit offen belogen wurde, hat weder in den amerikanischen Medien, die implizit die Vorstellung vermittelten, dass ein Ungehorsam gegenüber Trump die Nation retten würde, noch bei der Mehrheit der jüngeren Amerikaner, die mit weitgehend erfundenen Geschlechter- und Rassenfragen und der Arbeitssuche beschäftigt sind, für Aufsehen gesorgt und weist auf die völlige Demoralisierung der amerikanischen Gesellschaft hin. Außerdem würde eine solche öffentliche Enthüllung in einem normalen Land als Hochverrat angesehen und die daran beteiligten Personen entsprechend angeklagt werden. Die Tatsache, dass Jeffrey kein schlechtes Gewissen hatte, die Weigerung des Militärs, den Anweisungen des Präsidenten der Vereinigten Staaten zu folgen, öffentlich zu enthüllen, ist an sich schon ein Zeichen für eine merkwürdige Wendung in der amerikanischen Kultur, in der die staatlichen Institutionen ausschließlich aus eigenem Interesse handeln und den Oberbefehlshaber, der durch einen demokratischen Prozess in sein Amt eingesetzt wurde und der möglicherweise versucht hat, sie zu zügeln, in betrügerischer Weise falsch informieren. Botschafter Jeffrey wird in den Ruhestand gehen und weiterhin eine großzügige Pension und andere Leistungen erhalten. Er ist sogar davon überzeugt, dass er das Richtige getan hat, ebenso wie Oberstleutnant Vindman, der es entgegen seinem Eid auf sich genommen hat, in Bezug auf die Ukraine zu entscheiden, wie der Präsident der Vereinigten Staaten die Außenpolitik der USA zu führen hat. Vindman war ein Kronzeuge in einem gescheiterten Amtsenthebungsverfahren gegen Präsident Donald Trump durch die Demokraten und fungierte somit als ihr Aktivposten. Wie viele amerikanische Militärs betonten: »Vindman ist eine Schande für alle, die gedient haben. In der Abschrift seiner früheren Aussage unter Ausschluss der Öffentlichkeit gibt er eindeutig zu, dass er die Außenpolitik von Präsident Trump untergräbt, und jetzt hat er [Adam] Schiff, der ihn berät, wie er Fragen beantworten soll.«[324] Es überrascht nicht, dass Vindman von den DNC-nahen Medien, von der *New York Times* bis zur *Washington Post*, als »Held« gepriesen wurde.[325]

Der Titel »Held« wird zunehmend an Menschen verliehen, die in einer gesunden Gesellschaft als Ausgestoßene gelten würden, die gemieden, wenn nicht sogar wegen Verrats verfolgt würden. Amerikanische »Helden« sind heute solche wie Alexander Vindman, Jim Jeffrey oder jeder, der nicht nur Angriffe und Ungehorsam auf einen rechtmäßig gewählten, wenn auch persönlich fehlerhaften US-Präsidenten ermöglicht, sondern auf die bereits wackelige amerikanische Verfassungsordnung als Ganzes – die letzte Barriere zwischen den Vereinigten Staaten als lebensfähigem Staat und entweder ihrem endgültigen Abstieg ins Chaos oder, was wahrscheinlicher erscheint, ihrer stetigen Umwandlung in eine totalitäre Gesellschaft, in der die Verfassung und die Bill of Rights weithin öffentlich als entsorgt anerkannt werden. Schließlich ist es »nur ein gottverdammtes Stück Papier«, wie George W. Bush es formulierte.[326]

Amerikas Nützlichkeit für die Verfolgung der globalistischen Agenda ist heute jedoch gerade deshalb ernsthaft in Zweifel zu ziehen, weil die Vereinigten Staaten noch immer nicht vollständig demontiert und somit nicht vollständig daran gehindert wurden, etwas zu bilden, das an eine echte Nation erinnert, in der der mehrheitliche klassische europäische Kern der Kultur erhalten ist. Wenn nicht, ist das Amerika, wie wir es noch vor fünfzehn Jahren kannten, vorbei, und sein Schicksal ist besiegelt. Der alptraumhafte Spielplatz für alle menschlichen Sünden, Perversionen und Anomalien wird eröffnet, bis es unweigerlich durch Gewalt und Blutvergießen in ein unfruchtbares Land proto-staatlicher Gebilde zerfällt, das von gut organisierten Milizen zusammengehalten wird, deren Legitimität durch paramilitärische Organisationen und, wieder einmal, durch Gewalt sichergestellt wird.

Was mit Amerikas Atomwaffenarsenal geschieht – das sollte vielen zu denken geben, vor allem wenn man bedenkt, dass Amerikas nicht vorhandene Grenzkontrollen von Globalisten sabotiert werden. Die überwältigende Mehrheit der modernen politischen Klasse Amerikas hat keine Vorstellung vom Ausmaß der gesellschaftlichen Kräfte, mit denen sie spielt, und von den möglichen Folgen. Die Mehrheit sind Menschen, deren einzige Schwierigkeit im Leben darin bestand, sich für eine Ivy-League-Schule zu entscheiden, an der sie hauptsächlich Geistes- und Sozialwissenschaften studieren, oder sich für eine Anwaltskanzlei, eine Bank, eine Zeitung oder einen Fernsehsender zu entscheiden, bei dem sie arbeiten wollen. Vor allem aber verstehen diese Menschen nicht die Folgen eines Zusammenbruchs der Zivilgesellschaft und von Recht und Ordnung, den sehr viele von ihnen befürworten. In einer dramatischen Demonstration völliger Inkompetenz und Doppelmoral war die Bürgermeisterin von Olympia, der Hauptstadt des Bundesstaates Washington, Cheryl Selbi, für Anti-Polizei-Aufstände und eine glühende Anhängerin von Black Lives Matter, bis ihr Haus von eben dieser Black Lives Matter verwüstet wurde, was sie dazu veranlasste, dies einen Fall von »inländischem Terrorismus« zu nennen und sich sogar darüber zu beschweren, dass es »unfair« sei.[327]

Das Ausmaß des fehlenden Bewusstseins für die Folgen einer radikal staatsfeindlichen, verfassungsfeindlichen und gegen Recht und Ordnung gerichteten Haltung, die die Demokratische Partei eingenommen hat, ist erstaunlich. Wie die Bürgermeisterin von Olympia herausfand und *KIRO 7 News* aus Seattle mitteilte: »Es ist ziemlich traumatisch, wenn jemand in dein Haus kommt.« Wenn diese Jemands bewaffnet und mit der Absicht, ihnen und ihrer Familie zu schaden oder sie zu töten, zu Ihnen nach Hause kommen, ist das eine ganz andere Sache, und das ist es, was die politische Klasse der USA, insbesondere ihr so genannter »linker« Flügel, noch nicht begreifen kann. Dieser Infantilismus ist ein charakteristisches Merkmal der amerikanischen politischen Klasse, vor allem ihres »linken« Flügels, der genauso globalistisch ist wie seine republikanischen Gegenspieler.

Die Entropie im politischen Leben Amerikas nimmt zu, wie es gewöhnlich der Fall ist, wenn einige militante rechte Gruppen bereits aktiv sind. Zwar wurde das Komplott zur Entführung der Gouverneurin von Michigan, Gretchen Whitmer, vom FBI aufgedeckt und die Verschwörer vor Gericht gestellt, aber es besteht kaum ein Zweifel daran, dass dies nur der Anfang einer weiteren Radikalisierung der US-Bevölkerung ist.[328] Während regierungsfeindliche Verschwörungen und Milizen in der amerikanischen Kulturlandschaft nichts Neues sind, stellt die beispiellose Delegitimierung der Regierungsgewalt in den Vereinigten Staaten eine klare und gegenwärtige Gefahr dar. Wenn die US-Medien die Öffentlichkeit vier Jahre lang mit eindeutig falschen und böswilligen Informationen und Indiskretionen füttern, wer kann dann sagen, ob in einem solchen Umfeld die radikalen Ideen und Stimmungen, die sie bei Linken und Rechten geschürt haben, nicht fortbestehen werden, selbst wenn ihre Notwendigkeit (Trump zu stürzen, aus der Sicht des DNC) vorüber ist und das, was als normal gilt, zurückgekehrt ist? Das werden sie. Irgendwann könnte es so weit kommen, dass keine Informanten, kein FBI und keine

Polizeikräfte mehr ausreichen, um die Explosion des Pulverfasses der amerikanischen Unzufriedenheit einzudämmen, das schon jetzt zu explodieren droht. Wie die erstaunliche Statistik der Waffenverkäufe im letzten Jahr beweist, haben sehr viele Amerikaner das Vertrauen in die Fähigkeit des US-Establishments verloren, auch nur für ein Minimum an Recht und Ordnung zu sorgen. Der Verkauf von Handfeuerwaffen in den USA hat sich im März 2020 im Vergleich zum Vorjahr mehr als verdreifacht und der von Langwaffen hat sich fast verdoppelt.[329] Das ist alles, was man darüber wissen muss, wie »sicher« sich die Amerikaner in ihren Häusern fühlen – die, die welche haben –, wenn man die dramatische und düstere Verwandlung ihres Landes in einen politischen und wirtschaftlichen Zirkus der Dritten Welt sieht. Es konnte gar nicht anders sein in einer Kultur, die heute fast ausschließlich auf der Lüge beruht – die zudem als Tugend gepriesen und sogar gefördert wird.

> »Als ich Kadett war, wie lautete das Motto der Kadetten in West Point? Du wirst nicht lügen, betrügen oder stehlen oder diejenigen tolerieren, die das tun. Ich war der Direktor der CIA. Wir haben gelogen, wir haben betrogen, wir haben gestohlen. Wir hatten ganze Ausbildungskurse. Das erinnert Sie an den Ruhm des amerikanischen Experiments«, prahlte Pompeo, während das Publikum lachte und die Aussage feierte.[330]

Die Quelle dieser Ermutigung ist heute sehr klar – es ist Amerikas globalistische Mafia, die sich in den politischen, Medien- und Bildungssystemen ausgebreitet hat, um Generationen von Amerikanern darauf vorzubereiten, treue Träger der globalistischen Orthodoxie zu werden. Ihr verdecktes Ziel ist es, dass die menschliche Gesellschaft grundlegende menschliche Bestrebungen wie Glaube, Liebe, Familie und das Streben nach Wahrheit und Gerechtigkeit aufgibt, um einheitliche, atomisierte globale Wirtschaftseinheiten zu bilden, die nur auf den Konsum ausgerichtet sind und kein Konzept von Normalität und Moral haben. Dies wird das Aussterben großer Teile der Menschheit sicherstellen, was nach Ansicht der eugenischen Globalisten eine gute Sache ist. Es wird dafür sorgen, dass die Ressourcen der Erde länger reichen, um von globalistischen Eliten verbraucht zu werden, die selbst Sklaven bedeutungsloser Kapitalien sind, von denen viele nichts weiter sind als Ansammlungen digitaler Nullen auf den Festplatten von Computerservern und mit nichts materiell Bedeutendem oder Nützlichem verbunden sind.

Auf dem Weg der amerikanischen Gesellschaft in die Dystopie ist bereits viel erreicht worden. Der moralische Verfall hat sich im physischen Bereich manifestiert, und Abnormität, Hässlichkeit und Ignoranz sind zu Tugenden geworden. Die westliche Gesellschaft insgesamt, angeführt von den Vereinigten Staaten von Amerika, leidet heute an einer schweren Geisteskrankheit, die eine Folge der Systemkrise des modernen Liberalismus ist, eines Begriffs, der heute in völligem Widerspruch zu seiner sozialen Realität steht, denn die Gesellschaft, die diese verfallende Ideologie errichten will, ist alles andere als liberal. Der moderne Liberalismus, wie er insbesondere von der Demokratischen Partei der Vereinigten Staaten und ihren Anhängern vertreten wird, ist eine intolerante, faschistische Diktatur, eine totalitäre Ideologie, die alles Positive zerstören will, das in den letzten Jahrhunderten seit dem Beginn des Zeitalters der Aufklärung und damit dem Aufstieg des Westens erreicht wurde.

Paradoxerweise ist der moderne Globalismus insofern antiwestlich, als er seine Ziele durch die Zerstörung der westlichen Zivilisation erreichen will. Er ist auch antihuman und ein Fluch für die menschliche Zivilisation. Er ist eine todgeweihte Ideologie, die aus der Arroganz, Ignoranz und Lernunfähigkeit des amerikanischen Establishments entstanden ist. Er ist auch eine

Ideologie, die in Anbetracht der völligen Unkenntnis ihrer Befürworter über die Auswirkungen ihrer technologischen und wissenschaftlichen Verbreitung, vor allem über das Medium der exhibitionistischen sozialen Netzwerke, einfach unvereinbar ist mit den neuen, sich abzeichnenden globalen wirtschaftlichen, industriellen, militärischen, wissenschaftlichen und moralischen Paradigmen und als solche überall auf der Welt abgelehnt wird, die bereits weitergezogen ist und nicht darauf wartet, das Endergebnis des Zerfalls Amerikas zu sehen – der jetzt eine vollendete Tatsache ist, egal wer der nächste US-Präsident sein wird oder welche Partei die katastrophale Wirtschafts- und Kulturpolitik fortsetzen wird, deren Änderung das System selbst verhindert.

FAZIT:

NICHT AUSSERGEWÖHNLICH, NICHT FREI, NICHT REICH – NICHT AMERIKA?

Wie die britische Boulevardzeitung *Daily Mail* im November 2020 berichtete, hat Megyn Kelly, die berühmte US-amerikanische Medienpersönlichkeit, die sich als Journalistin ausgibt, beschlossen, aus New York wegzuziehen. Diese Entscheidung kam nicht zustande, weil New York irgendwie im Sterben liegt, was schon seit einiger Zeit der Fall ist, sondern aus ideologischen und politischen Gründen. Wie die *Daily Mail* schreibt:

> Kelly erklärte, sie sei ausgerastet, nachdem ein Brief an die Lehrerschaft der Schule ihrer Söhne verschickt worden war, in dem behauptet wurde, dass »weiße Schulbezirke im ganzen Land voller zukünftiger Killer-Cops [sind]«. Und weiter, dass »weiße Kinder mit dem schwarzen Tod indoktriniert werden« und »in ihren Schulen unkontrolliert und unbehelligt gelassen werden«.[331]

Die *Daily Mail* charakterisiert diese Privatschule folgendermaßen:

> Die Collegiate School gilt als eine der besten Privatschulen des Landes und behauptet auch, die älteste zu sein. Sie zählt JFK Jr., seinen Neffen Jack Schlossberg und den »Game of Thrones« -Mitschöpfer David Benioff zu ihren Absolventen.[332]

Diese Entwicklung steht für einen Trend, der in den Vereinigten Staaten heute sehr ausgeprägt ist und sich im ganzen Land ausbreiten wird. Doch eine Besonderheit dieses ganzen Sturms im Wasserglas ist besonders bemerkenswert. Megyn Kelly ist sehr wohlhabend, was bei den Sprechpuppen, die es in die Mainstream-Medien, insbesondere das Fernsehen, schaffen, normalerweise der Fall ist, und kann es sich leicht leisten, woanders hinzuziehen – im Gegensatz zu den meisten Amerikanern im ganzen Land, die durch ihren Besitz und ihre Familie an einen bestimmten Ort gebunden sind. Aber das ist nicht das Bemerkenswerte. Bemerkenswert ist, dass Megyn Kellys Söhne, deren Mutter 56.000 Dollar pro Jahr für den Besuch dieser privaten und angeblich sehr elitären Schule bezahlte, dann mit den obigen Aussagen konfrontiert wurden.

Wie *The Hill* klarstellt, handelte es sich bei dem Brief in Wirklichkeit um einen Blogbeitrag, der von der Geschäftsführerin des Orleans Public Education Network, Nahliah Webber, verfasst wurde, aber innerhalb der Diversity-Gruppe der Schule in Umlauf gebracht wurde.[333] Da Webber in Louisiana lebt und kein Mitglied des Lehrkörpers ist, zeigt dies das Ausmaß, in dem die anschließende Verbreitung des Briefes an den Lehrkörper (man fragt sich, von wem und mit welcher Absicht?) einer überwiegend weißen Eliteschule die Problematik widerspiegelt, wie die afroamerikanische Erfahrung in das Geschichtsverständnis der Amerikaner einbezogen werden kann, ohne die Feindschaft zwischen den betroffenen Gruppen zu schüren. Man kann sich kaum vorstellen, wie schwerwiegend die kognitiven Dissonanzen sind, mit denen diese weißen Schüler konfrontiert werden, wenn ihr traditionelles Geschichtsverständnis auf das der afroamerikanischen Erfahrung trifft und letztere, während sie sich um Anerkennung in der Geschichtsschreibung bemühen, in übertriebenen, gefühlsbetonten und sogar rassistischen Begriffen ausgedrückt wird, während sie versuchen, diese Geschichte richtig zu stellen. Kellys Reaktion ist bezeichnend dafür, wie sich das auswirkt.

Natürlich gibt es unzählige andere Gründe, New York zu verlassen – wie der jüngste Exodus von etwa 800.000 Menschen zeigt, die eindeutig nicht ähnlich motiviert sind.

Diese New Yorker Schule ist keine Ausnahme. Die so genannte neulinke progressive Agenda wird überall in den Vereinigten Staaten in großem Stil umgesetzt. Künftige amerikanische Generationen könnten von dieser radikalen Orthodoxie, die sich bereits jetzt verheerend auf den sozialen Zusammenhalt Amerikas auswirkt, völlig eingeschüchtert werden, da die Angst überwiegt. Schon heute trauen sich bis zu 40 % der britischen Universitätsstudenten nicht, ihre Meinung zu äußern, weil sie Angst um ihre zukünftigen Karrieren haben oder davor, von ihren Kommilitonen verurteilt zu werden.[334] Die »Woke«- und »Cancel-Kultur« scheint gewonnen zu haben.

Paradoxerweise ist die Rede- und Meinungsfreiheit, die dies ermöglichte, in Europa bereits weitgehend tot, und ihr Tod in den Vereinigten Staaten steht noch bevor, vorerst nur durch einen dünnen Schlauch der Lebenserhaltung des Ersten Verfassungszusatzes in einer zunehmend irrelevanten US-Verfassung verhindert, die bereits aus allen Richtungen angegriffen wird, vor allem von Amerikas so genannter progressiver Linker, die wissentlich oder unwissentlich den totalitären globalistischen Kräften zuarbeitet, die die Vereinigten Staaten in eine amerikanische Version Südafrikas verwandeln wollen, in der afrikanische Gesichter den weißen Eliten vorstehen, die immer noch die wirtschaftlichen Hebel der Macht kontrollieren.

Das Gerüst der amerikanischen Gesellschaft ist am Einstürzen. Nach den skandalösen Fälschungen der Russiagate-Hysterie, dem korrumpierten Wahlprozess und der Paranoia der COVID-19-Lockdowns entpuppt sich die moderne amerikanische »Demokratie« als ein politisches Spektakel, das von der amerikanischen Oligarchie finanziert wird, um ihre politische Macht zu legitimieren und gleichzeitig mit allen Mitteln Reformen des Wirtschaftssystems zu verhindern, das sowohl anti-amerikanisch als auch moribund ist. Wenn es der ANTIFA und der BLM bedarf, um den Dampfdruck, der sich in Amerikas zunehmend unter Druck stehender Salatschüssel aufbaut, gewaltsam abzulassen, dann soll es so sein. Kein Preis ist hoch genug für die Aufrechterhaltung des Status quo oder zumindest dessen, was von den Machthabern als Status quo wahrgenommen wird.

Diese Oligarchie ist, realistisch betrachtet, nicht sehr klug, obwohl sie reich ist und viele von ihnen einen Abschluss der Ivy League haben. Das haben sie ohne jeden Zweifel bewiesen. Clausewitz' Diktum, dass es legitim ist, ein Ereignis nach seinem Ergebnis zu beurteilen, weil es das solideste Kriterium ist, gilt auch nach zwei Jahrhunderten noch immer.[335] Die amerikanische Politik war schon immer geschmacklos, aber jetzt wird das gesamte amerikanische politische System mit seinen angeblich »freien« Medien und der etablierten akademischen Welt als ein riesiger kitschiger Klumpen vorgeführt, dessen Funktionäre es weiterhin als globale Supermacht betrachten, was es nicht mehr ist. Natürlich können die Vereinigten Staaten immer noch hier und da ausländische Politiker erpressen; die Vereinigten Staaten können immer noch ein paar ihrer Flugzeugträger-Geschwader entsenden, um irgendein Drittweltland einzuschüchtern, aber zunehmend, wie Pat Buchanan kürzlich bemerkte, »zittert niemand in seinen Stiefeln«.[336]

Diese Stimmung wurde 2019 von der ausgezeichneten russischen Journalistin Irina Alksnis aufgegriffen, die, als sie die unübersehbare amerikanische Agonie über den Verlust des Ausnahmestatus Revue passieren ließ, darauf hinwies, dass die einzigen Menschen auf der Welt, die diese Erfahrung verstehen können, Russen sind. Damit trifft Alksnis ins Schwarze, denn die Sowjetunion war der Höhepunkt der Jahrtausende alten russischen Imperiumsbildung, eine Supermacht neben den Vereinigten Staaten, aber unter Bedingungen, die keine andere Nation erlebt hat, am wenigsten die Vereinigten Staaten, die mit geografischer Insellage gesegnet sind. Die UdSSR trug die Hauptlast des Krieges gegen die Achsenmächte und war am Ende des Zweiten Weltkrieges ein zerstörtes Land. Die Vereinigten Staaten sind aus diesem Krieg als Supermacht hervorgegangen, weil sie von diesem Krieg immens profitiert haben. Der Zusammenbruch der Sowjetunion und die darauf folgende wirtschaftliche Katastrophe haben die Russen viel gelehrt und auch einen Nachgeschmack der Demütigung des Machtverlusts hinterlassen – ein Prozess, den die Vereinigten Staaten gerade jetzt durchlaufen. Um es in der Sprache der Laien auszudrücken: Die Russen haben es kapiert. Im Gegensatz zu allen anderen Völkern der Welt können sie nachempfinden, was die Vereinigten Staaten gerade durchmachen. Die Russen können die Zeichen erkennen, während die US-Elite nicht nur keine Erfahrung damit hat, sondern auch völlig unfähig ist, sie zu verstehen. Das ist die Tragödie Amerikas, die sich vor unseren Augen abspielt. Amerikas Krise ist nicht nur systemisch, sondern seine Eliten sind unkultiviert, schlecht ausgebildet und hypnotisiert von jahrzehntelanger eigener Propaganda, die sie letztlich als Realität akzeptieren.

Außerdem sind sie arrogant und korrupt. Daher können von diesen Eliten, die die Welt nur durch die Brille der Wall Street und der *New York Times* sehen, keine brauchbaren Ideen oder Lösungen für die sich derzeit abzeichnende wirtschaftliche, soziale und kulturelle Katastrophe ausgehen. Echter Intellekt, Mut und Integrität sind einfach nicht vorhanden; sie alle wurden gegen die Vergünstigungen und Pfründe dessen eingetauscht, was viele zu Recht als Washington D.C.-Blase bezeichnen, deren einziger Daseinszweck die Selbsterhaltung ist.

Wenn Alksnis die Reaktionen Amerikas und den Fluss der pathosgeschwängerten Erklärungen aus Washington D.C. beschreibt, schlägt sie vor, dass die Vereinigten Staaten einfach die Kontinuität der Weltgeschichte anerkennen sollten, in der die Vereinigten Staaten ein Neuling sind, und ihre Niederlage anerkennen, nicht im Allgemeinen, sondern für diesen speziellen Moment, um daraus Lehren für die Zukunft zu ziehen. Sie schreibt:

> Um diesen einfachen Rat zu hören – ganz zu schweigen davon, ihn zu befolgen – müssen die Vereinigten Staaten jedoch zumindest für einen Moment innehalten und schweigen. Sie müssen aufhören, die Welt mit Erklärungen, Forderungen und Drohungen zu bombardieren, die entweder seltsam oder geradezu albern wirken, weil sie offensichtlich niemals in die Realität umgesetzt werden können. Aber genau dazu sind die USA offenbar nicht in der Lage. Das Ergebnis ist die Fortsetzung eines nicht enden wollenden Deklarationskarussells: Moskau, Assad muss weg! Russen, wir werden für die Freiheit der Schifffahrt in der Straße von Kertsch sorgen! Russen, wir werden euch für die Unterstützung von Maduro bestrafen. Aber das Beleidigendste für die Amerikaner ist, dass nur Russland sie verstehen kann. Denn wir erinnern uns an den Schmerz, der sich hinter diesen Worten verbirgt.[337]

Natürlich sind die Vereinigten Staaten immer noch in der Lage, einen Krieg mit Russland zu beginnen, aber wenn sie das tun, wird das nur eines bedeuten – die Vereinigten Staaten werden aufhören zu existieren, ebenso wie der größte Teil der menschlichen Zivilisation. Das Schreckliche daran ist, dass es in den USA einige Leute gibt, für die selbst dieser Preis nicht zu hoch ist, solange er ihre Sucht nach Macht befriedigt. Wenn man bedenkt, dass kein einziger amerikanischer Soldat, geschweige denn ein Politiker, jemals zur *Verteidigung* seines Landes gekämpft hat und dass die US-Streitkräfte nicht wissen, was es bedeutet, mit Hightech-Munition aus dem Stand heraus beschossen zu werden, die mit einer einzigen Salve eine Truppe in der Größe eines Bataillons auslöschen kann, ist es schwierig, ihnen zu erklären, dass die Zeiten, in denen Amerikas Hauptverteidigungsmittel zwei Ozeane waren, längst vorbei sind. Wie soll man überhaupt mit Leuten reden, die glauben, dass sie unbesiegbar sind, selbst angesichts überwältigender empirischer Beweise, dass sie es militärisch nicht sind, oder dass die Vereinigten Staaten soweit deindustrialisiert sind, dass der einzige Weg, den sie einschlagen können, die weitere Finanzialisierung und Deindustrialisierung des Landes ist, wodurch der unvermeidliche Zusammenbruch lediglich aufgeschoben wird?[338] Dies wird das Elend in dem ohnehin schon absteigenden Land weiter vergrößern, aber diese selbsternannten »Eliten« haben nur einen Trick auf Lager – sie können nichts anderes machen. Wie es bei Soziopathen der Fall ist, fehlt ihnen die Fähigkeit, sich selbst einzuschätzen und ihre Situation zu überblicken.

Aber um die Bevölkerung der Abgehängten zu kontrollieren, insbesondere die verängstigten Weißen, werden die amerikanischen Eliten ihre Propagandamaschine einsetzen, die als US-Medien bekannt ist und die einen Angriff auf das führen kann, was von Amerikas echter, nicht herbeigeredeter, gefälschter Größe übrig geblieben ist – die US-Verfassung und ihre Bill of Rights. Angriffe auf die Rede- und Meinungsfreiheit, Angriffe auf den zweiten Verfassungszusatz, wackelige Garantien gegen die endgültige Auferlegung der Tyrannei, werden weitergehen und zunehmen. Die Ausschaltung des freien Denkens steht ganz oben auf der Tagesordnung der selbsternannten Meister des Diskurses in den amerikanischen Küstenstädten, die bereit sind, das Land zu zerstören, wenn sie es nicht beherrschen können.

Es ist schwierig, angemessen auf den Surrealismus ihrer Fixierungen zu reagieren, die im Kontext des sich nähernden amerikanischen Zusammenbruchs auf mehreren Ebenen auftreten. Wir haben hier nur einen kleinen Ausschnitt dessen gezeigt, was die neue totalitär gesinnte, gehirngewaschene amerikanische Generation, die die Kontrolle über ihr politisches, wirtschaftliches, kulturelles und intellektuelles Leben an sich reißt, angeblich und vielleicht schon jetzt beschäftigt. Es ist eine schwer gestörte Generation. Die armen amerikanischen Millennials, die überwiegend weiß sind, sehen einer düsteren Zukunft entgegen. Wie *Newsweek* berichtete:

> Die Generation der Millennials, Menschen, die zwischen 1981 und 1996 geboren wurden, stellen den größten Anteil der US-Arbeitskräfte, kontrollieren aber nur 4,6 Prozent des Gesamtvermögens des Landes. Die Babyboomer, die zwischen 1946 und 1964 geboren wurden, verfügen derzeit über zehnmal mehr Vermögen als die Millennials, die mit 72 Millionen Arbeitnehmern die am stärksten vertretene Gruppe unter den Erwerbstätigen darstellen. Obwohl es nicht ungewöhnlich ist, dass jüngere Altersgruppen über weniger Geld verfügen als die älteren, hatte der durchschnittliche Babyboomer 1989 mit Anfang dreißig mehr als das Vierfache dessen, was Millennials im gleichen Alter heute haben.[339]

Diese Generation ist zur Geisel der Verkommenheit in Wirtschaft, Außenbeziehungen und Kultur geworden, die die Generation der Babyboomer, von denen die meisten nie eine ernsthafte Schwierigkeit im Leben außer Langeweile erlebt haben, in dem Moment auf die Vereinigten Staaten und die Welt losgelassen hat, als sie aus dem Gleichgewicht geriet, als die wissenschaftlich-technische Revolution und neue Trends die Welt durch die elektronischen Massenmedien globalisierte.

Dies war der Untergang dessen, was gemeinhin als die *Davoser Kultur* bekannt geworden ist. Die sich ausbreitende Freiheit des Ideen- und Informationsaustauschs (die jetzt eingeschränkt wird) hat vielen offenbart, dass die Welt trotz des Glanzes und Glamours der Dot.com-Milliardäre und der »grünen« Evangelikalen immer noch auf der Grundlage von Energie, Maschinen, realer Produktion und einfachen physikalischen und mathematischen Grundlagen funktioniert. IPhones wachsen nicht auf Bäumen. Sie erfordern gigantische Zyklen der Rohstoffgewinnung und -verarbeitung, für die noch immer jeden Tag Millionen von Menschen irgendwo in China in die Kohleminen steigen. Sie benötigen ein Stromnetz, die CNC- und Lithographie-

Maschinen, die auf der ganzen Welt gebaut werden; sie benötigen massive Metallschiffe und Flugzeuge aus Aluminium, für die Bauxit aus dem Boden geholt werden muss, sie benötigen die Millionen und Abermillionen von Ingenieuren, Designern, Arbeitern, Ärzten und Lehrern, die die eigentlichen Räder der modernen Zivilisation antreiben. Amerika hat vergessen, wie das alles funktioniert.

Es konnte nicht anders sein. Eine zunehmend pornografische Kultur, die von Berühmtheiten, Sportstars und Medienpersönlichkeiten beherrscht wird, von denen die meisten kaum über eine praktische Ausbildung verfügen, aber dennoch in der Lage sind, über Themen zu dozieren, von denen sie keine Ahnung haben – eine solche Kultur war unweigerlich zum Absturz verurteilt. Sie war auch dazu bestimmt, die wichtigsten Merkmale, die der Moderne zugrunde liegen, zu ignorieren – die richtige Bewertung der Arbeit und die Verteilung und Kontrolle des nationalen Reichtums –, während sie sich auf die falschen Feinheiten der »Gleichheit« der Rassen und Geschlechter konzentrierte.

In der Tat ist das neue Feld der Genderforschung ein lukratives Geschäft. Damit einher geht die zunehmende Dekonstruktion der Familie, ohne die keine Nation überleben kann. Familien sorgen für die Fortpflanzung, die Erziehung und das Aufziehen von Kindern. In den Vereinigten Staaten ist das immer weniger der Fall, während in Europa die sinkende Geburtenrate Anlass zur Sorge gibt.

Aber sind die Vereinigten Staaten überhaupt eine Nation? Die USA zeigen, zumindest gegenwärtig, einen sehr schwachen Überlebensinstinkt, und höchstwahrscheinlich hat sich die Spaltung tief im Kern dessen, was einmal die amerikanische Nation genannt wurde, bereits manifestiert. In der Tat haben ein weißer WASP-Farmarbeiter aus Iowa und ein jüdischer Anwalt aus Manhattan oder der schwarze Rapper aus der Bronx nichts gemeinsam. Sie sehen die Welt, Amerika und ihren Platz darin unterschiedlich und diese Visionen sind unvereinbar. Die Wirtschaftskrise hat diese Widersprüche an die Oberfläche gebracht.

Was steht Amerika also bevor? Wenn die Vereinigten Staaten, was zu hoffen ist, massive Gewalt und einen völligen Zerfall in separatistische Gebiete vermeiden, ist Tyrannei die einzige Möglichkeit für die amerikanische »Elite«, irgendeine Art von Kontrolle über Generationen aufrechtzuerhalten, die zunehmend *woke* oder durch Drogen desensibilisiert sind. Oregon hat bereits harte Drogen legalisiert.[340] Andere Staaten werden bald folgen. Für die amerikanische Oligarchie, die eine Rebellion fürchtet, sind das gute Nachrichten. Zwar können drogenabhängige Menschen nicht in der komplexen High-Tech-Produktion arbeiten, aber das ist ohnehin nicht der Plan. Die fortschreitende Deindustrialisierung Amerikas wird Hand in Hand gehen mit dem Wegfall großer Teile der amerikanischen Jugend aus dem qualifizierten Arbeitskräftepool. Ihre Lebenserwartung sinkt, und ihr Aussterben wird als »hilfreich« für die amerikanische Wirtschaft angesehen.

Die politische Tyrannei wird mit der Zerstörung der US-Verfassung beginnen und das Land de jure in einen Einparteienstaat verwandeln, worauf politische Säuberungen folgen werden. Anfänglich werden diese Säuberungen Entlassungen sein oder die Verhinderung neue Jobs zu bekommen, aber schließlich wird das soziale Punktesystem offiziell eingeführt und die »Rehabilitationslager« könnten Realität werden. Man mag sagen, dass dies zu dystopisch und fantastisch ist, um es überhaupt in Betracht zu ziehen. Wenn dem so ist, ist das auch gut so. Aber für ein Land, in dem die Hälfte der Bevölkerung glaubte, der Präsident der Vereinigten Staaten (Donald Trump) sei der russische »Manchurian Candidate«, in dem alle Medien einmütig dieses Lied mitsangen und das Hirngespinst verbreiteten, oder wo die meisten Universitäten die menschliche Natur als soziales Konstrukt definieren, oder wo Leute, die keinerlei Hintergrundwissen in Bereichen wie Physik, Mathematik oder Chemie haben, den Bereich »grüne Energie« vorantreiben – in einem solchen Land ist nichts unmöglich.

Die Vereinigten Staaten, wie man sie früher kannte, haben keine Zukunft, vor allem nicht mit ihren derzeitigen »Eliten«, die die Außenpolitik unter dem starken Einfluss von Lobbyisten und Denkfabriken betreiben, die von anderen Ländern finanziert werden und deren Interessen verfolgen.

*

Ich erinnere mich, wie ich Anfang bis Mitte der 1990er Jahre, wann immer ich zwischen Russland und den Vereinigten Staaten flog, jedes Mal, wenn ich aus Russland zurückkehrte, das damals ein ruiniertes Land war, das von kriminellen Banden regiert wurde, meine Routine bei der Ankunft immer die gleiche war. Ich ging in die nächstgelegene Flughafenbar und bestellte, meist mit sehr wenig Gepäck, gebratene Hähnchenflügel, Bier und zündete mir eine Zigarette an. Aus irgendeinem Grund liefen in den meisten Fällen, und das waren viele, wenn ich in diese Bars ging, die Fernseher, die dort hingen, mit *Cheers*. Ich habe mich nie für *Cheers* interessiert, aber die Eröffnungsmelodie und die ganze Aura von *Cheers* waren zu diesem Zeitpunkt so gegensätzlich zu meinen russischen Lebenserfahrungen – von denen viele, gelinde gesagt, erschreckend waren –, dass sie mich mit ihrer Friedfertigkeit und Gutmütigkeit in ihren Bann zogen. Es war angenehm, sich in der Sicherheit und dem Frieden eines Amerikas zu fühlen, das sich noch im Hoch der 1980er Jahre befand. Das amerikanische Fernsehen zeigte ein freies und anständiges Volk, eine Popkultur, aber dennoch eine Kultur, und zwar eine sehr amerikanische. Es war bezeichnend für ein Amerika, das es heute nicht mehr gibt – die meisten Fernsehsendungen, Filme oder Musikstücke haben keine Moral in ihrer Geschichte, und oft kein Anzeichen von Talent oder grundlegender Sympathie – sie haben eine Agenda. Es ist diese Agenda, die die Überreste dieses Amerikas ruiniert. Es ist viel Zeit vergangen, seit mein *Cheers* von einer Welt in die andere übergegangen ist. Amerika ist heute anders. Das Land hat den Geist verloren, der es so attraktiv gemacht hat, und dieser Verlust ist noch bedrohlicher als seine katastrophale Deindustrialisierung. Theoretisch kann die Produktionskapazität wiederhergestellt werden, aber der Geist eines geteilten und zerfallenden Landes, das widersprüchliche Vorstellungen von dem hat, was es ist, kann nicht wiederhergestellt werden. Das heutige Amerika ist dysfunktional, zutiefst unglücklich und kein freies Land.

David Hackett Fischer bemerkte einmal über die berühmte Kathedrale von Chartres:

> Die große Kathedrale war sowohl eine religiöse als auch eine wirtschaftliche Einrichtung. Gleichzeitig war sie aber auch auf andere Weise für ihre Gemeinschaft lebenswichtig. Jedes große Werk der Architektur ist ein kulturelles Symbol. Chartres war ein solcher Fall. Die wunderschöne Kathedrale symbolisierte perfekt eine Epoche, die Charles Homer Haskins als die Renaissance des zwölften Jahrhunderts bezeichnete.[341]

Im Mai 2020 beendete Russland den Bau der Hauptkathedrale der russischen Streitkräfte. Ich war in meinem Leben schon in vielen Kirchen, aber was hier errichtet wurde, ist mehr als nur eine beeindruckende russisch-orthodoxe Kirche. Manche Leute sagen zu Recht, dass sie mehr ist als nur eine Kathedrale, sie hat etwas Mystisches an sich, sie ist ein Ort von enormer spiritueller Energie, der die Geschichte Russlands wiederbelebt hat. Jeder ist in dieser Kathedrale willkommen – Christen, Juden, Muslime, Atheisten, jeder. Sie spiegelt eine gemeinsame Geschichte wider, die symbolisch für die beispiellose Einigkeit Russlands bei der Verteidigung des Mutterlandes gegen eindringende Feinde steht. Rod Dreher von *The American Conservative* schrieb zu diesem Anlass:

> Was für ein überwältigendes Werk der Architektur. Was mich als orthodoxen Christen ein wenig beunruhigt, ist, dass es der militärischen Macht gewidmet ist. … Im Gegensatz zu vielen amerikanischen Christen bin ich innerlich gespalten, was die Vermischung von Nationalismus und Religion angeht – aber ich erkenne, dass diese Ansicht massiv ahistorisch ist. Ich verurteile die Russen in dieser Hinsicht nicht; ihre Kathedrale ist auch ein Denkmal für diejenigen, die bei der Verteidigung des russischen Vaterlandes gefallen sind. Niemand, der auch nur das Geringste darüber weiß, wie die patriotischen Russen gegen die Nazis gekämpft und wie sie gelitten haben, kann ihnen so etwas missgönnen. Ich erwähne es in diesem Zusammenhang nicht, um über seine Angemessenheit zu streiten. Vielmehr möchte ich sagen, dass eine Nation, die ein solches Denkmal für ihren Gott und ihre Größe errichten kann, eine Nation von immenser Tiefe und Kraft ist. Könnten wir so etwas in Amerika bauen? Seien Sie nicht absurd. Wir haben nicht die innere Kraft und die Vorstellungskraft, dies zu tun. Und darin liegt eine Geschichte. Wir sind eine Nation, die es zulässt, dass der Abschaum rote Farbe auf die Statuen unserer Gründer wirft und eine Statue von Unionssoldaten abreißt, die in einem Krieg zur Beendigung der Sklaverei starben, und nur wenige, wenn überhaupt, unserer führenden Politiker sagen etwas dazu.[342]

Wie viele bemerkten, und nicht nur einmal, hat eine Nation, die ihre Gründer, ihren ersten Präsidenten George Washington, nicht verehren will, keine Zukunft und verdient auch keine. Nationen, die ihre Geschichte umschreiben, um sich einem politischen Trend anzupassen, verlieren am Ende jegliches Gespür dafür, wer sie sind, so wie es – so paradox es auch klingen mag – das Russland der 1990er Jahre tat: Es erlebte ein lähmendes Experiment in Geschichtsrevisionismus und Ausschweifung einer libertären, düsteren Utopie, das Millionen von Menschen das Leben kostete und eine wirtschaftliche Verwerfung verursachte, die die Große Depression verblassen lässt. Russland brauchte zwanzig Jahre, um wieder ein normaler Staat mit einer pulsierenden Wirtschaft, starken Streitkräften und Selbstachtung zu werden, aber die Russen hatten immer noch eine Nation, selbst in den schrecklichen Zeiten des so genannten »liberalen« Experiments der 1990er Jahre.

Die Vereinigten Staaten haben keine Nation mehr. Nicht einmal annähernd, und wenn die Pracht und Macht der Kathedralen der Nation durch visuelle Repräsentation ein Hinweis darauf ist, dann sind die Vereinigten Staaten zu einer geschmacklosen, kastenförmigen postmodernen Megakirche geworden, die das Wohlstandsevangelium predigt. Es ist eine Fälschung, das war es schon immer, und sie kann den Zerfall nicht aufhalten. Denn am Ende ist es der Geist der Nation, ihrer Menschen, der über den Ausgang entscheidet, auch wenn alles verloren scheint. Ob Amerika diesen Geist finden wird, bleibt abzuwarten, aber letztlich ist dies die einzige Möglichkeit, wie Amerika sich als geeintes Land erhalten und seinen Zerfall aufhalten kann.

Alles andere wird sich daraus ergeben.

Endnoten

1 Erick Beech, »Russia Offered Afghan Militants Bounties to Kill U.S. Troops: Reports«, Huffington Post, 29. Juni 29, 2020.

2 »Сухейль Шахин: в слухах о подкупе Россией талибов нет ни слова правды« (Suhail Shaheen: An den Gerüchten über den Kauf der Taliban durch Russland ist kein Wort Wahrheit), Ria.ru, 8. August 2020, https://ria.ru/20200808/1575484836.html.

3 Boris Gromov und Dmitry Rogozin, »Russian Advice on Afghanistan», New York Times, 11. Januar 2010.

4 Andrei Martyanov, Losing Military Supremacy. The Myopia of American Strategic Planning (Die Kurzsichtigkeit der amerikanischen Strategieplanung) (Atlanta: Clarity Press, Inc., 2018), 215.

5 Lauren Bauer, »The COVID-19 crisis has already left too many children hungry in America, Brookings Institution, Up Front, May 6, 2020. https://www. brookings.edu/blog/up-front/2020/05/06/the-covid-19-crisis-has-already-lefttoo-many-children-hungry-in-america/

6 Ebd.

7 Ebd.

8 Christopher Wilson, »Out of work and with families to feed, some Americans are lining up at food banks for the first time in their lives,« Yahoo News, August 7, 2020, https://news.yahoo.com/food-banks-increased-demandnewcomers-unemployment-expiring-090006421.html

9 Saja Hindi, »1 in 3 are struggling to eat in Colorado: It would be impossible without the food banks,« The Denver Post, August 8, 2020, https://www. denverpost.com/2020/08/08/food-banks-help-coronavirus-covid-colorado/.

10 Mackenzie Koch, »Food banks soar in demand amid pandemic«, 13 WOWK TV, August 7, 2020, https://www.wowktv.com/news/food-banks-soarin-demand-amid-pandemic/.

11 Tracie McMillan, »The New Face of Hunger«, The National Geographic, August 2014, https://www.nationalgeographic.com/foodfeatures/hunger/.

12 Anne Case and Angus Deaton, »Rising morbidity and mortality in midlife among white non-Hispanic Americans in the 21st century«, Woodrow Wilson School of Public and International Affairs and Department of Economics, Princeton University, PNAS, October 29, 2015, p. 2, https://www.pnas.org/ content/pnas/early/2015/10/29/1518393112.full.pdf.

13 Karl Marx, Kritik des Gothaer Programms, 1875, https://www.marxists.org/archive/marx/ works/1875/gotha/ch01.htm.

14 Ebd.

15 John. J. Mearsheimer, The Great Delusion: Liberal Dreams and International Realities (Yale University Press, 2018), 27.

16 Ebd.

17 »Denn auch als wir bei euch waren, haben wir euch dies befohlen: Wer nicht arbeiten will, soll auch nicht essen«, 2. Brief an die Thessalonicher 3,10 (Neues Testament).

18 Jeremy Rifkin, The End of Work. The Decline of the Global Labor Force and the Dawn of the Post-Market Era (New York: G.P. Putnam Sons, 1995), 19.

19 Thorstein Veblen, »Kapitel 4: Conspicuous Consumption«, The Theory of the Leisure Class (Macmillan Co., 1899; EBook released by Project Guttenberg, updated February 7, 2013), http://www.gutenberg.org/files/833/833-h/833-h.htm#link2HCH0004.

20 John De Graaf, David Wann, Thomas Naylor, Affluenza: How Overconsumption Is Killing Us—and How to Fight Back (San Francisco: Bernett-Koehler Publishers, Inc., 2014), 1.

21 Samuel Huntington, The Clash of Civilizations and the Remaking of World Order (New York: Simon & Schuster Paperbacks, 2003, dt.: Der Kampf der Kulturen, die Neugestaltung der Weltpolitik im 21. Jahrhundert (Goldmann, 2002).

22 See Andrei Martyanov, Losing Military Supremacy: The Myopia of American Strategic Planning (Atlanta: Clarity Press, Inc., 2018).

23 Michael Hudson, Super Imperialism. The Origin and Fundamentals of U.S. World Dominance (London-Sterling, Virginia: Pluto Press, 2003), 11.

24 Vice President Richard Nixon and Soviet Premier Nikita Khrushchev, The Kitchen Debate (transcript), July 24, 1959. https://www.cia.gov/library/readingroom/docs/1959-07-24.pdf.

25 Ebd.

26 Ralph Benko, »Forty Years Ago Today Nixon Took Us Off the Gold Standard«, Fox News, August 15, 2011, https://www.foxnews.com/opinion/ forty-years-ago-today-nixon-took-us-off-the-gold-standard.

27 Hudson, Super Imperialism, 17.

28 Ebd.

29 De Graaf et al., Affluenza, 15.

30 Первые в Кино (First in the Cinema). Nikolai Mayorov. Unpublished Book. http://cinemafirst.ru/zarubezhnye-filmy-v-sovetskom-i-rossi/.

31 Alexis de Tocqueville, tr. Henry Reeve, Democracy in America (first edition 1838, dt.: Die Demokratie in Amerika), Kapitel 16.

32 »Chronology: American Exhibits to the U.S.S.R.«, US Department of State. Diplomacy in Action (US-Außenministerium. Diplomatie in Aktion, (Archivierter Inhalt: Informationen, die vom 20. Januar 2009 bis zum 20. Januar 2017 online veröffentlicht wurden), https://2009-2017.state.gov/p/eur/ci/rs/ c26473.htm: »Diese Ausstellung tourte durch sechs große Städte – Leningrad, Kiew, Moskau, Baku, Taschkent und Nowosibirsk. Es war die erste amerikanische Ausstellung, die in einer sibirischen Stadt zu sehen war. Die Ausstellung, die fast eine Million Besucher anlockte, stellte die Techniken und Technologien vor, die von verschiedenen Bildungseinrichtungen des privaten Sektors im amerikanischen Bildungssystem eingesetzt werden.«

33 Ebd.

34 Ralph Summy and Michael E. Salla, eds., Why the Cold War Ended: A Range of Interpretations (Westport, Connecticut: Greenwood Press, 1995), 191.

35 James Howard Kunstler, »Boomer Elegy« Clusterfuck Nation blog, April 3, 2020, https://kunstler.com/clusterfuck-nation/boomer-elegy/.

36 Jeff Cox, Consumer debt hits new record of $14.3 trillion, CNBC News, May 5, 2020, https://www.cnbc.com/2020/05/05/consumer-debt-hits-newrecord-of-14point3-trillion.html.

37 Jeremy Rifkin, The End of Work: The Decline of the Global Labor Force and the Dawn of the Post-Market Era (New York: G.P. Putnam Sons, New York, 1995), 37.

38 Ebd. 167

39 Greg Lacurci, Here's why the real unemployment rate may be higher than reported. CNBC, June 5, 2020, https://www.cnbc.com/2020/06/05/heres-whythe-real-unemployment-rate-may-be-higher-than-reported.html.

40 Akhilesh Ganti, »What is Real Gross Domestic Product (GDP)?« Investopedia, May 28, 2020, https://www.investopedia.com/terms/r/realgdp.asp.

41 Philipp Giraldi, »A Nation Falling Apart. Piece by piece« Unz Review, July 21, 2020, https://www.unz.com/pgiraldi/a-nation-falling-apart/.

42 Chaas Toborg, »When it comes to homelessness in America, there is no single cause«, Channel 10 ABC News San-Diego, January 10, 2020, https:// www.10news.com/news/national-politics/the-race-2020/when-it-comes-tohomelessness-in-america-there-is-no-single-cause.

43 Alexandre Guerra, »Pesquisa estima que 101.854 pessoas vivem em situação de rua no Brasil« (Untersuchungen schätzen, dass 101.854 Menschen in Brasilien auf der Straße leben), Fundação Perseu Abramo, May 30, 2017, https://fpabramo. org.br/2017/05/30/pesquisa-estima-que-101-pessoas-vivem-em-situacao-derua-no-brasil/.

44 Eric Johnson, KOMO News Special: »Seattle is Dying« KOMO News, March 14, 2019, https://komonews.com/news/local/komo-news-special-seattleis-dying.

45 »PG&E führt Stromausfälle bei bis zu 220.000 Kunden in der kalifornischen Hitzewelle an« CBS Channel 13 Sacramento, August 14, 2020, https://sacramento.cbslocal.com/2020/08/15/pge-warns-of-more-rolling-outages-amid-californiaheat-wave/.

46 Pat Buchanan, Stress Test of a Straining Superpower, Unz Review, July 24, 2020, https://www.unz.com/pbuchanan/stress-test-of-a-straining-superpower/.

47 »How Important Is U.S. Manufacturing Today?« MAPI Foundation, September 13, 2016, https://mapifoundation.org/manufacturing-facts/2016/9/13/ how-important-is-us-manufacturing-today.

48 Tyler Durden, »The Devastation of The Middle Class: It Now Takes 53 Weeks Of Median Wages Every Year To Pay For Basic Needs«, ZeroHedge, August 19, 2020, https://www.zerohedge.com/markets/devastation-middleclass-it-now-takes-53-weeks-median-wages-year-pay-basic-needs.

49 James Altucher, »NYC Is Dead Forever… Here's Why«, James Altucher blog, https://jamesaltucher.com/blog/nyc-is-dead-forever-heres-why/

50 Alan Palmer, The Crimean War (New York: Dorset Press, 1987), 10.

51 Ebd.

52 Holger H. Herwing, The Demon of Geopolitics: How Karl Haushofer ›Educated‹ Hitler and Hess (Rowman & Littlefield Publishers, March 10, 2016), 18.

53 Wladimir Iljitsch Lenin, »Imperialismus als ein besonderes Stadium des Kapitalismus« Kap. VII in, Imperialismus als höchstes Stadium des Kapitalismus, Marxists.org, https://www.marxists.org/ archive/lenin/works/1916/imp-hsc/ch07.htm.

54 Edward N. Luttwak, »From Geopolitics to Geo-economics: Logic of Conflict, Grammar of Commerce« National Interest, No. 20 (Summer 1990), 17.

55 Edward N. Luttwak, »The Theory and Practice of Geo-Economics« in Armand Clesse, ed., The International System after the Collapse of the East-West Order (Leiden and Boston: Martin Nijhoff Publishers, 1994), 128.

56 Robert D. Blackwill and Jennifer M. Harris, War by Other Means: Geoeconomics and Statecraft (The Belknap Press of Harvard University Press, 2016), 1.

57 Michael Hudson and Sharmini Peires, »The Fictitious Economy, Hiding How the Economy Really Works« The Unz Review, February 28, 2017.

58 Aktuelle Arbeitslosenstatistik– CES (National), 6-Monate CES Chart, U.S. Bureau of Labor Statistics, Juli, 2020, https://www.bls.gov/ces/

59 Michael Hudson. Killing the Host: How Financial Parasites and Debt Bondage Destroy the Global Economy (Counterpunch Books. Electronic Edition, 2015), 18.

60 Jeffrey R. Barnett, Exclusion as National Security Policy. Parameters 24, no. 1 (1994), electronic version, 3-4, https://press.armywarcollege.edu/ parameters/vol24/iss1/19/

61 Executive Order 13806, Federal Register, July 21, 2017, Section 2, https:// www.federalregister.gov/documents/2017/07/26/2017-15860/assessing-andstrengthening-the-manufacturing-and-defense-industrial-base-and-supplychain.

62 Interagency Task Force, Assessing and Strengthening the Manufacturing and Defense Industrial Base and Supply Chain Resiliency of the United States, report to President Donald J. Trump in Fulfillment of Executive Order 13806, September, 2018, 7-8.

63 Ebd.

64 »Germany to the US after Trump remarks: ›Build better cars,›« Associated Press as reported by Business Insider, January, 16, 2017, https://www. businessinsider.com/ap-german-vice-chancellor-rejects-trumps-german-carremarks-2017-1.

65 Za Rulyom, »10 причин развода: почему Форд нас оставил« (10 Gründe für die Trennung: Warum Ford uns verließ), https://www.zr.ru/content/ articles/916956-10-prichin-i-sledstvij-ukhoda-fo/.

66 Ebd.

67 Elmo R Zumwalt, Jr., On Watch (New York: Quadrangle, The New York Times Book Co.,1976), 60.

68 Interagency Task Force, op cit., 80.

69 Types of Transport Modes used in the Import-Export Trade, Corpiness, November 8, 2019, https://www.corpiness.com/info/types-of-transport-modesused-in-the-import-export-trade/.

70 Maritime Administration, U.S. Department of Transportation, U.S. Maritime and Shipbuilding Industries: Strategies to Improve Regulation, Economic Opportunities and Competitiveness, statement before the Committee on Transportation and Infrastructure Subcommittee on Coast Guard and Maritime Transportation of the U.S. House of Representatives, by Mark H. Buzby, Administrator, March 6, 2019, https://www.transportation.gov/testimony/usmaritime-and-shipbuilding-industries-strategies-improve-regulation-economic.

71 World Steel Association, »Global crude steel output increases by 3.4% in 2019« January 27, 2020, https://www.worldsteel.org/media-centre/pressreleases/2020/Global-crude-steel-output-increases-by-3.4--in-2019.html.

72 UNCTAD, Maritime Transport, e-Handbook of Statistics 2019, https:// stats.unctad.org/handbook/MaritimeTransport/MerchantFleet.html.

73 Ebd.

74 Matson Christens, »Matsonia«, PR Newswire, July 6, 2020, https://www. yahoo.com/news/matson-christens-matsonia-200100140.html.

75 В портфеле заказов ССК «Звезда« 118 судов (Zvezda's portfolio of orders consists of 118 vessels), Primpress, July 27, 2018, https://primpress.ru/ article/28720

76 »Zvezda Shipyard Increases Portfolio of orders by 42%,« Rosneft, January 14, 2019, https://www.rosneft.com/press/news/item/193531/.

77 Glen Diesen, Russia's Geoeconomic Strategy for a Greater Eurasia: Rethinking Asia and International Relations (Routledge Taylor and Francis Group, 2018), 17.

78 Ebd. 39

79 Mir Yusif Mir Babaev, »Azerbaijan's Oil History, A Chronology Leading up to the Soviet Era«, Azerbaijan International, Summer 2002 (10-2), 34,

80 Ebd.

81 »Crude Oil Production«, Trading Economics, https://tradingeconomics. com/country-list/crude-oil-production.

82 Total energy production, 2019, Global Energy Statistical Yearbook 2020, https://yearbook.enerdata.net/total-energy/world-energy-production.html.

83 »Electricity production, 2019«, Global Energy Statistical Yearbook 2020, https://yearbook.enerdata.net/electricity/world-electricity-production-statistics. html.

84 Nayla Razzuk, Grant Smith , Natalia Kniazhevich , and Golnar Motevalli, »OPEC+ Talks Collapse, Blowing Hole in Russia-Saudi Alliance«, Bloomberg, March 6, 2020, https://www.bloomberg.com/news/articles/2020-03-06/opecfails-to-reach-deal-as-russia-refuses-deeper-oil-cuts.

85 Ebd.

86 US Energy Information Administration, »US Field Production of Crude Oil«, August 31, 2020, https://www.eia.gov/dnav/pet/hist/LeafHandler. ashx?n=PET&s=MCRFPUS2&f=A.

87 »United States Crude Oil Production«, Trading Economics, https://tradingeconomics.com/united-states/crude-oil-production.

88 Darius Raficyan, »As Oil Prices Drop and Money Dries Up, Is the US Shale Boom Going Bust?« NPR, November 20, 2019, https://www.npr. org/2019/11/20/780879474/as-oil-prices-drop-and-money-dries-up-is-the-usshale-boom-going-bust.

89 Jennifer Hiller, »Few US shale firms can withstand prolonged oil price war«, Reuters, March 15, 2020, https://www.reuters.com/article/us-global-oil-shale-costs-analysisidUSKBN2130HL.

90 Andrew Hecht, »Breakeven Crude Oil Production Costs Around the World«, Yahoo Finance, April 27, 2020, https://finance.yahoo.com/news/ breakeven-crude-oil-production-costs-085329648.html.

91 Ebd.

92 Mitchel McGeorge, »Do US Shale Drillers Deserve to Exist in Free Markets?« Yahoo Finance, April 18, 2020, https://finance.yahoo.com/news/ushale-drillers-deserve-exist-230000144.html.

93 Ian Bremmer, »Why Russia and Saudi Arabia Are In a Battle Royal Over Oil Prices«, Time, March 19, 2020, https://time.com/5806218/russia-saudiarabia-oil/.

94 Solange Reyner, »Oil Prices Collapse as Russia Targets Frackers, $20 Barrel Possible«, Newsmax, March 8, 2020, https://www.newsmax.com/ newsfront/russia-oilproduction-economy-oil/2020/03/08/id/957414/.

95 »Russia's Gold Reserves Will Cushion Oil Price Fall, Says Finance Minister«, Moscow Times, October 21, 2019, https://www.themoscowtimes. com/2019/10/21/russias-gold-reserves-will-cushion-oil-price-fall-says-financeminister-a67823.

96 Yale Global, »Oil Crisis Challenges Putin's Power«, Oilprice.com, April 18, 2020, https://oilprice.com/Geopolitics/International/Oil-Crisis-ChallengesPutins-Power.html.

97 William Watts, »Why oil prices just crashed into negative territory – 4 things investors need to know«, Market Watch, 21 April, 2020, https://www. marketwatch.com/story/why-the-oil-market-just-crashed-below-0-a-barrel-4 – things-investors-need-to-know-2020-04-20.

98 Pippa Stevens, »Shale industry will be rocked by $300 billion in losses and a wave of bankruptcies, Deloitte says«, CNBC, June 22, 2020, https://www.cnbc.com/2020/06/22/shale-industry-will-be-rocked-by-300-billion-in-losses-and-awave-of-bankruptcies-deloitte-says.html.

99 Wolf Richter, »The Great American Shale Oil & Gas Massacre: Bankruptcies, Defaulted Debts, Worthless Shares, Collapsed Prices of Oil & Gas«, Wolf Street, July 10, 2020, https://wolfstreet.com/2020/07/10/the-greatamerican-shale-oil-gas-massacre-bankruptcies-defaulted-debts-worthlessshares-collapsed-prices-of-oil-and-natural-gas/.

100 George Friedman, »Opinion: Russia is the world's biggest loser from oil's crash, and that's reason to worry«, Market Watch, April 26, 2020, https://www. marketwatch.com/story/russia-is-the-worlds-biggest-loser-from-oils-crash-andthats-reason-to-be-worried-2020-04-24.

101 Grant Smith, »OPEC Sees Weaker Outlook as Demand Falters, Shale Recovers«, World Oil, September 14, 2020, https://www.worldoil.com/ news/2020/9/14/opec-sees-weaker-outlook-as-demand-falters-shale-recovers

102 Simon Watkins, »Saudi Aramco Is Now Suffering the Consequences of a Failed Oil Price War«, Oilprice.Com, September 10, 2020, https://oilprice.com/ Energy/Energy-General/Saudi-Aramco-Is-Now-Suffering-The-ConsequencesOf-A-Failed-Oil-Price-War.html.

103 »$600 billion: Despite Covid-19 crisis & falling oil prices, Russia's gold & foreign exchange reserves reach all-time high«, RT.com, 13 August, 2020, https://www.rt.com/russia/497956-russia-gold-exchange-high/.

104 Alam Saleh, Zakiyeh Yazdanshenas, »Iran's Pact with China Is Bad News for the West«, Foreign Policy, August 9, 2020, https://foreignpolicy. com/2020/08/09/irans-pact-with-china-is-bad-news-for-the-west/.

105 »В российском бюджете снизилась доля нефтегазовых доходов" (Der Anteil der Öl- und Gaseinnahmen am russischen Haushalt ist gesunken), Ria.Ru, 20 August 20, 2020, https://ria.ru/amp/20200820/1576013144.html.

106 Daniel Larison, »Why the US Fails to Understand Its Adversaries«, The American Conservative, April 5, 2018.

107 US Energy Information Administration, »Fossil fuels account for the largest share of US energy production and consumption«, September 14, 2020, https://www.eia.gov/todayinenergy/detail.php?id=45096.

108 US Energy Information Administration, Table 1.2 Primary Energy Production by Source, 2019, https://www.eia.gov/totalenergy/data/browser/ index.php?tbl=T01.02#/?f=A&start=1949&end=2019&charted=1-2-3-4-6-13.

109 Obwohl 29 % der russischen Wirtschaft von fossilen Brennstoffen abhängen, hat Putin kein Interesse daran, »Klimaleugnung« zu fördern, denn Russland ist weltweit führend bei schnellen Neutronen-Kernreaktoren und im sich rasch entwickelnden Nuklearbereich, einschließlich MOX-Brennstoff. Außerdem wird die russische Industrie durch sauberes Erdgas und die Wasserkraft angetrieben. Die russische Geophysik ist besser in der Lage, die klimatischen Gegebenheiten zu beurteilen, da sie sich nicht nur auf erstklassige mathematische Modelle stützt, sondern auch auf die besten Anlagen zur Erhebung empirischer Klimadaten. In der Arktis kommt niemand, ich betone, niemand auch nur annähernd an Russlands Fähigkeiten bei der Datenerfassung heran. Es ist nicht einmal ein Theorem – es ist ein Axiom. Die westliche Klima-»Wissenschaft« ist nichts anderes als am weißen Brett erstellte mathematische »Modelle«, die nach dem GIGO-Prinzip (Garbage In, Garbage Out) funktionieren, das dem aktuellen ideologischen Trend entsprechend geliefert wird. Siehe »Russischer Präsident Wladimir Putin sagt, der Mensch sei nicht für den Klimawandel verantwortlich«, France 24, 31. März 2017, https://www. france24. com/de/20170331-russian-president-vladimir-putin-says-humans-notresponsible-climate-change.

110 Yusuf Khan, »Germany's economy is flopping and the manufacturing sector just keeps declining – here's why recession could be around the corner« (Deutschlands Wirtschaft strauchelt und das verarbeitende Gewerbe schrumpft weiter – warum die Rezession vor der Tür stehen könnte), Business Insider, August 29, 2019, https://markets.businessinsider. com/news/stocks/german-economy-3-reasons-economy-is-flopping-headed-forrecession-2019-8-1028484056#.

111 »German economy contracts at record pace, recovery hinges on consumers«, CGTN, August 25, 2020, https://news.cgtn.com/news/2020-08-25/ German-economy-contracts-at-record-pace-recovery-hinges-on-consumersTfe0O3gQ00/index.html.

112 Michael Schellenberg, »Renewables Threaten German Economy & Energy Supply, McKinsey Warns in New Report«, Forbes, September 5, 2019, https://www.forbes.com/sites/michaelshellenberger/2019/09/05/ renewables-threaten-german-economy-energy-supply-mckinsey-warns-in-newreport/#4f4073be8e48.

113 Electricity prices for households, December 2019, Global Petrol Prices, https://www.globalpetrolprices.com/Germany/electricity_prices/.

114 Ebd.

115 Michael Schellenberg, »If Saving the Climate Requires Making Energy So Expensive, Why Is French Electricity So Cheap?« Forbes, February 5, 2019, https://www.forbes.com/sites/michaelshellenberger/2019/02/05/if-saving-theclimate-requires-making-energy-so-expensive-why-is-french-electricity-socheap/#274ff43d1bd9.

116 »Which countries have a net zero carbon goal?« Climate Home News, June 14, 2019, https://www.climatechangenews.com/2019/06/14/countries-net-zeroclimate-goal/.

117 »Nicolas Hulot«, Personnalite, Le Point, https://www.lepoint.fr/tags/ nicolas-hulot#. Energy 81

118 »ROUNDUP Von der Leyen: ›Machen wir Europa stark‹«, Cash, September 16, 2020, https://www.cash.ch/news/politik/roundup-von-der-leyenmachen-wir-europa-stark-1619984.

119 Matthew Karnitschnig, »The inconvenient truth about Ursula von der Leyen«, Politico, July 2, 2019, https://www.politico.eu/article/ursula-von-derleyen-biography-career-inconvenient-truth/.

120 Polen arbeitet im Auftrag der USA hart daran, Nord Stream 2 zu sabotieren, wie einer der vielen Artikel zeigt, z. B. dieser von RT: »Crazy‹ for Polish PM to suggest Nord Stream 2 pipeline is a ›threat‹ to European energy security«, September 17, 2019, RT, https://www.rt.com/news/469024-nord-stream-threat-energysecurity/].

121 »Лавров: Мы убедились в ненадежности наших западных партнеров« (Lawrow: Wir sind nun überzeugt von der Unzuverlässigkeit unserer westlichen Partner), EDaily.Com, September 13, 2020, https://eadaily.com/ru/news/2020/09/13/ lavrov-my-ubedilis-v-nenadezhnosti-nashih-zapadnyh-partnerov.

122 Rostislav Ishenko, »Ростислав Ищенко: Лавров предложил Меркель выбор между Россией и Навальным« (Rostislav Ishenko: Lawrow bot Merkel die Entscheidung zwischen Russland und Navalny an), Discred.ru, September 11, 2020, https://www.discred.ru/2020/09/11/rostislav-ishhenko-lavrov-predlozhilmerkel-vybor-mezhdu-rossiej-i-navalnym/.

123 »Common Good Capitalism: An Interview with Marco Rubio«, American Affairs, Vol. IV, No. 1, Spring 2020, 3.

124 Ebd. 10-11

125 H.R, 4444 (106th): China Trade bill, In the House, Govtrack, https://www. govtrack. us/congress/votes/106-2000/h228.

126 H.R, 4444 (106th): China Trade bill, In the Senate, Govtrack, https://www. govtrack. us/congress/votes/106-2000/s251.

127 The Associated Press, »President Clinton's Remarks on the Passage of the China Trade Bill«, NYT Archives, May 25, 2020, https://archive.nytimes.com/ www. nytimes.com/library/world/asia/052500clinton-trade-text.html

128 Jane White, »Bill Clinton's True Legacy: Outsourcer-in-Chief« Huffington Post, September 4, 2012, https://www.huffpost.com/entry/bill-clintons-truelegacy_b_1852887.

129 »What Happened When China Joined the WTO?« World101, CFR, https:// world101.cfr.org/global-era-issues/trade/what-happened-when-china-joinedwto.

130 »Common Good Capitalism« op cit.,11.

131 George Orwell,1984 (Planet eBook.Com), 103, https://www.planetebook. com/free-ebooks/1984.pdf.

132 »The Company Men«, Rotten Tomatoes, https://www.rottentomatoes.com/m/the-company-men.

133 George Lopez, »George Gets Caught in a Powers Play«, George Lopez, Season 5, Episode 16, ABC, originally aired February 22, 2006.

134 Interagency Task Force, Assessing and Strengthening the Manufacturing and Defense Industrial Base and Supply Chain Resiliency of the United States, Report to President Donald J, Trump in Fulfillment of Executive Order 13806 (September, 2018), 44.

135 Niall McCarthy, »The Countries with The Most STEM Graduates« [infographic], Forbes, February 2, 2017, https://www.forbes.com/sites/niallmccarthy/2017/02/02/ the-countries-with-the-most-stem-graduates-infographic/#25a12c13268a.

136 »Miss Pettigrew Lives for A Day (2008)« Quotes, IMDB, https://www. imdb.com/ title/tt0970468/quotes/?tab=qt&ref_=tt_trv_qu.

137 Jenna Curren, »Women on murder of conservative man: ›Tough luck, don›t be a Trump supporter in Portland,›« Law Enforcement Today, September 19, 2020, https://www.lawenforcementtoday.com/women-on-murder-toughluck-dont-be-a-trump-supporter-in-portland/.

138 Anatol Lieven, »How the West Lost« Prospect, August 31, 2020, https://www. prospectmagazine.co.uk/magazine/how-the-west-lost-victorycommunism-moral-defeat.

139 Ebd.

140 Ebd.

141 Tyler Durden, »A Staggering 84% Of All S&P500 Assets Are Now Intangible«, ZeroHedge, September 15, 2020, https://www.zerohedge.com/ markets/staggering-84-all-sp500-assets-are-now-intangible.

142 Andrei Martyanov, The (Real) Revolution in Military Affairs (Atlanta: Clarity Press, Inc., 2019), 42.

143 US Census Bureau, »Foreign Trade« Press Highlights, July 2020, https:// www.census.gov/foreign-trade/statistics/highlights/PressHighlights.pdf. Making Things 107

144 Patti Waldmeir, »A new era of hunger has hit the US« Financial Times, September 21, 2020, https://www.ft.com/content/14324641-7be1-4efa-b544 – 09395429c0e7.

145 OICA, 2019 Production Statistics, http://www.oica.net/category/ production-statistics/2019-statistics/.

146 Caroline Freund, »How Dependent Are US Consumers on Imports from China?« Peterson Institute for International Economics, June 7, 2016, https://www.piie.com/blogs/trade-investment-policy-watch/how-dependentare-us-consumers-imports-china.

147 Ken Roberts, »After Trump›s‹ ›Order to Look‹ Tweet, A Look at Top 10 U.S. Chinese Imports, Percent Market Share«, Forbes, August 23, 2019, https:// www.forbes.com/sites/kenroberts/2019/08/23/after-trumps-order-to-look-tweeta-look-at-top-10-u-s-chinese-imports-percent-market-share/#5b411f16a928.

148 Daniel Workman, »United States Top 10 Exports«, World Top Exports, August 22, 2020, http://www.worldstopexports.com/united-states-top-10 – exports/.

149 »United States GDP From Manufacturing, 2005-2020 Data«, Trading Economics, https://tradingeconomics.com/united-states/gdp-frommanufacturing.

150 »United States GDP From Private Services Producing Industries«, Trading Economics, https://tradingeconomics.com/united-states/gdp-from-services.

151 »GDP – composition, by sector of origin«, The World Factbook, CIA, https://www.cia.gov/the-world-factbook/field/gdp-composition-by-sector-oforigin.

152 Bloomberg, »Manufacturing Is Now Smallest Share of US Economy in 72 Years«, Industry Week, October 29, 2019, https://www.industryweek.com/ the-economy/article/22028495/manufacturing-is-now-smallest-share-of-useconomy-in-72-years.

153 Dominic Gates, »Tanker shocker: Boeing ›clear winner,›« The Seattle Times, February 25, 2011, https://www.seattletimes.com/business/boeingaerospace/tanker-shocker-boeing-clear-winner/.

154 Valerie Insinna, »The Air Force's KC-46 tanker has another serious technical deficiency, and Boeing is stuck paying for it«, Defense News, March 30, 2020, https://www.defensenews.com/air/2020/03/31/the-air-forces-kc-46 – tanker-has-another-serious-technical-deficiency-and-boeing-is-stuck-payingfor-it/.

155 David Schaper, »Boeing Pilots Detected 737 Max Flight Control Glitch 2 Years Before Deadly Crash«, NPR, October 18, 2019, https://www.npr.org/2019/10/18/771451904/boeing-pilots-detected-737-max-flight-controlglitch-two-years-before-deadly-cra.

156 Peter Robison, »Boeing engineers blame cheap Indian software for 737 Max problems«, The Print, July 2, 2019, https://theprint.in/world/boeingengineers-blame-cheap-indian-software-for-737-max-problems/256999/.

157 David Shepardson, »›Designed by clowns›: Boeing employees ridicule 737 MAX, regulators in internal messages«, Reuters, January 9, 2020, https:// www.reuters.com/article/us-boeing-737max-idUSKBN1Z902N.

158 Shivdeep Dhaliwal, »Boeing Faces Wider Federal Probe Over Dreamliner Jets Failing to Meet Company's Own Benchmarks«, Yahoo Finance, September 7, 2020, https://finance.yahoo.com/news/boeing-faces-wider-federalprobe-015820812.html

159 Daniel McCoy, »Airbus cruising to order and delivery wins over Boeing«, Wichita Business Journal, December 9, 2019, https://www.bizjournals.com/ wichita/news/2019/12/09/airbus-cruising-to-order-and-delivery-wins-over.html.

160 »Obama Says Western Sanctions Have Left Russia's Economy ›In Tatters,›«, Moscow Times, January 21, 2015, https://www.themoscowtimes. com/2015/01/21/obama-says-western-sanctions-have-left-russias-economy-intatters-a43069.

161 Anatoly Medetsky and Megan Durisin, »Russia's Dominance of the Wheat World Keeps Growing," Bloomberg, September 23, 2020, https://www.yahoo. com/finance/news/russia-dominance-wheat-world-keeps-230100145.html.

162 Henry Foy, »Russia: adapting to sanctions leaves economy in robust health«, Financial Times, January 29, 2020, https://www.ft.com/content/ a9b982e6-169a-11ea-b869-0971bffac109.

163 Andrea Palasciano, »Russia aims high with new passenger plane«, AFP, Yahoo! News, August 27, 2019, https://news.yahoo.com/russia-aims-highpassenger-plane-030903330.html.

164 Eric M. Johnson and Tim Hepher, »Boeing's 787 under pressure as Russia's Aeroflot cancels order«, Reuters, October 9, 2019, https://www.reuters. com/article/us-boeing-787-orders-idUSKBN1WO2N8.

165 Перечень эксплуатантов, имеющих сертификат эксплуатанта для осуществления коммерческих воздушных перевозок (выборка из ФГИС »Реестр эксплуатантов и воздушных судов" для сайта Росавиации на

02.09.2020), [Die Liste der Unternehmen mit dem Zertifikat eines Benutzers, dem die Durchführung des kommerziellen Flugbetriebs gewährt wurde (Auszug aus dem Föderalen Informationsdienst der Regierung »Liste der Benutzer von Luftschiffen« für die Website von RosAviation 2 September 2020)], https://favt.ru/dejatelnost-aviakompanii-reestrkomercheskie-perevozki/.

166 »Путин назвал хамством прекращение поставок деталей для МС21" (Putin calls the stoppage of supply of parts for MC-21 a boorishness), Ria. Ru, September 24, 2020.

167 Ksenia Zubacheva, »How Boeing and Airbus use Russia's expertise to develop their airplanes«, Russia Beyond, August 24, 2017, https://www.rbth. com/business/2017/08/24/how-boeing-and-airbus-use-russias-expertise-todevelop-their-airplanes_827604. Making Things 109

168 Herbert Spencer, »The Military and the Industrial Society«, War: Studies From Psychology, Sociology, and Anthropology (Basic Books, Inc, Publishers, 1964), 306.

169 Corelli Barnett, The Collapse of British Power (New York: William Morrow & Company, Inc., 1972), 91.

170 Cathy Burke, »Louisiana Sen. Kennedy: America Is ›Being Run by Idiots‹«, Newsmax, January 19, 2018, https://www.newsmax.com/politics/john-kennedyamerica-nation-politics/2018/01/19/id/838311/.

171 Stephen M. Walt, »The Death of American Competence«, Foreign Policy, March 23, 2020, https://foreignpolicy.com/2020/03/23/death-americancompetence-reputation-coronavirus/.

172 Chris Cillizza, »Bill Clinton is incredibly popular, How much will that help Hillary's 2016 campaign?« Washington Post, March 13, 2020, https://www. washingtonpost.com/news/the-fix/wp/2015/03/13/bill-clinton-is-incrediblypopular-how-much-will-that-help-hillarys-2016-campaign/.

173 Jerrold M, Post, ed., The Psychological Assessment of Political Leaders: With Profiles of Saddam Hussein and Bill Clinton (The University of Michigan Press, 2003), Electronic version, 313.

174 Alexis de Tocqueville, Die Demokratie in Amerika, Kapitel 16. »Alle freien Nationen sind hochmütig, aber der Nationalstolz wird nicht von allen auf dieselbe Weise zur Schau gestellt. Die Amerikaner scheinen in ihrem Umgang mit Fremden ungeduldig gegenüber dem kleinsten Tadel und unersättlich gegenüber Lob. Das kleinste Lob ist für sie annehmbar; das größte Lob ist für sie selten zufriedenstellend; sie, die westlichen Eliten, bedrängen dich unaufhörlich, um Lob zu erpressen, und wenn du ihren Bitten widerstehst, gehen sie dazu über, sich selbst zu loben. Es scheint, als wollten sie, da sie an ihrem eigenen Verdienst zweifeln, diesen ständig vor ihren Augen ausgestellt haben. Ihre Eitelkeit ist nicht nur gierig, sondern auch unruhig und eifersüchtig; sie will nichts gewähren, während sie alles verlangt, aber

gleichzeitig zu betteln und zu streiten bereit ist. Wenn ich einem Amerikaner sage, dass das Land, in dem er lebt, ein schönes Land ist, antwortet er, »Ja, es gibt keines dergleichen auf der Welt.« Wenn ich die Freiheit lobe, die seine Bewohner genießen, antwortet er: ‚Freiheit‹ ist eine schöne Sache, aber nur wenige Nationen sind würdig, sie zu genießen. Wenn ich die Reinheit der Sitten hervorhebe, die die Vereinigten Staaten auszeichnet, sagt er: »ich kann ich mir vorstellen, dass ein Fremder, der von der Verderbtheit aller anderen Nationen beeindruckt ist, über den Unterschied erstaunt ist.« Schließlich überlasse ich ihn der Selbstbetrachtung; aber er kehrt zu dem Vorwurf zurück und lässt nicht eher ab, bis er mich dazu gebracht hat, alles zu wiederholen, was ich gerade gesagt hatte. Es ist unmöglich, sich einen lästigeren oder geschwätzigeren Patriotismus vorzustellen; er ermüdet sogar diejenigen, die ihn zu respektieren bereit sind.«

175 Leo Tolstoi, Krieg und Frieden, Kapitel X, Buch IX, auf engl. online Literature, http:// www.online-literature.com/tolstoy/war_and_peace/177/.

176 Scott Ritter, »Trump-Biden debate put US democracy on display – we›re now little more than the world's laughing stock armed with nukes«, RT, https:// www.rt.com/ op-ed/502155-trump-biden-debate-democracy/.

177 Andrei Martyanov, Losing Military Supremacy: The Myopia of American Strategic Planning (Atlanta: Clarity Press, Inc., 2018), 13.

178 Anatol Lieven, »How the west lost«, Prospect, August 31, 2020, https://www. prospectmagazine.co.uk/magazine/how-the-west-lost-victory-communismmoral-defeat.

179 The Brzezinski Interview mit Le Nouvel Observateur (1998), University of Arizona Archives, https://dgibbs.faculty.arizona.edu/brzezinski_interview.

180 »Many leaders now share Munich speech ideas, despite being angered at the time – Putin«, TASS Russian News Agency, March 10, 2020, https://tass. com/ politics/1128657.

181 Samuel Huntington, Der Kampf der Kulturen, die Neugestaltung der Weltpolitik im 21. Jahrhundert (dt. Goldmann, 2002).

182 Thomas Meany, »The Myth of Henry Kissinger«, The New Yorker, May 11, 2020, https://www.newyorker.com/magazine/2020/05/18/the-myth-of-henrykissinger.

183 Ebd.

184 Daniel Larison, »No One Should Be Missing Kissinger«, The American Conservative, May 11, 2020, https://www.theamericanconservative.com/larison/ no-one-should-be-missing-kissinger/.

185 »Otto von Bismarck Quotes« / Zitate, All Author, https://allauthor.com/ quotes/160685/.

186 Transcript: »President of Russia, Speech and the Following Discussion at the Munich Conference on Security Policy«, Kremlin.ru, February 10, 2007, http://en.kremlin.ru/events/president/transcripts/24034.

187 Louis Charbonneau, »Putin says U.S. wants to dominate world« Reuters, February 10, 2007.

188 Transcript: »President Obama Iraq speech«, BBC News, December 15, 2011, http://www.bbc.com/news/world-us-canada-16191394.

189 Alex Barker, Lionel Barber, Henry Foy, »Vladimir Putin says liberalism has ›become obsolete«, The Financial Times, June 27, 2019, https://www. ft.com/content/670039ec-98f3-11e9-9573-ee5cbb98ed36

190 Richard Haas, »Present at the Disruption: How Trump Unmade U.S. Foreign Policy«, Foreign Affairs, September/October 2020, 24.

191 Philip Giraldi, »CIA Gets Back to Spying,« Unz Review, April 26, 2016, https://www.unz.com/pgiraldi/cia-gets-back-to-spying/?highlight=CIA+gerts+b ack+to+spying.

192 Philip Giraldi, »Counter Intelligence«, Unz Review, February 23, 2009, https://www.unz.com/pgiraldi/counter-intelligence/?highlight=do+not+know+h ow+to+spy.

193 Bill Gertz, »CIA Fooled by Massive Cold War Double-Agent Failure«, The Washington Free Beacon, December 28, 2015, https://freebeacon.com/nationalsecurity/cia-fooled-by-massive-cold-war-double-agent-failure/.

194 Richard Haas, »Present at the Disruption: How Trump Unmade U.S. Foreign Policy«, Foreign Affairs, September/October 2020), 26.

195 Ebd.

196 Chris Ernesto, »Brzezinski Mapped Out the Battle for Ukraine in 1997« AntiWar.com, March 15, 2014, https://original.antiwar.com/chris_ ernesto/2014/03/14/brzezinski-mapped-out-the-battle-for-ukraine-in-1997/.

197 Bernard Gwertzman, »Endgame«, New York Times, October 26, 1997, https://archive.nytimes.com/www.nytimes.com/books/97/10/26/ reviews/971026.26gwertzt.html.

198 Masha Gessen, »The Coronavirus and the Kursk Submarine Disaster«, New Yorker, March 18, 2020, https://www.newyorker.com/news/our-columnists/ the-coronavirus-and-the-kursk-submarine-disaster.

199 Benjamin Wittes, »I›ll Fight Putin Any Time, Any Place He Can›t Have Me Arrested«, Lawfare, October 21, 2015, https://www.lawfareblog.com/illfight-putin-any-time-any-place-he-cant-have-me-arrested

200 V.I. Lenin, Партийная организация и партийная литература (Parteiorganistion und Parteiliteratur), Novaya Zhizn #12, November 13, 1905.

201 Ibn Warraq, Why the West Is Best: A Muslim Apostate's Defense of Liberal Democracy (New York, London: Encounter Books, 2011), 87.

202 Henry A. Kissinger, »The Coronavirus Pandemic Will Forever Alter the World Order«, The Wall Street Journal, April 3, 2020, https://www. henryakissinger.com/ articles/the-coronavirus-pandemic-will-forever-alter-theworld-order/.

203 David Bowie speaks on musical influences, Ziggy Stardust era and getting older in final in-depth interview with the Daily News. Jim Farber. New York Daily News. 9 June, 2002, https://www.nydailynews.com/entertainment/ music/david-bowie-final-in-depth-interview-daily-news-article-1.2492396.

204 Christopher Hitchens, Why Orwell Matters (New York: Basic Books, 2002), 193.

205 Richard Seymor, »Christopher Hitchens: From socialist to neocon«, The Guardian, 18 January 18, 2013, https://www.theguardian.com/books/2013/ jan/18/christopher-hitchens-socialist-neocon.

206 Ilana Mercer, Into the Cannibal's Pot: Lessons for America from Post-Apartheid South Africa (Stairway Press, 2011), 213.

207 Lewis Carroll (Charles L. Dodgson), Alice hinter den Spiegeln (1872), Kapitel 6.

208 Dana Frank, The Long Honduran Night (Haymarket Books, 2018 eBook), 163.

209 Michael T, Nietzel, »U.S. News Ranks The World's Best Universities For 2021, U.S. Institutions Again Top The List«, Forbes, October 20, 2020, https:// www.forbes.com/sites/michaeltnietzel/2020/10/20/us-news-ranks-the-worldsbest-universities-for-2021-us-institutions-again-top-the-list/?sh=4aad0a706eb8.

210 Drew Silver, »U.S. students‹ academic achievement still lags that of their peers in many other countries«, Pew Research, February 15, 2017, https:// www.pewresearch.org/fact-tank/2017/02/15/u-s-students-internationally-mathscience/.

211 Philip Giraldi, »The Pentagon Fights Back«, Unz Review, February 9, 2016, https:// www.unz.com/pgiraldi/the-pentagon-fights-back/?highlight=Giral di+Vietnam.

212 Krishnadev Kalamour, »The Letter Urging a U.S. Rethink on Syria«, The Atlantic, June 17, 2016.

213 »Humanitarian bombing« Military, wikia.org, https://military.wikia.org/ wiki/ Humanitarian_bombing.

214 Dana Frank, a.a.O., 163.

215 Krishnadev Calamar, »The Letter Urging a U.S. Rethink on Syria: Fiftyone State Department officials are urging the Obama administration to conduct airstrikes against the Assad regime«, The Atlantic, June 17, 2016, https://www. theatlantic.com/news/archive/2016/06/state-department-syria-letter/487511/.

216 Jeremy Suri, »The Long Rise and Sudden Fall of American Diplomacy«, Foreign Policy, April 17, 2019, https://foreignpolicy.com/2019/04/17/the-longrise-and-sudden-fall-of-american-diplomacy/.

217 Seymour M. Hersh. »Military to Military: Seymour M. Hersh on US intelligence sharing in the Syrian war«, London Review of Books, Vol. 38, No. 1, January 2016, https://www.lrb.co.uk/the-paper/v38/n01/seymour-m.-hersh/ military-to-military.

218 Al Jazeera English, »US actor Morgan Freeman's cameo against Russia draws criticism«, Youtube, September 21, 2017, https://youtu.be/zB9FDl1siS4.

219 Andrei Martyanov, Losing Military Supremacy, The Myopia of American Strategic Planning (Atlanta: Clarity Press, Inc, 2018), 202.

220 Robert H. Latiff, Future War, Preparing for the New Global Battlefield (New York: Alfred A. Knopf, 2017), 124, 131.

221 Charlie Stone, »Let's face it, US politics is just a showy soap opera laced with enough nepotism and corruption to make a banana republic blush«, RT, October 11, 2020, https://www.rt.com/op-ed/502812-us-politics-bananarepublic/.

222 Jon Henley, »Calls for legal child sex rebound on luminaries of May 68«, The Guardian, 23 February, 2001, https://www.theguardian.com/world/2001/ feb/24/ jonhenley.

223 Paul Brian, »The Talented Mr. Epstein«, The American Conservative, January 29, 2020, https://www.theamericanconservative.com/articles/thetalented-mr-epstein/.

224 James Pinkerton, »After Epstein, Our Elites Must Reform or Face the Fire«, The American Conservative, August 14, 2019, https://www. theamericanconservative. com/articles/after-epstein-our-elites-must-reform-orface-the-fire/.

225 Olivier Rolin, »Yuri Dmitriev: Historian of Stalin's Gulag, Victim of Putin's Repression« NYR Daily, October 7, 2020, https://www.nybooks. com/ daily/2020/10/07/yuri-dmitriev-historian-of-stalins-gulag-victim-of-putinsrepression/.

226 Michael Hudson, »The Economics of American Super Imperialism: How the US Makes Countries Pay for Its Wars«, Unz Review, April 24, 2020, https:// www.unz. com/mhudson/the-economics-of-american-super-imperialism/.

227 Robert H. Latiff, Future War. Preparing for the New Global Battlefield (New York: Alfred A. Knopf, 2017), 131.

228 Roger Thompson, Lessons Not Learned: The U.S. Navy Status Quo Culture (Naval Institute Press, 2007), 167.

229 Michael Lind, »The Return of Geoeconomics« The National Interest, Oct. 13, 2019, https://nationalinterest.org/feature/return-geoeconomics-87826.

230 Ronald O›Rourke, »The Tanker War«, Proceedings, May 1988, https:// www.usni. org/magazines/proceedings/1988/may/tanker-war.

231 Peter Huchthausen, America's Splendid Little Wars. A Short History of U.S. Military Engagements: 1975-2000 (New York: Viking, Penguin Group, 2003), 103.

232 Ebd.

233 U.S. Policy in the Persian Gulf and Kuwaiti Reflagging. A reprint of a statement presented by Under Secretary Armacost before the Senate Foreign Relations Committee, Washington, D.C., June 16, 1987, 14, https://apps.dtic.mil/ dtic/tr/fulltext/u2/a496911.pdf.

234 Richard Pyle, »Navy Learns Many Lessons in Gulf Battle«, The Associated Press, Lakeland Ledger, October 26, 1988, accessed February 1, 2021 on Google News archive, https://news.google.com/newspapers?nid=1346&dat=19881026&id=0PAvAAAAIBAJ&sjid=A_wDAAAAIBAJ&pg=1191,6109330&hl=en.

235 (Alexey Leonkov—military expert and the editor of a publication »Arsenal of Fatherland«), »Алексей Леонков – военный эксперт и редактор издания ›Арсенал Отечества« Men's Magazine, August 20, 2020, https://natroix.ru/ karera/aleksej-leonkov-voennyj-ekspert-i-redaktor-izdaniya-arsenal-otechestva. html.

236 World Bank, IRAN, ISLAMIC REPUBLIC: Recent Developments, MPO, October, 2019, http://pubdocs.worldbank.org/en/355601570664054605/ENMPO-OCT19-Iran.pdf.

237 Carl Von Clausewitz, Vom Kriege (1832, 2008).

238 Daniel Larison, »The Inhumanity of ›Maximum Pressure‹«, The American Conservative, October 16, 2020, https://www.theamericanconservative.com/ state-of-the-union/the-inhumanity-of-maximum-pressure/.

239 Iliya Tsukanov, »71 Out of 103 Destroyed: Here's How Syria's Air Defense Repelled West's Missiles«, Sputnik, April 14, 2018, https://sputniknews.com/military/201804141063558487-syria-air-defense-forces-analysis/.

240 »Trump's Big Flop in Syria by Publius Tacitus«, Sic Semper Tyrannis, April 15, 2018, https://turcopolier.typepad.com/sic_semper_tyrannis/2018/04/ trumps-big-flop-in-syria-by-publius-tacitus.html#more.

241 Rose Lopez Keravuori, »Lost in Translation: The American Way of War«, Small Wars Journal, November 17, 2011, https://smallwarsjournal.com/jrnl/art/ lost-in-translation-the-american-way-of-war.

242 Richard Pipes, »Why the Soviet Union thinks it Could Fight and Win a Nuclear War«, The Defense Policies of Nations: Comparative Study (The John Hopkins University Press, 1982), 135.

243 Patrick Armstrong, »Americans, War – Slow Learners«, Strategic Culture Foundation, August 5, 2020, https://www.strategic-culture.org/ news/2020/08/05/americans-war-slow-learners/.

244 Ebd.

245 Jim Griffin, »A More Flexible Fleet«, Proceedings, January 2015, 34.

246 Robert C. Rubel, The Future of Aircraft Carriers: Consider the Air Wing, Not the Platform, Center for International Maritime Security, December 3, 2019, http://cimsec.org/the-future-of-aircraft-carriers-consider-the-air-wing-not-theplatform/42469.

247 Ebd.

248 Andrei Martyanov, The (Real) Revolution in Military Affairs, (Atlanta: Clarity Press, Inc., 2019), 66–67.

249 »›We don›t need aircraft carriers, we need weapons to sink them with‹ – Russian defense minister«, RT, September 22, 2019, https://www.rt.com/ russia/469353-russia-weapons-aircraft-carriers/.

250 MTCR, Missile Technology Control Regime, FAQ, https://mtcr.info/ frequently-asked-questions-faqs/.

251 Missile Defense Project, »SS-N-26 ›Strobile›

252 »World reacts after Iran fires missiles at US targets in Iraq«, Aljazeera, January 8, 2020, https://www.aljazeera.com/news/2020/1/8/world-reacts-afteriran-fires-missiles-at-us-targets-in-iraq.

253 Adam Taylor, »Billions spent on U.S. weapons didn›t protect Saudi Arabia's most critical oil sites from a crippling attack«, Washington Post, September 17, 2019.

254 Ebd.

255 »Панцири для Абу-Даби« (»Pantsirs« for Abu-Dhabi), Military-Industrial Courier, November 22, 2011, https://vpk-news.ru/articles/8384.

256 Ben Wolfgang, »U.N. arms embargo on Iran expires«, The Washington Times, October 18, 2020, https://www.washingtontimes.com/news/2020/oct/18/ un-arms-embargo-on-iran-expires/.

257 »Iran rules out weapons ›buying spree‹ as UN embargo is set to expire«, France 24, October 18, 2020, https://www.france24.com/en/middleeast/20201018-iran-rules-out-any-arms-buying-spree-as-it-expects-unembargo-expected-to-end.

258 David Wainer, Anthony Capaccio, »Iran to Seek Advanced Arms as UN Embargo Expires, Pentagon Says«, Bloomberg, November 19, 2020, https:// www.bloomberg.com/news/articles/2019-11-19/iran-to-seek-advanced-arms-asun-embargo-expires-pentagon-says.

259 »Министр обороны Ирана заявил о соглашении с Россией по развитию иранской авиации« (Irans Verteidigungsminister gibt Abkommen mit Russland über Entwicklung der iranischen Luftfahrt bekannt), TASS, October 19, 2020, https:// tass.ru/mezhdunarodnaya-panorama/9754919.

260 Igor Yanvarev, Rinat Abdullin, »Российские истребители стали для Ирана важнее С-400« (Russische Kampfflugzeuge waren wichtiger für den Iran als S-400), News.RU, August 24, 2020, https://news.ru/near-east/rossijskieistrebiteli-stali-dlya-irana-vazhnee-s-400/.

261 Carl Von Clausewitz, Vom Kriege (1832, 2008).

262 Jonah Goldberg, »Baghdad Delenda Est, Part Two«, National Review, April 23, 2002.

263 Dmitri Simes, Со скоростью гиперзвука ракета »Циркон« перевернула представления об идеальном оружии сдерживания (Mit der Hyperschallgeschwindigkeit hat die »Zircon«-Rakete die Vorstellung von einer idealen Abschreckung auf den Kopf gestellt), News at First Channel, October 11, 2020, https://youtu.be/NTtmGDd-1Dc.

264 Chris Sullentrop, »Douglas Feith: What has the Pentagon's third man done wrong? Everything«, Slate, May 20, 2004, https://slate.com/news-andpolitics/2004/05/douglas-feith-undersecretary-of-defense-for-fiascos.html.

265 Captain Robert H. Gile (U.S. Navy, Ret.), Global War Game, Second Series 1984-1988, Naval War College Newport Papers, August 20, 2004, Foreword, https://digital-commons.usnwc.edu/newport-papers/34

266 Ebd., 134.

267 Norman Polmar, The Naval Institute Guide to Ships and Aircraft of the U.S. Fleet, 18th Edition (Annapolis, Maryland: Naval Institute Press, 2005), 138–42.

268 Roger Thompson, Lessons Not Learned: The U.S. Navy Status Quo Culture (Naval Institute Press, 2007), 176-77.

269 Ebd., 81

270 »Генштаб РФ: система разведки ›Легенда‹ давала СССР полную картину Фолклендского конфликта« (Der russische Generalstab: Überwachungssystem »Legenda« brachte UdSSR einen vollen Überblick über den Falkland-Konflikt), TASS, January 20, 2020, https://tass.ru/armiya-i-opk/7564843.

271 Stephen F. Cohen, »Distorting Russia«, War with Russia? From Putin & Ukraine to Trump & Russiagate, (New York: Hot Books Kindle Ed., 2019).

272 Ebd.

273 Richard Connolly, »Russian Military Expenditure in Comparative Perspective: A Purchasing Power Parity Estimate«, University of Birmingham & Chatham House, CNA, October 2019, https://www.cna.org/CNA_files/PDF/ IOP-2019-U-021955-Final.pdf.

274 Michael Kofman and Richard Connolly, »Why Russian Military Expenditure Is Much Higher Than Commonly Understood (As Is China›s)«, War on the Rocks, December 16, 2019, https://warontherocks.com/2019/12/whyrussian-military-expenditure-is-much-higher-than-commonly-understood-as-ischinas/.

275 Ebd.

276 Jen Judson, »Pentagon's major hypersonic glide body flight test deemed success«, Defense News, March 20, 2020, https://www.defensenews.com/smr/ army-

modernization/2020/03/20/pentagons-major-hypersonic-glide-bodyflight-test-deemed-success/.

277 David Larter, »All US Navy destroyers will get hypersonic missiles, says Trump's national security adviser«, Defense News, Yahoo, Oct. 22, 2020, https:// www.yahoo.com/news/us-navy-destroyers-hypersonic-missiles-141639181.html.

278 Ed Adamczyk, »DARPA's air-breathing hypersonic missiles ready for free-flight tests«, UPI, September 2, 2020, https://www.upi.com/DefenseNews/2020/09/02/DARPAs-air-breathing-hypersonic-missiles-ready-for-freeflight-tests/5321599071903/

279 »America's National Security Challenges, Today and Tomorrow: A Conversation with Robert O›Brien«, Hudson Institute, October 28, 2020, https:// youtu.be/xWJReyfHSGU.

280 »Пуск новой противоракеты системы ПРО« (The launch of a new antimissile of the anti-missile system), TV Zvezda, October 28, 2020, https://youtu. be/vIMDNSsZt1E.

281 »Новый «Калибр-М« меняет глобальные правила игры« (New »Kalibr-M« changes the rules of the game), Sonar2050, October 25, 2020, https://youtu.be/6ogiXBkJLUY.

282 Sean Gallaher, »DOD tester's report: F-35 is still a lemon«, Ars Technica, January 30, 2020, https://arstechnica.com/information-technology/2020/01/nota-straight-shooter-dod-review-cites-fleet-of-faults-in-f-35-program/.

283 David Larter, »The US Navy selects Fincantieri design for next-generation frigate«, Defense News, April 30, 2020, https://www.defensenews.com/breakingnews/2020/04/30/the-us-navy-selects-fincantieri-design-for-next-generationfrigate/.

284 Melissa Leon and Editorial Staff, »Exclusive: Former West Point professor's letter exposes corruption, cheating and failing standards« [Full letter], American Military News, October 11, 2017, https://americanmilitarynews.com/2017/10/ exclusive-former-west-point-professors-letter-exposes-corruption-cheatingand-failing-standards-full-letter/.

285 Tim Bakken, The Cost of Loyalty: Dishonesty, Hubris, and Failure in the U.S. Military, Kindle edition (Bloomsbury Publishing, 2020), 282.

286 Ebd., 278.

287 Andrei Martyanov, Losing Military Supremacy: The Myopia of American Strategic Planning (Atlanta: Clarity Press, Inc., 2018), 179.

288 Benjamin H. Friedman and Justin Logan, »Why Washington Doesn›t Debate Grand Strategy«, Strategic Studies Quarterly, Winter 2016, https://www. cato.org/sites/cato.org/files/articles/ssq_1216_friedman.pdf.

289 Ebd.

290 Bonnie Kristian, »The Biggest Insult to the American Military Is Our Foreign Policy« Military.com, September 16, 2020, https://www.military.com/ daily-news/ opinions/2020/09/16/biggest-insult-american-military-our-foreignpolicy.html.

291 Daniel Larison, Even a Pandemic Can›t Kill Threat Inflation, The American Conservative, April 20, 2020, https://www.theamericanconservative.com/ larison/ even-a-pandemic-cant-kill-threat-inflation/.

292 Lawrence Wilkerson, »America Exists Today to Make War«: Lawrence Wilkerson on Endless War & American Empire, Democracy Now, January 13, 2020, https://youtu. be/JYHRlK3VYbI.

293 Freedom of Information Act, ref. 21-06-2005-094719-001, Directorate of Chemical, Biological, Radiological and Nuclear Policy – Assistant Director (Deterrence Policy), July 19, 2005, https://webarchive.nationalarchives.gov. uk/20121109140513/ http://www.mod.uk/NR/rdonlyres/E2054A40-7833-48EF991C-7F48E05B2C9D/0/ nuclear190705.pdf.

294 Dwight D. Eisenhower, »Eisenhower's Farewell Address to the Nation, January 17, 1961«, Dwight D. Eisenhower Presidential Library, National Archives, https:// www.eisenhowerlibrary.gov/sites/default/files/research/onlinedocuments/farewell-address/reading-copy.pdf.

295 Dan Ponterfact, »What's Good for Our Country Was Good for General Motors« Forbes, November 26, 2018, https://www.forbes.com/sites/ danpontefract/2018/11/26/whats-good-for-our-country-was-good-for-generalmotors/#6cc140d52075.

296 Paul R. La Monica, »Tomahawk maker's stock up after U.S. launch on Syria«, CNN Business, April 7, 2017, https://money.cnn.com/2017/04/07/ investing/syria-raytheon-tomahawk-missiles/index.html.

297 Richard Pipes, »Why the Soviet Union Thinks It Could Fight and Win a Nuclear War«, Commentary Magazine, July 1, 1977, https://www. commentarymagazine. com/articles/richard-pipes-2/why-the-soviet-unionthinks-it-could-fight-win-a-nuclear-war/.

298 »French city of Dijon rocked by unrest blamed on Chechens seeking revenge«, France 24, June 16, 2020. https://www.france24.com/en/20200616-french-city-of-dijon-rocked-byunrest-blamed-on-chechens-seeking-revenge.

299 Steve Sailer, »Invade-the-World-Invite-the-World Personified«, ISteve, February 24, 2005, https://isteve.blogspot.com/2005/02/invade-world-inviteworld-personified. html.

300 Corelli Barnett, The Collapse of British Power (New York: William Morrow & Company, Inc., 1972), 91.

301 John Derbyshire, »U.S. Senate (INCLUDING Republican Senators) to U.S. Citizen Tech Workers – Drop Dead!« Unz Review, December 5, 2020, https://www.unz.com/jderbyshire/u-s-senate-including-republican-senators-tou-s-citizen-tech-workers-drop-dead/.

302 Christopher Caldwell, Reflections on the Revolution in Europe (New York: Anchor Books, 2009), 276-277.

303 John Mearsheimer and Steven Walt, »The Israel Lobby and U.S. Foreign Policy«, HKS Working Paper No. RWP06-011, Harvard Kennedy School Faculty Research Working Paper Series, March 2006, https://research.hks.harvard.edu/ publications/getFile.aspx?Id=209.

304 Bronislaw Malinowski, An Anthropological Analysis of War: War Studies from psychology, sociology, anthropology (New York: Basic Books, Inc, 1964), 251.

305 Bruce Thornton, »Melting Pots and Salad Bowls«, Hoover Digest, October 26, 2012, https://www.hoover.org/research/melting-pots-and-salad-bowls. 2

306 »Новый текст Конституции РФ с поправками 2020« (Neue Fassung der Verfassung der Russichen Föderation mit Zusätzen von 2020), State Duma of Federal Assembly of Russian Federation, http://duma.gov.ru/news/48953/.

307 Aruuke Uran Kyzy, »Why did Russia's new language bill draw flak from the Caucasus?« TRTWorld, December 31, 2018, https://www.trtworld.com/magazine/why-did-russia-s-new-language-bill-draw-flak-from-the-caucasus-22975. To Be or Not To Be 223

308 »Russian Demographics, 2020«, World Population Review, https://worldpopulationreview.com/countries/russia-population.

309 David North, »Introduction to The New York Times‹ 1619 Project and the Racialist Falsification of History«, World Socialist Web Site, December 4, 2020, https://www.wsws.org/en/articles/2020/12/04/intr-d04.html.

310 Ben McDonald, »Seattle Public Schools Say Math Is Racist«, Daily Caller, October 21, 2019, https://dailycaller.com/2019/10/21/seattle-schools-math-isracist/.

311 Brandon Hasbrouk, »The Votes of Black Americans Should Count Twice«, The Nation, December 17, 2020, https://www.thenation.com/article/society/ black-votes-reparations-gerrymandering/.

312 Corelli Barnett, The Collapse of British Power (New York: William Morrow & Company, Inc., 1972), 91.

313 »Organist's classical influence defined Deep Purple«, Irish Times, July 21, 2012, https://www.irishtimes.com/news/organist-s-classical-influence-defineddeep-purple-1.541563.

314 Sean Michaels, »Pop music these days: it all sounds the same, survey reveals«, The Guardian, July 27, 2012, https://www.theguardian.com/ music/2012/jul/27/pop-music-sounds-same-survey-reveals.

315 Bronson Stolking, »A Vengeful Jennifer Rubin Wants Republican Party to ›Burn Down‹ and ›No Survivors‹«, Townhall, November 7, 2020, https:// townhall.com/ tipsheet/bronsonstocking/2020/11/07/jennifer-rubin-calls-forrepublican-party-to-be-burned-down-and-no-survivors-n2579673.

316 Sam Dorman, »AOC, others pushing for apparent blacklist of people who worked with Trump«, Fox News, November 9, 2020, https://www.foxnews.com/ politics/aoc-blacklist-trump-supporters. 13

317 Seth Kaplan, »America Needs Nationalism«, The American Conservative, November 10, 2020, https://www.theamericanconservative.com/articles/ america-needs-nationalism/.

318 Robert H. Bork, Slouching Towards Gomorrah: Modern Liberalism and American Decline (New York: Regan Books, 1996), 311-313

319 »Чем гордятся »полезные идиоты" Европы?« (Worauf sind Europas nützliche Idioten stolz?), Iton TV, September 8, 2020, https://youtu.be/ YlCMuoveDFE. 16 Ebd.

320 Ebd.

321 »Ricky Gervais‹ Monologue – 2020 Golden Globes«, NBC, January 5, 2020, https:// youtu.be/LCNdTLHZAeo.

322 Dmitry Orlov, The Meat Generation (Club Orlov Press, 2019), 3

323 Katie Bo Williams, »Outgoing Syria Envoy Admits Hiding US Troop Numbers; Praises Trump's Mideast Record«, Defense One, November 12, 2020, https://www. defenseone.com/threats/2020/11/outgoing-syria-envoy-admitshiding-us-troop-numbers-praises-trumps-mideast-record/170012/.

324 Samantha Chang, »Benghazi hero and Navy SEAL in bin Laden-kill torch ›traitor‹ Vindman: ›A disgrace to all who have served‹« BPR, November 2019, https://www. bizpacreview.com/2019/11/20/benghazi-hero-andnavy-seal-in-bin-laden-kill-torch-traitor-vindman-a-disgrace-to-all-who-haveserved-854909.

325 »Multiple War Heroes Slam ›Prissy‹ and ›Disgraceful‹ Lt. Col. Vindman Following Testimony«, Ohio Star, November 21, 2019, https://theohiostar. com/2019/11/21/ multiple-war-heroes-slam-prissy-and-disgraceful-lt-colvindman-following-testimony/.

326 »Bush administration vs. the U.S. Constitution«, Sourcewatch, https://www. sourcewatch.org/index.php/Bush_administration_vs._the_U.S._Constitution.

327 Leo Brine, »Olympia mayor's home, downtown vandalized during Friday night protest«, The Olympian, June 14, 2020, https://www.theolympian.com/ news/local/ article243516852.html.

328 Cole Waterman, »What we know about the militia members charged in kidnapping plot against Michigan governor« Michigan Live, October 17, 2020, https://www.

mlive.com/crime/2020/10/what-we-know-about-the-militiamembers-charged-in-kidnapping-plot-against-michigan-governor.html.

329 »Monthly unit sales of firearms in the United States from 2019 to 2020, by type (in thousands)«, Statista, https://www.statista.com/statistics/1107651/ monthly-unit-sales-of-firearms-by-type-us/.

330 »›We Lied, Cheated, and Stole›: Pompeo Comes Clean About the CIA«, Telesur, April 24, 2019, https://www.telesurenglish.net/news/We-Lied-Cheatedand-Stole-Pompeo-Comes-Clean-About-CIA-20190424-0033.html.

331 Frances Mulraney, »Megyn Kelly sagt, dass sie New York City verlässt und ihre Kinder von ihrer ›woke‹ 56.000 Dollar-jährlich-teuren Schule nimmt, nachdem ein Brief kursierte, in dem stand, dass ‚weiße Kinder mit dem Tod von Schwarzen indoktriniert werden‹ und zu Killer-Cops‹ heranwachsen werden«, Daily Mail, November 18, 2020, https://www.dailymail.co.uk/ news/article-8963261/Megyn-Kelly-says-shes-leaving-New-York-far-leftschools-gone-deep-end.html.

332 Ebd.

333 Celine Castronuovo, »Megyn Kelly sagt, sie verlässt New York City und zitiert linksradikale Schulen« The Hill, November 18, 2020, https://thehill.com/homenews/media/526537-megyn-kelly-says-shes-leaving-new-york-city-cites-far-leftschools

334 »UK students feel censored on campus, poll finds«, ADF International, November 18, 2020, https://adfinternational.org/news/uk-students-feelcensored-on-campus-poll-finds/.

335 Carl Von Clausewitz, Vom Kriege (1832, 2008)

336 Patrick Buchanan, »Nobody's Quaking in Their Boots, Anymore«, The American Conservative, November 7, 2017, https://www. theamericanconservative.com/buchanan/nobodys-quaking-in-their-bootsanymore/.

337 Irina Alksnis, »Америка превращается в бессмысленного говоруна« (America wir zu einem sinnlosen Windbeutel), Vz.ru, April 4, 2019, https://vz.ru/opinions/2019/4/4/971492.html.

338 Michael Hudson, »Financialization and Deindustrialization«, Unz Review, November 2, 2020, https://www.unz.com/mhudson/financialization-anddeindustrialization/.

339 Benjamin Fernow, »Millennials Control Just 4.2 Percent of US Wealth, 4 Times Poorer Than Baby Boomers Were at Age 34«, Newsweek, October 8, 2020, https://www.newsweek.com/millennials-control-just-42-percent-us-wealth-4- times-poorer-baby-boomers-were-age-34-1537638.

340 Sam Levin and Agencies, »Oregon becomes first US state to decriminalize possession of hard drugs«, Yahoo News, November 3, 2020, https://news.yahoo.com/oregon-becomes-first-us-state-065648932.html.

341 David Hackett Fischer, The Great Wave: Price Revolutions and the Rhythm of History (Oxford, England: Oxford University Press, 1996), 12-13.

342 Rod Dreher, »America's Monumental Existential Problem«, The American Conservative, June 30, 2020, https://www.theamericanconservative.com/dreher/america-monumental-existential-problem-symbolism-architecture/.

Register